幼儿教师课件制作

主　编　刘敬梅
副主编　陈利科　李树清　王之冰　侯明新

东北师范大学出版社
长　春

图书在版编目（CIP）数据

幼儿教师课件制作 / 刘敬梅主编. —长春：东北师范大学出版社，2014.11（2021.4 重印）
ISBN 978 - 7 - 5681 - 0313 - 8

Ⅰ. ①幼… Ⅱ. ①刘… Ⅲ. ①学前教育—多媒体课件—制作—教材 Ⅳ. ①G434

中国版本图书馆 CIP 数据核字（2014）第 267744 号

□责任编辑：刘佳佳　□封面设计：宣是设计
□责任校对：邓　艳　□责任印制：许　冰

东北师范大学出版社出版发行
长春净月经济开发区金宝街 118 号（邮政编码：130117）
电话：010—82893125
传真：010—82896571
网址：http：//www.nenup.com
东北师范大学出版社激光照排中心制版
长春市赛德印业有限公司印装
长春净月潭旅游经济开发区小合台工业区 9 号（邮政编码：130117）
2017 年 7 月第 2 版　2021 年 4 月第 2 版第 8 次印刷
幅面尺寸：185 mm×260 mm　印张：13.25　字数：240 千

定价：28.00 元

前　言

随着多媒体技术的发展，多媒体课件在幼儿教师教学中的运用越来越普及，因此使用计算机设计课件成为幼儿教师必备的一项技能。教师课件设计的水平直接影响着教师的专业水平，同时优秀的教学课件可有助于提高教学效果，可从视觉、听觉等多种感官上激发孩子们的学习热情。

本教材分两部分，PowerPoint 2007 软件使用和 Flash CS4 软件使用。编者为每个软件精心设计了四个项目，每个项目又设计了若干个任务，读者通过完成项目、任务掌握软件的操作使用。

PowerPoint 2007 作为简单易学的实用软件在课件设计领域占有绝大部分的市场，该软件适合各个专业，各个层次的学员学习，不需要太多的计算机基础，而且设计出的课件集声音、视频、动画为一体，非常漂亮。本教材的项目一、项目二、项目三和项目四，通过设计项目任务，将软件操作知识点融于实际操作中，让学习者边做边学，非常具有成就感。PowerPoint 2007 软件包括以下四个项目：

项目一：初步认识多媒体课件

项目二：课件基本内容的添加

项目三：为课件添加丰富的内容

项目四：幻灯片动画设计

PowerPoint 2007 的功能非常强大，“自定义动画”功能几乎可以完成用户的所有动画功能，但其绘画功能比较少，为方便使用绘画功能，体现课件设计者的创意，本教材还介绍了 Flash CS4 软件的使用。Flash CS4 软件也包含了四个项目，分别介绍了该软件的强大绘画功能和各种动画类型的使用技巧，通过这几个项目任务的学习，可让学习者基本掌握该软件在课件设计中的关键，大大提高课件设计水平，Flash CS4 包括以下四个项目：

项目五：Flash CS4 绘图功能

项目六：课件中的动画设计

项目七：课件高级动画设计

项目八：Flash CS4 中音频和视频的使用

本教材提供每个项目任务的源文件及课件，方便读者学习。

本教材由德州信息工程中等专业学校刘敬梅老师主编，陈利科（廊坊职业技术学院）老师和李树清（辽东学院）老师参与了 Flash CS4 部分任务实例的编写，王之冰（滨州市高级技工学校）老师和侯明新（汶上县高级职业技术学校）老师参与了 PowerPoint 2007 部分内容的编写。

由于时间仓促，水平有限，疏漏之处在所难免，敬请读者朋友批评指正。

编　者

目　录

项目一

初步认识多媒体课件

多媒体课件是一种根据教学目标设计的，表现特定的教学内容，反映一定教学策略的计算机教学程序。广义上讲，凡具有一定教学功能的软件都可称为课件。

通过多媒体课件，可以将一些平时难以表述清楚的教学内容，如实验演示、情境创设、交互练习等，生动形象地展示给学生。学生通过视觉、听觉等多方面参与，更好地理解和掌握教学内容，增强了学习兴趣，活跃了课堂气氛，同时也扩大了信息获取的渠道。因此，多媒体课件辅助教学，使教师和学生教与学的方式多样化，近年来被广泛应用于教学领域。

本项目包括以下两个任务。

- 任务一　了解多媒体课件相关知识
- 任务二　了解课件素材种类和制作软件

任务一　了解多媒体课件相关知识

一、多媒体课件的概念

多媒体是利用计算机对文字、图像、图形、动画、音频、视频等多种信息进行综合处理、建立逻辑关系和人机交互作用的产物。

多媒体课件的含义为：把自己的教学想法，包括教学目的、内容、实现教学活动的策略、教学的顺序、控制方法等，用计算机程序进行描述，并存入计算机，经过调试成为可以运行的程序。换句话说，多媒体课件是一种根据教学目标设计的，表现特定的教学内容，反映一定教学策略的计算机教学程序。它可以用来储存、传递和处理教学信息，能让学生进行交互操作，并对学生的学习作出评价。

二、多媒体课件的制作要求

在设计时要注意以下四个方面的要求。

1. 教育性要求

教育性是多媒体课件最根本的属性。它要求多媒体课件按照教学大纲的规定，根据教学的目的和要求，用多媒体计算机技术实现有效的控制和播放来达到实施教学的目的。它要求多媒体课件要有明确的教学目的，特定的教学对象，生动活泼的教学形式，并有助于突出重点和难点，能充分体现教学规律。

2. 科学性要求

在多媒体课件中，科学性主要反映在系统严谨，实用新颖和规范正确上。

3. 艺术性要求

多媒体课件通过科学与艺术的结合，使教育更有成效。艺术是以情动人，以情感人，用形象体现本质。多媒体课件的制作应在坚持科学性的前提下，尽量运用完美的艺术形式表现教学内容，从而取得事半功倍的教育效果。

4. 技术性要求

技术性要求主要反映在运行环境的选择、人机操作界面的设计、图文声像素材的制作和编辑、软件的调试与播放等技术问题上。它直接影响多媒体课件设计与制作水平的高低，也直接影响教学效果。

三、多媒体课件的分类

随着多媒体技术的发展和普及，多媒体课件已广泛应用于教学过程中，并逐渐形成各种各样的教学模式。这些教学模式所使用的课件有很大不同，并各有其应用环境和需求，下面介绍几种典型的多媒体课件。

1. 教学演示型课件

教学演示型课件应用于课堂教学中，在多媒体电脑教室中，由教师向全体学生播放多媒体课件，演示教学过程，创设教学情境，进行示范教学。在创设教学情境或进行标准示范时，将抽象的教学内容用形象具体的动画等形式表现出来。

教学演示型课件主要是为了解决某一学科的教学重点或难点而开发的，注重对学生的启发和提示，反映问题解决的全过程，揭示教学的内在规律。

2. 自主交互型课件

自主交互型课件具有完整的知识结构，能反映一定的教学过程和教学策略，提供相应的练习供学生进行学习和评价，并设计许多友好的界面让学生进行人机交互活动。利用自主交互型多媒体课件，可以让学生在个别化的教学环境下自主地进行学习。

自主交互型课件的基本教学过程是：教学以单元为主，将知识分解成许多相关的知识点呈现，通过提问问题，检查学生的掌握情况。

3. 操作练习型课件

操作练习型课件主要通过练习的形式来训练、强化学生某方面的知识或能力，在多媒体网络教室的环境下，利用专门的教学功能进行专业技能的展示。

操作练习型课件主要是通过问题的形式来训练和强化学生某方面的知识和能力，它包括题目的编排、学生回答信息的输入、判断回答以及反馈信息的组织、记录学生成绩等。

4. 教学模拟型课件

教学模拟型课件也称仿真型课件，用计算机模拟真实的自然现象或社会现象。

教学模拟型课件主要提供学生与模型间某些参数的交互，从而模拟出事件的发展结果。如化学中的各种化学反应，飞机和汽车的驾驶操纵等。

5. 合作学习型课件

合作学习型课件指在计算机网络通信工具的支持下，学生们不受地域和时间上的限制，进行互教互学、小组讨论、小组联系和小组课题等合作性学习。与传统的自主交互学习截然不同，自主交互学习注重于人机交互活动对学习的影响，而合作学习强调计算机支持同伴之间的交互活动。

6. 娱乐学习型课件

娱乐学习型课件与一般游戏软件有很大的不同，它主要基于学科的知识内容，寓教于乐，通过游戏形式，教会学生掌握学科的知识和能力，并激发学生学习的兴趣。这种课件要求趣味性较强。

任务二　了解课件素材种类和制作软件

一、课件素材的种类

课件素材的种类一般包括文本、图片、声音、视频、动画等，是多媒体课件不可缺少的组成部分。正是由于丰富的素材，才使得多媒体课件在辅助教学时能起到意想不到的效果，大大调动学生学习的积极性，让学生在身心上有了更形象生动的体验，更好地开展情境教学、体验教学。

1. 文　本

多媒体课件中的文本是学生获取信息的主要来源。文本素材要有选择地应用于多媒体课件，而不能整个段落照搬照抄。对于突出重点，演示难点的文字，应以大字号、鲜艳的颜色标出。

2. 图　像

图像能形象地展示教学内容，能解决难以用文字或语言描述的教学内容，特别对于低年级学生，能极大地吸引他们学习的兴趣。

3. 声　音

声音一般包括音效和音乐。声音一般用在提示注意、朗读、背景音乐方面。一段优美的音乐能舒缓课堂的紧张气氛。

4. 视频和动画

视频和动画能增加课件的趣味性，易于展开生动形象的教学，极大地吸引学生的注意力。视频和动画对学生的吸引力是前面几种素材所不能替代的。

二、素材的获取

素材的获取是较为复杂的事情，制作者往往要花费大量的时间，还不一定能达到比较理想的效果，那么到底有没有什么方法解决这一难题呢?

1. 图片的获取

图片是多媒体课件中最基本的素材，缺少直观图片的课件是难以想象的。课件中所展示的人物，背景，界面，按钮都属于图片。

图片素材一般通过扫描仪、数码照相机等硬件获取，然后通过图像处理软件进行处理；也可以通过软件的方式来获取，如屏幕截图，或直接在图形软件中手绘产生。

我们在网页上能看到许多精彩的图片和动画(GIF 格式)，可以在图片或动画上右击，在弹出的快捷菜单中选择“图片另存为”命令，将图片保存在自己的计算机里，通过这种方法可以收集到很多所需的图片或动画。此外，网上也有许多专业的图库可供下载。

在观看光盘或玩一些游戏的时候，可以看到许多精彩的画面，假如想得到这些画面，只要按 Print Screen 键，然后打开一个图形处理软件(如“画图”程序或者 Adobe Photoshop)，选择其中的“粘贴”命令，图片就可以保存在计算机里。这种方法更为简单可行，只要是能看到的画面，都可以获取。

2. 声音的获取

声音素材也是课件素材中的一个重要组成部分，大致可分为背景音乐、音效和录音素材。

声音素材的选取一般有从网络中下载，从 DVD、VCD、CD 中选取和利用录音软件自己录制等方法。其中，从网络中一般是下载 MP3 格式的声音文件，既方便又简单。

目前除了在网络中下载外，声音素材的最大来源就是利用软件直接从 DVD、VCD、CD 上获取。

3. Flash 动画的获取

二维动画是平面上的动画，高品质的二维动画创作需要有很高的美术功底。与传统的手绘动画不同，制作二维动画时，用户只要设置变形、移动、缩放，定义关键帧，其余工作基本上由电脑完成。

二维动画类型主要有 GIF、FLC、Flash 等，Flash 因其优美的画质，短小精悍的体积，强大的交互，成为目前最流行的二维动画软件。

Flash 动画以其短小精悍、内容精彩而风靡全球。我们可以使用一些软件下载 Flash 动画，比如“硕思闪客精灵”，如图 1 - 1 所示。

图 1-1　硕思闪客精灵工作界面

4. 视频的获取

目前常用的视频素材的类型主要包括：Windows AVI 格式、MPEG 格式及流媒体格式。常用的视频编辑软件有 Premiere、Ulead MediaStudio Pro 等。

Camtasia Studio 是一款专门捕捉屏幕影音的工具软件。它能在任何颜色模式下轻松地记录屏幕动作，包括影像、音效、鼠标移动的轨迹，解说声音等。捕捉屏幕时只要将捕获区域、捕获效果、音频效果、鼠标效果各项设置设好后，就可以进行录制了。它输出的文件格式很多，有常用的 AVI 及 SWF 格式，还可输出为 FLV、GIF、RM、WMV 及 MOV 等格式，用起来极其顺手。

三、常用课件制作软件

目前教师制作多媒体课件，较常用的课件制作软件是 PowerPoint 2007、Flash CS4。本书将较全面、具有针对性地介绍这两款软件的使用技巧。

1. PowerPoint 2007

PowerPoint 2007 是微软公司的 Office 组件之一，算不上课件制作系统，只能说是一个演示稿编辑软件，但简单易上手的特点深受广大一线教师的钟爱，大大减少了课件开发周期，操作界面如图 1-2 所示。

2. Flash CS4

Flash 是二维动画软件的后起之秀，随着 Internet 的普及，Flash 的流技术在 Internet 上游刃有余。越来越多的教师开始选择 Flash 作为自己开发多媒体课件的工具。Flash 开发的多媒体课件体积小，易于网上传播，Flash CS4 的操作界面如图 1-3 所示。

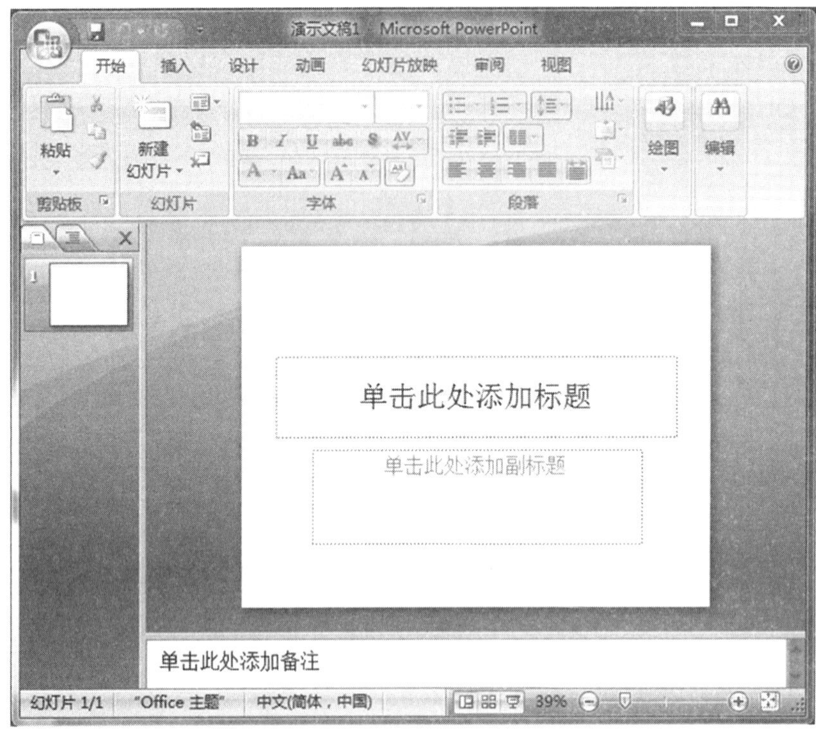

图 1－2　PowerPoint 2007 工作界面

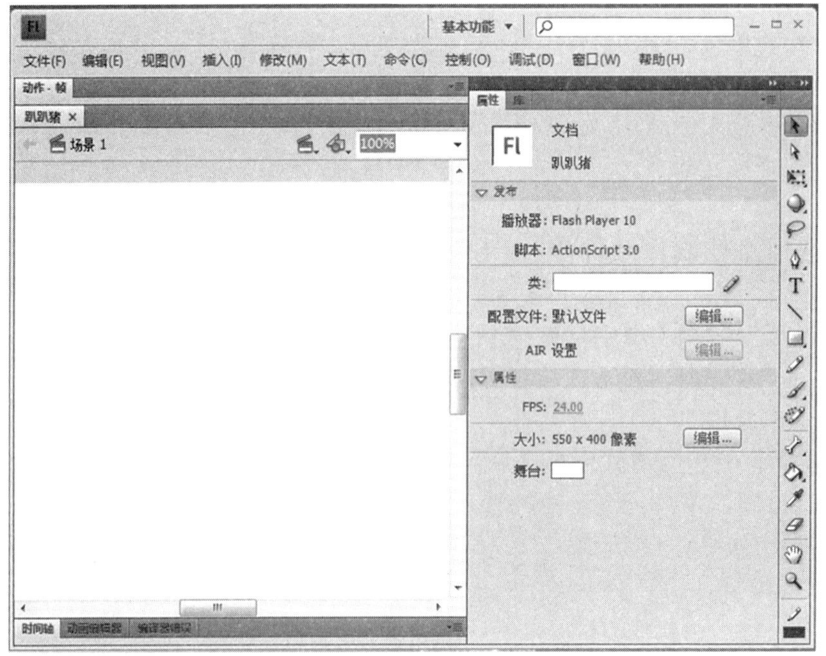

图 1－3　Flash CS4 工作界面

项目二

课件基本内容的添加

PowerPoint 是一款专门用来制作演示文稿的应用软件，也是 Microsoft Office 系列软件中的重要组成部分。用户使用 PowerPoint 可以制作出集文字、图形、图像、声音以及视频等多媒体元素于一体的多媒体课件，让信息以更轻松、更高效的方式表达出来。中文版 PowerPoint 2007 在继承以前版本的强大功能的基础上，更以全新的界面和便捷的操作模式引导用户制作图文并茂、声形兼备的多媒体演示文稿。

本项目包括以下三个任务。

- 任务一　运用母版制作课件
- 任务二　《鹅大哥出门》课件添加内容
- 任务三　《鹅大哥出门》课件美化

任务一　运用母版制作课件

该任务是利用 PowerPoint 2007 提供的丰富的模板制作漂亮的课件，通过母版的修改可快速修改课件内容，效果如图 2－1 所示。

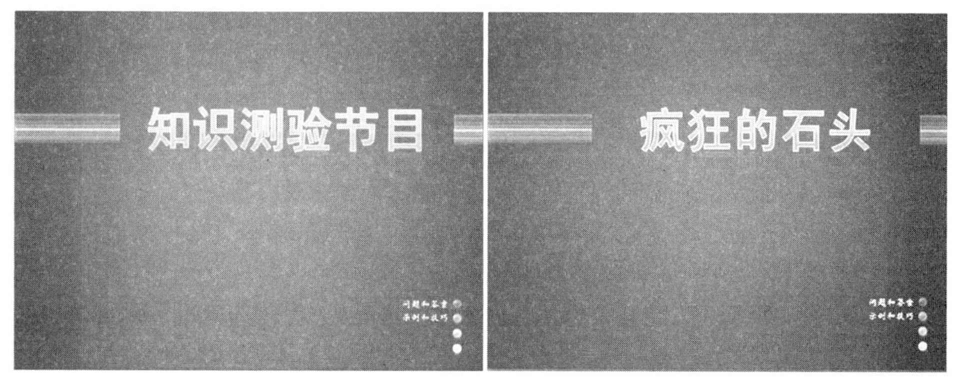

图 2－1　效果图

相关知识

一、PowerPoint 2007 简介

使用 PowerPoint 制作个性化的课件，首先需要了解其应用特点。Microsoft 公司最新推出的 PowerPoint 2007 办公软件除了拥有全新的界面外，还添加了许多新功能，使软件应用起来更加方便快捷。

1. PowerPoint 的应用特点

PowerPoint 和其他 Office 应用软件一样，使用方便，界面友好。简单来说，PowerPoint 具有如下应用特点。

- 简单易用
- 帮助系统
- 与他人协作
- 多媒体演示
- 发布应用
- 支持多种格式的图形文件
- 输出方式的多样化

2. PowerPoint 2007 的新增功能

PowerPoint 2007 在继承旧版本优秀特点的同时，明显地调整了工作环境及工具按钮，从而更加直观和便捷。此外，PowerPoint 2007 还新增了如下功能和特性。

- 面向结果的功能区
- 取消任务窗格功能
- 增强的图表功能
- 专业的 SmartArt 图形
- 方便的共享模式

二、启动 PowerPoint 2007

当用户安装完 Office 2007(典型安装)之后，PowerPoint 2007 也将成功安装到系统中。这时启动 PowerPoint 2007 就可以使用它来创建演示文稿。常用的启动方法有：常规启动、通过创建新文档启动和通过现有演示文稿启动。

1. 常规启动

常规启动是在 Windows 操作系统中最常用的启动方式，即通过“开始”菜单启动。单击“开始”按钮，选择“程序/Microsoft Office/Microsoft Office PowerPoint 2007”命令，即可启动 PowerPoint 2007，如图 2－2 所示。

图 2－2 启动方法

2. 通过创建新文档启动

成功安装 Microsoft Office 2007 之后，在桌面或者“我的电脑”窗口中的空白区域右击，将弹出如图 2－3 所示的快捷菜单，此时选择“新建/Microsoft Office PowerPoint 演示文稿”命令，即可在桌面或者当前文件夹中创建一个名为“新建 Microsoft Office PowerPoint 演示文稿”的文件。此时可以重命名该文件，然后双击文件图标，即可打开新建的 PowerPoint 2007 文件。

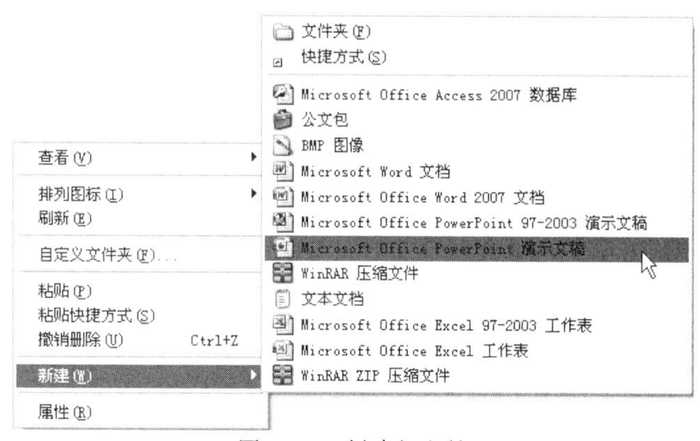

图 2－3 创建新文档

3. 通过现有演示文稿启动

用户在创建并保存 PowerPoint 2007 演示文稿后，可以通过已有的演示文稿启动 PowerPoint 2007。通过已有演示文稿启动可以分为两种方式：直接双击演示文稿图标或在“文档”中启动。

三、PowerPoint 2007 的界面组成

PowerPoint 2007 与旧版本相比，界面有了较大的改变，它使用选项卡替代原有的菜单，使用各种组替代原有的菜单子命令和工具栏。

1. **界面简介**

启动 PowerPoint 2007 应用程序后，用户将看到全新的工作界面，如图 2-4 所示。PowerPoint 2007 的界面不仅美观实用，而且各个工具按钮的摆放更便于用户操作。

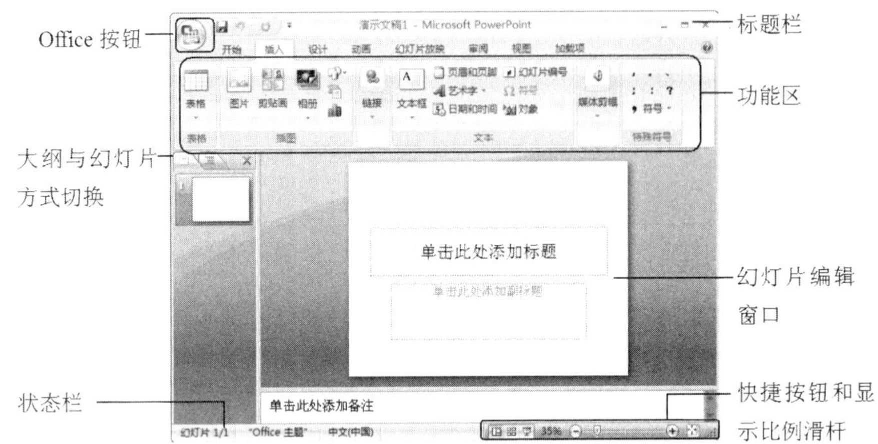

图 2-4　PowerPoint 2007 界面

2. **视图简介**

PowerPoint 2007 提供了“普通视图”、“幻灯片浏览”、“备注页”和“幻灯片放映”四种视图模式，使用户在不同的工作需求下都能得到一个舒适的工作环境。每种视图都包含该视图下特定的工作区、功能区和其他工具。在不同的视图中，用户都可以对演示文稿进行编辑和加工，同时这些改动都将反映到其他视图中。用户可以在功能区中选择“视图”选项卡，然后在“演示文稿视图”组中选择相应的按钮即可改变视图模式。

四、新建演示文稿

演示文稿是用于介绍和说明某个问题和事件的一组多媒体材料，也就是 PowerPoint 生成的文件形式。演示文稿中可以包含幻灯片、演讲备注和大纲等内容，而 PowerPoint 则是创建和演示播放这些内容的工具。

在 PowerPoint 中，存在演示文稿和幻灯片两个概念，使用 PowerPoint 制作出来的整个文件叫演示文稿。而演示文稿中的每一页叫做幻灯片，每张幻灯片都是演示文稿中既相互独立又相互联系的内容。

1. **新建演示文稿**

(1)单击“Office 按钮”。

(2)在打开的菜单上单击“新建”。

(3)在“新建演示文稿”窗口中选择一个选项，如图 2-5 所示。

图 2-5　新建演示文稿

空演示文稿由带有布局格式的空白幻灯片组成，用户可以在空白的幻灯片上设计出具有鲜明个性的背景色彩、配色方案、文本格式和图片等。

2. 选择演示文稿的模板

设计模板是预先定义好的演示文稿的样式、风格，包括幻灯片的背景、装饰图案、文字布局及颜色大小等等，PowerPoint 2007 为用户提供了许多美观的设计模板，用户在设计演示文稿时可以先选择演示文稿的整体风格，然后再进行进一步的编辑修改。

- 利用现有模板创建演示文稿
- 根据自定义模板创建演示文稿
- 根据现有内容新建演示文稿
- 使用 Office Online 模板创建演示文稿

五、编辑幻灯片

在 PowerPoint 2007 中，对幻灯片进行的编辑操作主要包括添加新幻灯片、选择幻灯片、选择幻灯片版式、复制幻灯片、调整幻灯片顺序和删除幻灯片等。在对幻灯片的操作过程中，最为方便的视图模式是幻灯片浏览视图。对于小范围或少量的幻灯片操作，也可以在普通视图模式下进行。

1. 添加新幻灯片

在启动 PowerPoint 2007 后，系统会自动建立一张新的幻灯片，随着制作过程的推进，需要在演示文稿中添加更多的幻灯片。要添加新幻灯片，可以按照下面的方法进行操作。

单击“开始”选项卡，在功能区的“幻灯片”组中单击“新建幻灯片”按钮，即可添加一张默认版式的幻灯片。当需要应用其他版式时，单击“新建幻灯片”按钮右下方的下拉箭头，弹出如图 2-6 所示的菜单。在该菜单中选择需要的版式即可将其应用到当前幻灯片中，如图 2-7 所示。

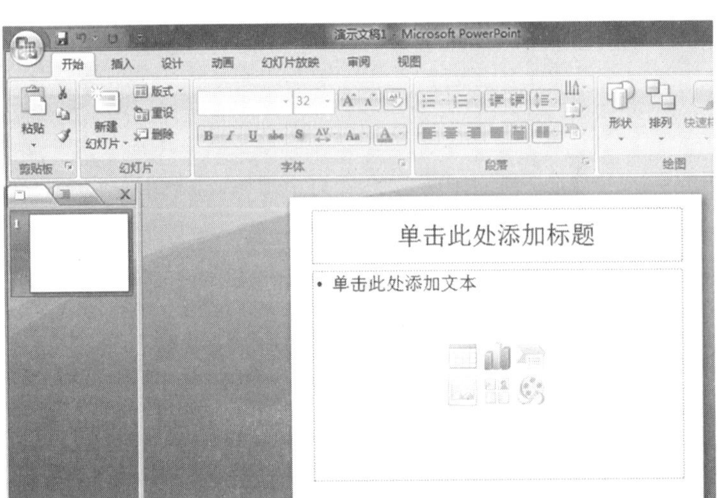

图 2－6　添加幻灯片

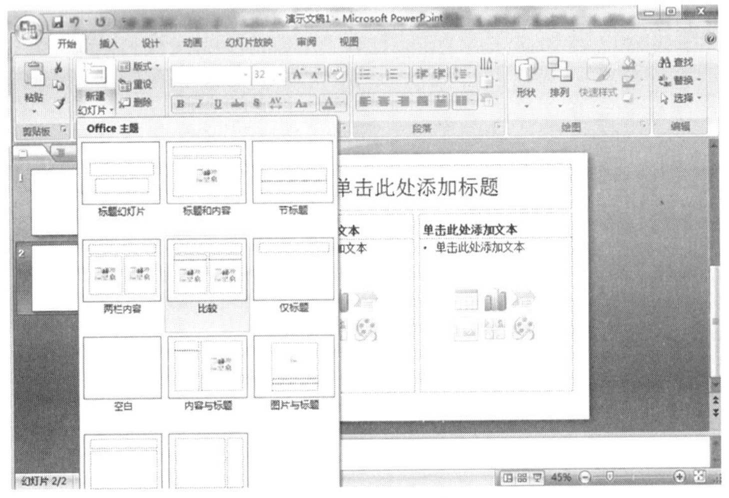

图 2－7　更改幻灯片版式

新创建的幻灯片的位置有以下几种情况。

• 在普通视图状态下，在幻灯片设计窗格中制作幻灯片时插入的幻灯片，位于当前幻灯片的后面。

• 在幻灯片浏览视图下，如果选定了幻灯片，则新幻灯片位于选定幻灯片的后面；若未选定幻灯片，窗口中会出现一个垂直闪烁的光条(称光标)，这时，新幻灯片位于光标处。

2. 选择幻灯片

在 PowerPoint 2007 中，用户可以选中一张或多张幻灯片，然后对选中的幻灯片进行操作。以下是在普通视图中选择幻灯片的方法。

• 选择单张幻灯片。无论是在普通视图还是在幻灯片浏览模式下，只需单击需要的幻

灯片，即可选中该张幻灯片。

• 选择编号相连的多张幻灯片。首先单击起始编号的幻灯片，然后按住 Shift 键，单击结束编号的幻灯片，此时将有多张幻灯片被同时选中。

• 选择编号不相连的多张幻灯片。在按住 Ctrl 键的同时，依次单击需要选择的每张幻灯片，此时被单击的多张幻灯片同时被选中。

选择幻灯片后，在幻灯片图标或幻灯片缩略图外任意一点单击鼠标左键，可取消对幻灯片的选定。

3. 选择幻灯片版式

选择幻灯片，然后在“开始”选项卡的“幻灯片”组中，单击“版式”，然后单击一种版式。幻灯片版式本身只定义了幻灯片上要显示内容的位置和格式设置信息。

4. 复制幻灯片

PowerPoint 2007 支持以幻灯片为对象的复制操作。在制作演示文稿时，有时会需要两张内容基本相同的幻灯片，此时，可以利用幻灯片的复制功能，复制出一张相同的幻灯片，然后再对其进行适当的修改。复制幻灯片的基本方法如下。

• 选中需要复制的幻灯片，在“开始”选项卡的“剪贴板”组中单击“复制”按钮，如图 2－8 所示；在需要插入幻灯片的位置单击，然后在“开始”选项卡的“剪贴板”组中单击“粘贴”按钮，如图 2－9 所示。

• 右键单击要选的幻灯片，然后单击“复制幻灯片”，如图 2－10 所示。

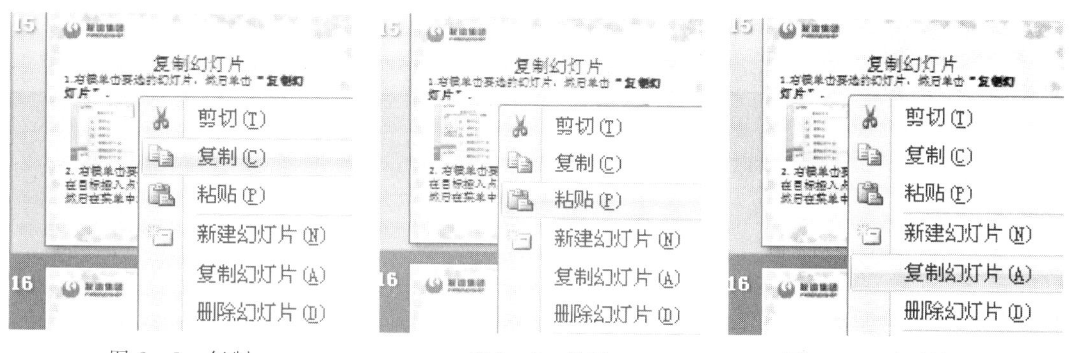

图 2－8　复制　　图 2－9　粘贴　　图 2－10　复制幻灯片

5. 删除幻灯片

删除幻灯片可采用以下两种方法。

• 左键选择要删除的幻灯片，然后单击功能区中的“删除”按钮，如图 2－11 所示。

• 右键单击要删除的幻灯片，然后单击“删除幻灯片”，如图 2－12 所示。

6. 调整幻灯片顺序

在制作演示文稿时，如果需要重新排列幻灯片的顺序，就需要移动幻灯片。移动幻灯片可以用“剪切”按钮和“粘贴”按钮，其操作步骤与使用“复制”和“粘贴”按钮相似。

图 2－11　删除按钮

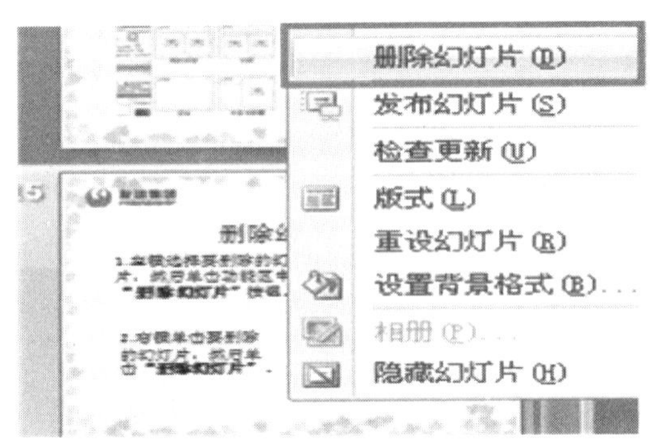

图 2－12　删除幻灯片命令

六、放映与保存演示文稿

在演示文稿的制作过程中可以随时进行幻灯片的放映，以观看幻灯片的显示及动画效果。保存幻灯片可以将用户的制作成果永久地保存下来，供以后使用或再次编辑。

1. 保存演示文稿

文件的保存是一种常规操作，在演示文稿的创建过程中及时保存工作成果，可以避免数据的意外丢失。在 PowerPoint 中保存演示文稿的方法和步骤与其他 Windows 应用程序相似。

- 单击“Office 按钮”，在打开的菜单上单击“保存”。
- 在“快捷工具栏”单击“保存”图标。
- 利用键盘快捷方式“Ctrl＋S”保存文件。

2. 放映演示文稿

制作幻灯片的目的是向观众播放最终的作品，在不同的场合、不同的观众的条件下，必须根据实际情况来选择具体的播放方式。

PowerPoint 2007 提供了三种不同的幻灯片播放模式，如图 2－13 所示。

- 从头开始放映
- 从当前幻灯片放映
- 自定义幻灯片放映

图 2－13　幻灯片放映功能组

按 F5 从第一张幻灯片开始放映；按 Shift＋F5 从当前幻灯片开始放映。

3. 设置放映方式

为适应不同场合的需要，幻灯片有不同的放映方式。用户可以根据需要设置幻灯片的

放映方式，步骤如下：切换到“幻灯片放映”选项卡，单击“设置”功能组中的“设置幻灯片放映”按钮，弹出“设置放映方式”对话框，如图 2－14 所示。

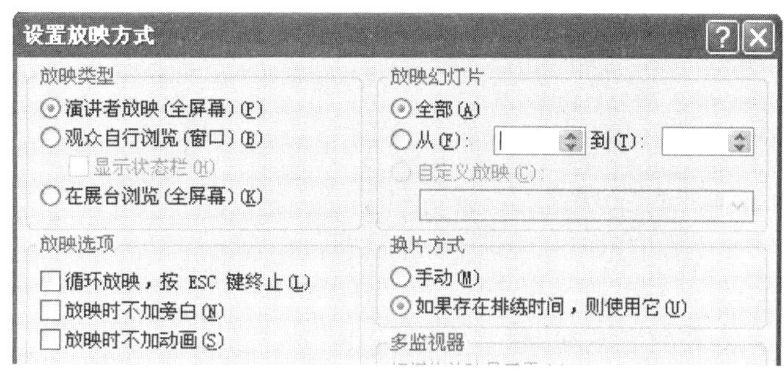

图 2－14　设置放映方式

放映类型有三种，其特点如下。

• 演讲者放映。幻灯片在全屏幕中放映，放映过程中演讲者可以控制幻灯片的放映过程。

• 观众自行浏览。幻灯片在窗口中放映，可以控制幻灯片的放映过程，在幻灯片放映的同时，还可以运行其他应用程序。

• 在展台浏览。幻灯片在全屏幕中自动放映，用户不能控制幻灯片的放映过程，只能按 ESC 键终止放映。

任务实施

1. 打开 PowerPoint 2007，单击“Office 按钮”，选择“新建”命令，打开“新建演示文稿”对话框，如图 2－15 所示。

图 2－15　新建演示文稿对话框

2. 选择“模板”列表中的“已安装的模板”，选择“小测验短片”模板，单击“创建”按钮，新建一演示文稿，如图 2－16 所示。

图 2－16　模板演示文稿

3. 选择第 1 张幻灯片，更改标题为“疯狂的石头”，如图 2－17 所示。

图 2－17　添加标题

4. 选中第 2 张幻灯片，按 Delete 键删除这一张幻灯片；选中第三张幻灯片，右击鼠标选择“删除幻灯片”，将这一张幻灯片删除。

5. 选择新演示文稿的第 2 张幻灯片，更改问题内容为“中国的首都是北京。”，如图 2－18所示。

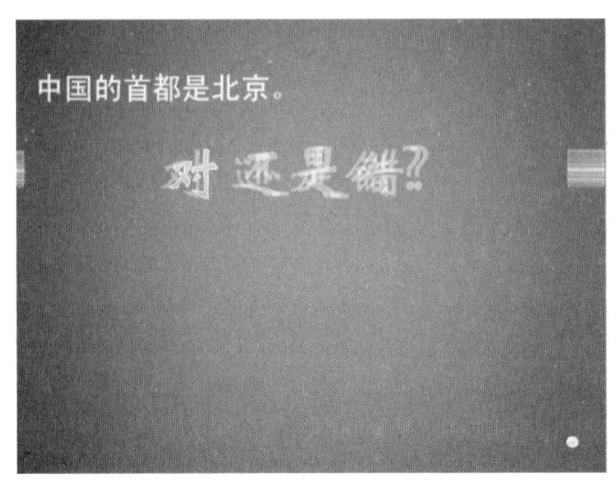

图 2－18　更改标题

6. 选择第 3 张幻灯片，更改题目内容为“古诗《草》的作者是谁?”，答案处输入文字“白居易”，效果如图 2-19 所示。

图 2-19　输入文字

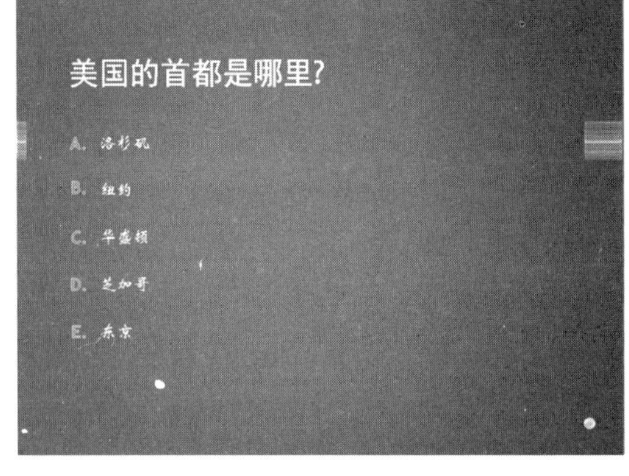

图 2-20　添加内容

7. 第 4 张幻灯片的内容不更改，选择第 5 张幻灯片，更改题目为“美国的首都是哪里?”，五个选项分别输入“洛杉矶”、“纽约”、“华盛顿”、“芝加哥”和“东京”，效果如图 2-20所示。

8. 选中第 6 张幻灯片，将其删除。

9. 选择“幻灯片放映”选项卡下“开始放映幻灯片”功能组中的“从当前幻灯片开始”按钮，如图 2-21 所示，播放当前幻灯片。

10. 按 ESC 键结束幻灯片放映。单击“设置幻灯片放映”按钮，弹出“设置放映方式”对话框，如图 2-22 所示。在“放映选项”中选择“循环放映，按 ESC 键终止”复选框，单击“确定”按钮。

11. 单击“从头开始”按钮，幻灯片从头播放。

图 2-21　幻灯片放映

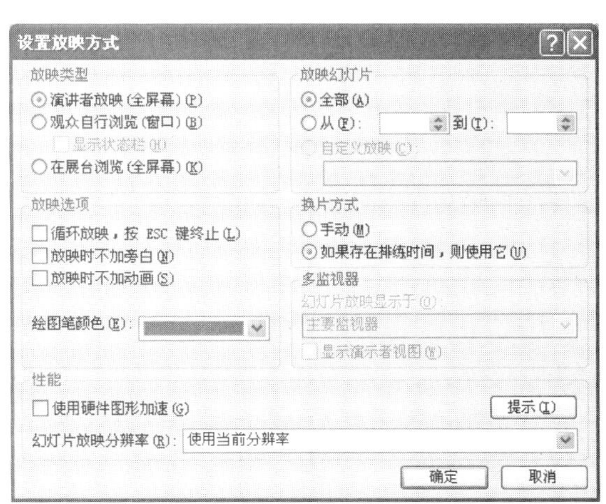

图 2-22　设置放映方式

任务二 《鹅大哥出门》课件添加内容

这个任务通过设计制作《鹅大哥出门》课件，掌握为课件添加文字以及添加项目符号和编号的方法，效果如图 2－23 所示。

图 2－23 效果图

相关知识

直观明了的演示文稿少不了文字的说明，文字是演示文稿中至关重要的组成部分。本部分将讲述在幻灯片中添加文本、修饰演示文稿中的文字、设置文字的对齐方式和添加特殊符号的方法。

一、占位符的基本编辑

占位符是包含文字和图形等对象的容器，其本身是构成幻灯片内容的基本对象，具有自己的属性。用户可以对其中的文字进行操作，也可以对占位符本身进行大小调整、移动、复制、粘贴及删除等操作。

1. 选择、移动及调整占位符

占位符常见的操作状态有两种：文本编辑与整体选中。在文本编辑状态中，用户可以编辑占位符中的文本；在整体选中状态中，用户可以对占位符进行移动、调整大小等

操作。

• 选择。单击即可，如图 2－24 所示。
• 移动。选择后拖动鼠标，如图 2－25 所示。
• 调整。选择后拖动控制柄，如图 2－26 所示。

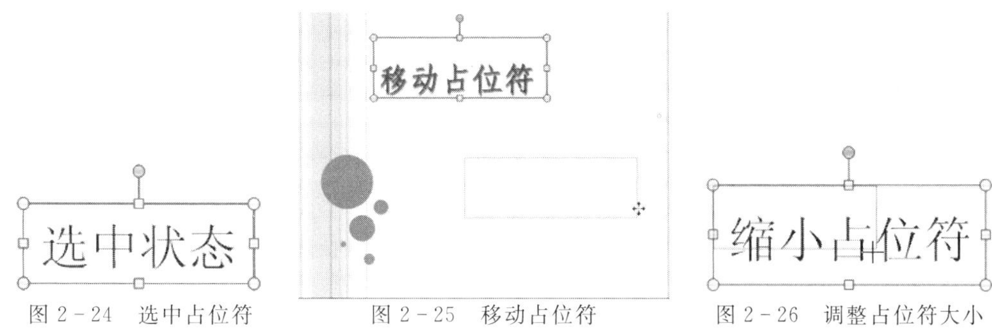

图 2－24　选中占位符　　图 2－25　移动占位符　　图 2－26　调整占位符大小

2. 复制、剪切、粘贴和删除占位符

用户可以对占位符进行复制、剪切、粘贴及删除等基本编辑操作。对占位符的编辑操作与对其他对象的操作相同，选中占位符之后，在“开始”选项卡的“剪贴板”组中选择“复制”、“粘贴”及“剪切”等相应按钮即可。

• 在复制或剪切占位符时，会同时复制或剪切占位符中的所有内容和格式，以及占位符的大小和其他属性。

• 当把复制的占位符粘贴到当前幻灯片时，被粘贴的占位符将位于原占位符的附近；当把复制的占位符粘贴到其他幻灯片时，则被粘贴的占位符的位置将与原占位符在幻灯片中的位置完全相同。

• 占位符的剪切操作常用来在不同的幻灯片间移动内容。
• 选中占位符后按键盘上的 Delete 键，可以把占位符及其内部的所有内容删除。

二、在幻灯片中添加文本

文本对演示文稿中主题、问题的说明及阐述作用是其他对象不可替代的。在幻灯片中添加文本的方法有很多种，常用的方法有使用占位符、使用文本框和从外部导入文本。

1. 使用占位符添加文本

在一张新的非空白版式的幻灯片中，经常有“单击此处添加标题”或“单击此处添加文字”的文字框，这些位置称“占位符”。当单击此处，录入所需要的文字时，此占位符的位置就会显示录入的文字内容。

2. 使用文本框添加文本

文本框是一种可移动、可调整大小的文字容器，它与文本占位符非常相似。使用文本框可以在幻灯片中放置多个文字块，使文字按照不同的方向排列。也可以突破幻灯片版式的制约，实现在幻灯片中任意位置添加文字信息的目的。

3. 从外部导入文本

用户除了使用复制的方法从其他文档中将文本粘贴到幻灯片中，还可以在“插入”选项卡中选择“对象”命令，如图 2－27 所示，直接将文本文档导入幻灯片中。

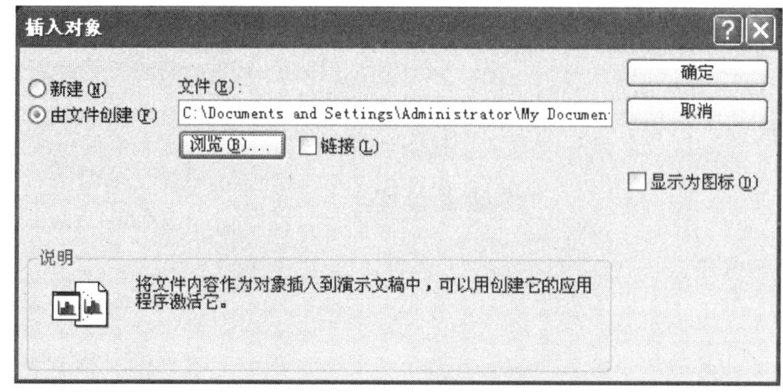

图 2－27　插入对象对话框

三、文本的基本操作

PowerPoint 2007 的文本基本操作主要包括选择、复制、粘贴、剪切、撤销与重复、查找与替换等。掌握文本的基本操作是进行文字属性设置的基础。

1. 设置文本的基本属性

为了使演示文稿更加美观、清晰，通常需要对文本属性进行设置。文本的基本属性设置包括字体、字号及字体颜色等。在 PowerPoint 2007 中，当幻灯片应用了版式后，幻灯片中的文字也具有了预先定义的属性。但在很多情况下，用户仍然需要按照自己的要求对它们重新进行设置。

(1)设置字体

合适的字体，可以使幻灯片的内容清晰明了。和编辑文本一样，用户在设置文本属性之前，首先要选择相应的文本，然后在“开始”选项卡下“字体”功能组，在字体下拉列表中选择一种字体，如图 2－28 所示。

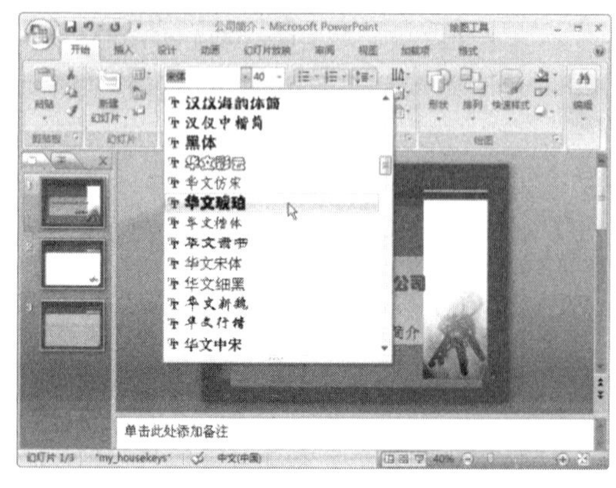

图 2－28　设置字体

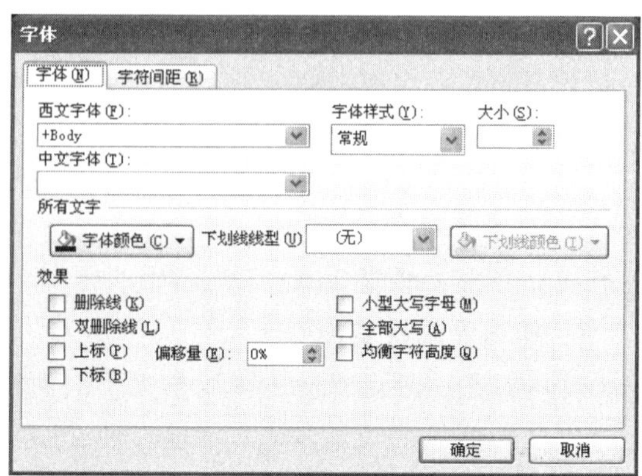

图 2－29　设置颜色

(2)设置字体颜色

用户的输出设备(如显示器、投影仪、打印机等)都允许使用彩色信息，这样在设计演示文稿时就可以进一步设置文字的字体颜色。当选择文字后，单击“字体”功能组右下角的按钮，弹出“字体”对话框，设置字体颜色即可，如图 2-29 所示。

在 PowerPoint 2007 中，用户除了可以设置最基本的文字格式外，还可以在“开始”选项卡的“字体”组中选择相应按钮来设置文字的其他特殊效果，如为文字添加删除线等。单击“字体”组中的对话框启动器，在打开的“字体”对话框中也可以设置特殊的文本格式。

2. 文字格式设置

当选择文字的时候，在上方功能区里会多出一个“格式”工具栏，如图 2-30 所示。通过该工具栏可以设置文字的多种效果，比如添加边框，更改形状轮廓等。

图 2-30　字体格式工具栏

3. 文字效果格式设置

选中文字后，右键菜单选“设置文字效果格式”，弹出“设置文本效果格式”对话框，如图 2-31 所示，可详细设置文本效果。

(1)文字版式

• 垂直对齐方式。若要指定文本的垂直位置，请从列表中选择一个选项。

• 文字方向。若要指定文本的方向，请从列表中选择一个选项。

(2)自动调整

• 不自动调整。若要关闭对大小的自动调整，请单击此按钮。

• 溢出时缩排文字。若要减小文字大小以适合艺术字，请单击此按钮。

• 根据文字调整形状大小。若要在垂直方向增加艺术字的大小以便文字适合艺术字，请单击此按钮。

图 2-31　设置文本效果格式

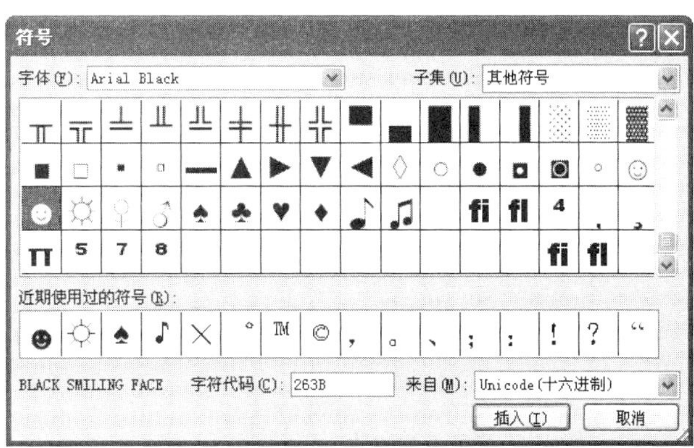

图 2-32　插入符号对话框

4. 插入符号

在编辑演示文稿的过程中，除了输入文本或英文字符，在很多情况下还要插入一些符号和公式，例如 α、β、∈、$F_x = F\cos\beta$ 等，这时仅通过键盘是无法输入这些符号的。

PowerPoint 2007 提供了插入符号和公式的功能，用户可以在演示文稿中插入各种符号和公式。

要在文档中插入符号，可以先将光标放置在要插入符号的位置，然后单击功能区的“插入”选项卡，在“文本”组中单击“符号”按钮，打开如图 2－32 所示的“符号”对话框，在其中选择要插入的符号，单击“插入”按钮即可。

四、编排段落格式

为了使幻灯片中的文本层次分明，条理清晰，可以为幻灯片中的段落设置格式和级别，如使用不同的项目符号和编号来标识段落层次等。

段落格式包括段落对齐、段落缩进及段落间距设置等。

1. 设置段落对齐方式

段落对齐是指段落边缘的对齐方式，包括左对齐、右对齐、居中对齐、两端对齐和分散对齐。

- 左对齐。左对齐时，段落左边对齐，右边参差不齐。
- 右对齐。右对齐时，段落右边对齐，左边参差不齐。
- 居中对齐。居中对齐时，段落居中排列。
- 两端对齐。两端对齐时，段落左右两端都对齐分布，但是段落最后不满一行的文字右边是不对齐的。
- 分散对齐。分散对齐时，段落左右两边均对齐，而且当每个段落的最后一行不满一行时，将自动拉开字符间距使该行均匀分布。

2. 设置段落的缩进方式

在 PowerPoint 2007 中，可以设置段落与占位符或文本框左边框的距离，也可以设置首行缩进和悬挂缩进。使用“段落”对话框可以准确地设置缩进尺寸，在功能区单击“段落”组中的对话框启动器，将打开“段落”对话框，如图 2－33 所示。

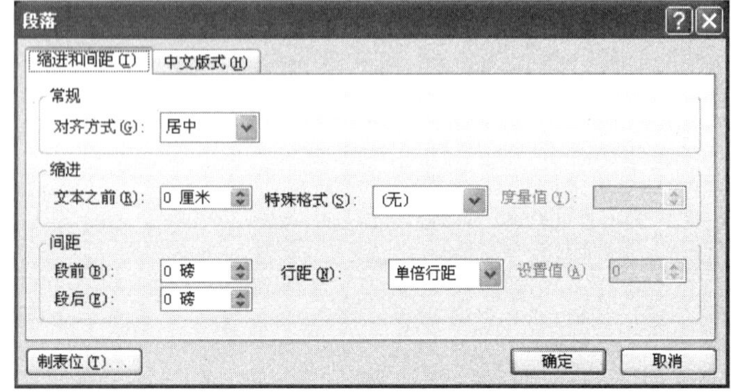

图 2－33　段落对话框

3. 设置行间距和段间距

在 PowerPoint 2007 中，用户可以设置行距及段落换行的方式。设置行距可以改变 PowerPoint 2007 默认的行距，使演示文稿中的内容更为清晰；设置换行格式，可以使文本以用户规定的格式分行。

五、使用项目符号和编号

1. 常用项目符号

在 PowerPoint 2007 中，为了使某些内容更为醒目，经常要用到项目符号。项目符号用于强调一些特别重要的观点或条目，从而使主题更加美观、突出。

将光标定位在需要添加项目符号的段落中，在“开始”选项卡的“段落”组中单击“项目符号”按钮右侧的下拉箭头，打开项目符号菜单，在该菜单中选择需要使用的项目符号命令即可。

单击下拉箭头中的“项目符号和编号”命令，还可弹出“项目符号和编号”对话框，如图 2-34 所示。单击“图片”按钮，还可弹出“图片项目符号”对话框，如图 2-35 所示。

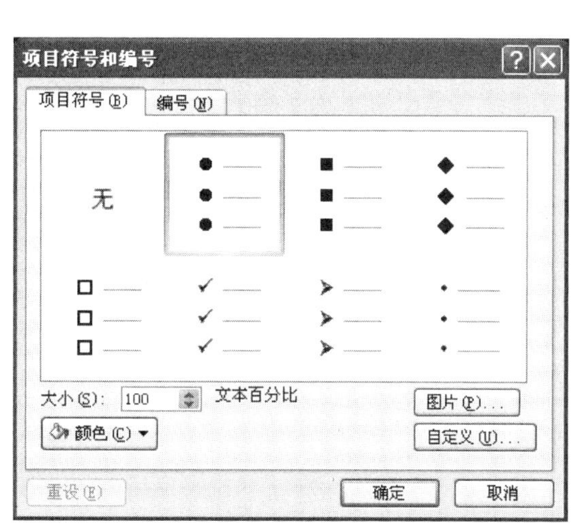

图 2-34　项目符号和编号

图 2-35　图片项目符号

在“项目符号和编号”对话框中可供选择的项目符号类型共有 7 种，此外 PowerPoint 2007 还可以将图片设置为项目符号，这样丰富了项目符号的形式。

在 PowerPoint 2007 中，除了系统提供的项目符号和图片项目符号外，还可以将系统符号库中的各种字符设置为项目符号。如图 2-36 所示，在“项目符号和编号”对话框中单击“自定义”按钮，将打开“符号”对话框，如图 2-37 所示；选择一种符号，单击“确定”。

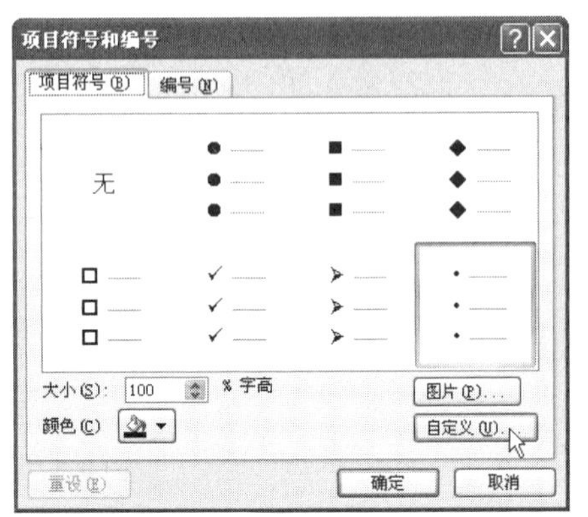

图 2-36　自定义按钮

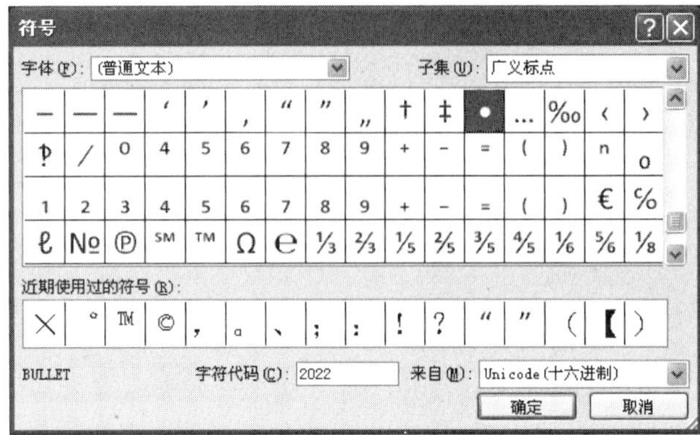

图 2-37　符号对话框

2. 常用项目编号

在 PowerPoint 2007 中，可以为不同级别的段落设置项目编号，使主题层次更加分明、有条理。在默认状态下，项目编号是由阿拉伯数字构成。此外，PowerPoint 2007 还允许用户使用自定义项目编号样式。

要为段落设置项目编号，可将光标定位在段落中，然后打开“项目符号和编号”对话框的“编号”选项卡，如图 2-38 所示，可以根据需要选择编号样式。

图 2-38　项目符号和编号对话框

任务实施

1. 单击“Office 按钮”，在下拉列表中选择“新建”命令，弹出“新建演示文稿”对话框，如图 2-39 所示。

2. 单击选择“空白演示文稿”后，单击“创建”按钮，新建一空白文档，如图 2-40 所示。

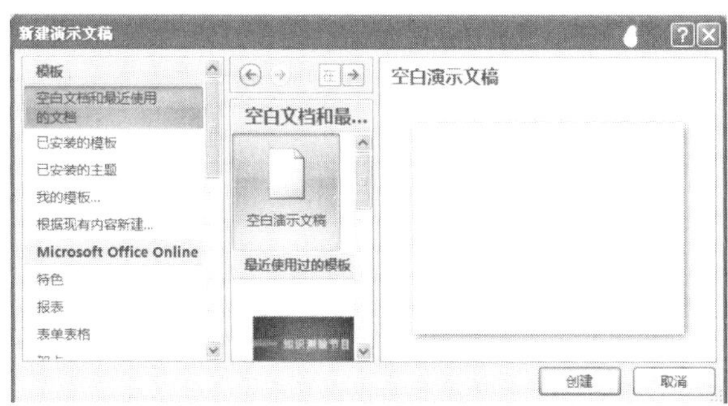

图 2－39　新建演示文稿

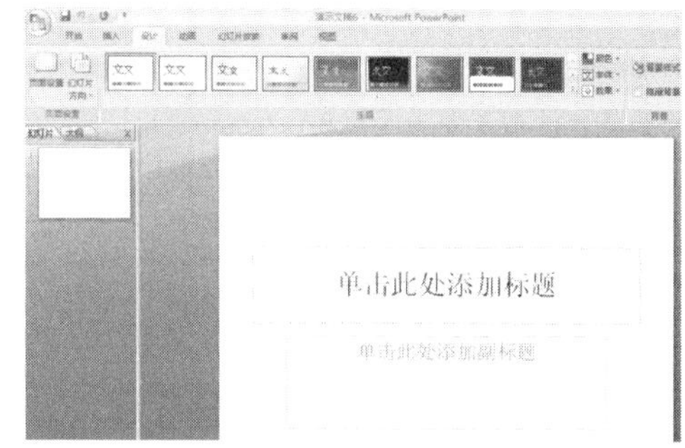

图 2－40　空白文档

3. 在“设计”选项卡下，单击“主题”功能组中的“其他”下拉列表，显示出可以应用的主题列表，如图 2－41 所示。单击选择一种合适的主题，效果如图 2－42 所示。

4. 单击“单击此处添加标题”占位符，输入文字“鹅大哥出门”，选中占位符，移动至幻灯片中上位置，如图 2－43 所示。

5. 选中文字“鹅大哥出门”，在“开始”选项卡下“字体”功能组中，设置字号为“48”，颜色为“绿色”。

6. 单击“单击此处添加副标题”占位符，输入文字“德城电大附属幼儿园 刘丽娟”，更改文字颜色为“深蓝”，移动至合适位置，效果如图 2－44 所示。

图 2－41　主题列表

图 2－42　应用主题效果

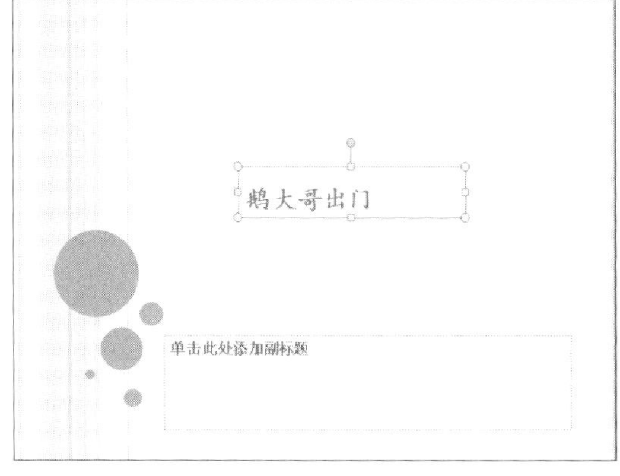

图 2－43　移动占位符

图 2－44　设置标题字号和颜色

7. 单击幻灯片缩略图，右击选择“新建幻灯片”命令，新建一张空白幻灯片，此幻灯片默认版式为“标题和内容”版式，如图 2-45 所示。

8. 选择“单击此处添加标题”占位符，按 Delete 键删除。

9. 单击“单击此处添加文本”占位符，输入文字“设计思路”，按回车键出现项目符号，依次输入文字“活动目标”、“活动准备”、“教法学法”和“活动过程”，如图 2-46 所示。

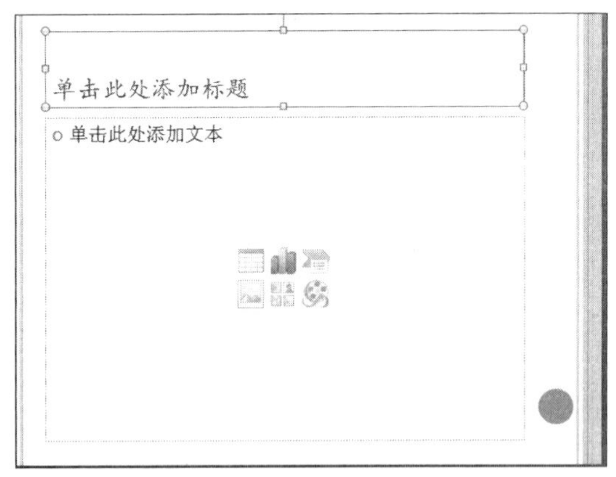

图 2-45　标题和内容版式

图 2-46　输入项目符号内容

10. 选中这五行文字，选择“开始”选项卡下“段落”功能组中的“项目符号”下拉列表，在下拉列表中单击“项目符号和编号”命令，如图 2-47 所示。

11. 弹出“项目符号和编号”对话框，单击“图片”按钮，如图 2-48 所示。

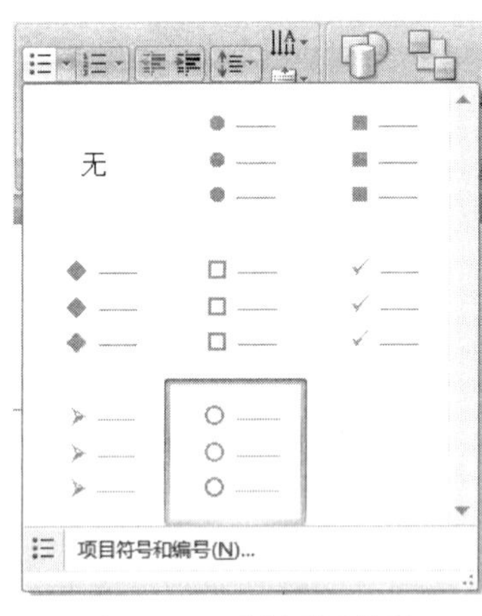

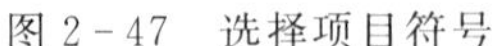

图 2-47　选择项目符号

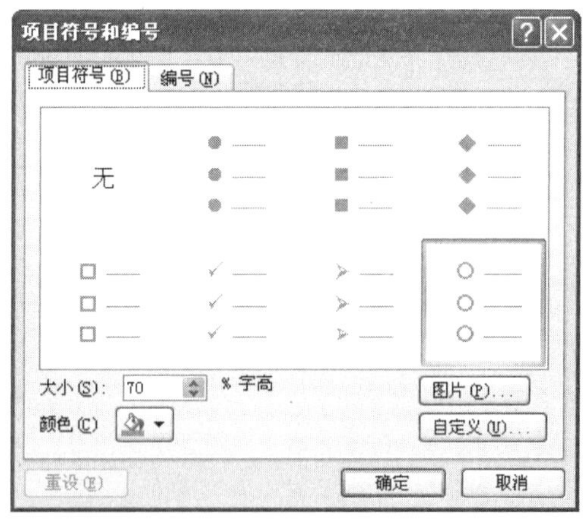

图 2-48　项目符号和编号对话框

12. 弹出“图片项目符号”对话框，选择第一个图片，如图 2-49 所示，单击“确定”。

13. 更改字号为“28”，调整到合适的位置，效果如图 2-50 所示。

图 2－49　选择图片项目符号

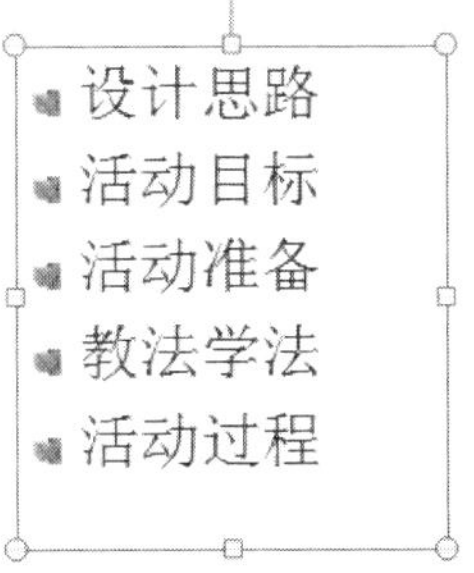

图 2－50　更改字号效果

14. 选中第二张幻灯片的缩略图，多次按下 Enter 键，可同时添加多张幻灯片。

15. 定位至第三张幻灯片，添加标题文字“一、设计思路”。

16. 打开已编辑好的说课稿文件，选中文字，如图 2－51 所示，右击选择“复制”命令。

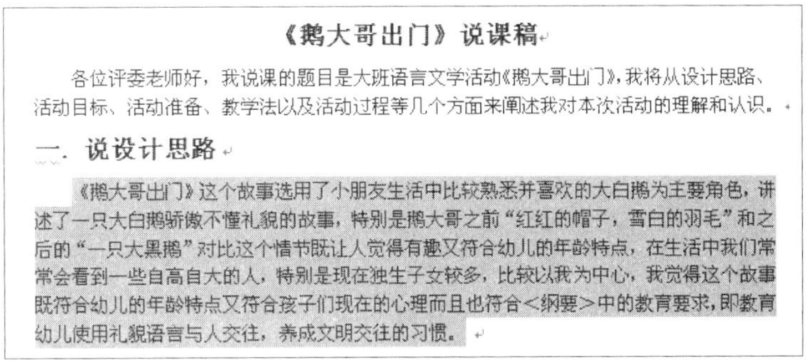

《鹅大哥出门》说课稿

各位评委老师好，我说课的题目是大班语言文学活动《鹅大哥出门》，我将从设计思路、活动目标、活动准备、教学法以及活动过程等几个方面来阐述我对本次活动的理解和认识。

一．说设计思路

《鹅大哥出门》这个故事选用了小朋友生活中比较熟悉并喜欢的大白鹅为主要角色，讲述了一只大白鹅骄傲不懂礼貌的故事，特别是鹅大哥之前“红红的帽子，雪白的羽毛”和之后的“一只大黑鹅”对比这个情节既让人觉得有趣又符合幼儿的年龄特点，在生活中我们常常会看到一些自高自大的人，特别是现在独生子女较多，比较以我为中心，我觉得这个故事既符合幼儿的年龄特点又符合孩子们现在的心理而且也符合<纲要>中的教育要求，即教育幼儿使用礼貌语言与人交往，养成文明交往的习惯。

图 2－51　复制文字

17. 光标定位至第三张幻灯片的“单击此处添加文本”占位符，右击选择“粘贴”命令，将复制的文本粘贴到占位符文本框中。

18. 删除繁琐的文字内容；删除项目符号，设置“首行缩进”两个字符，对话框如图 2－52所示，效果如图 2－53 所示。

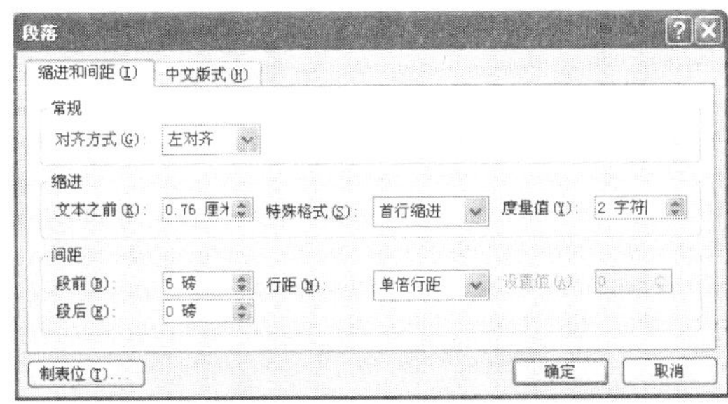

图 2－52　首行缩进

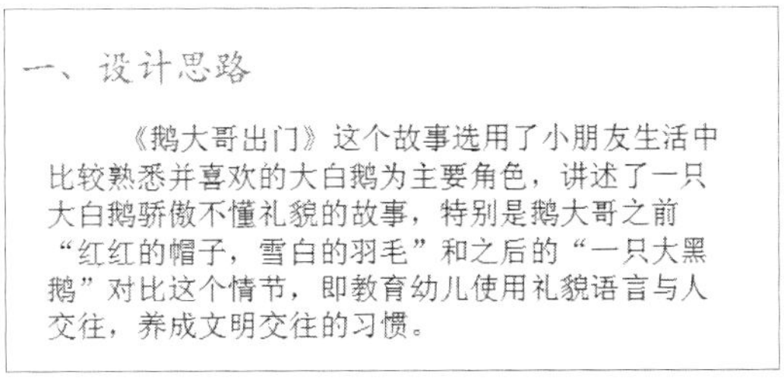

一、设计思路

《鹅大哥出门》这个故事选用了小朋友生活中比较熟悉并喜欢的大白鹅为主要角色，讲述了一只大白鹅骄傲不懂礼貌的故事，特别是鹅大哥之前“红红的帽子，雪白的羽毛”和之后的“一只大黑鹅”对比这个情节，即教育幼儿使用礼貌语言与人交往，养成文明交往的习惯。

图 2－53　效果图

19. 用同样的方法，完成下面几张幻灯片的制作，如图 2－54、图 2－55、图 2－56 所示。

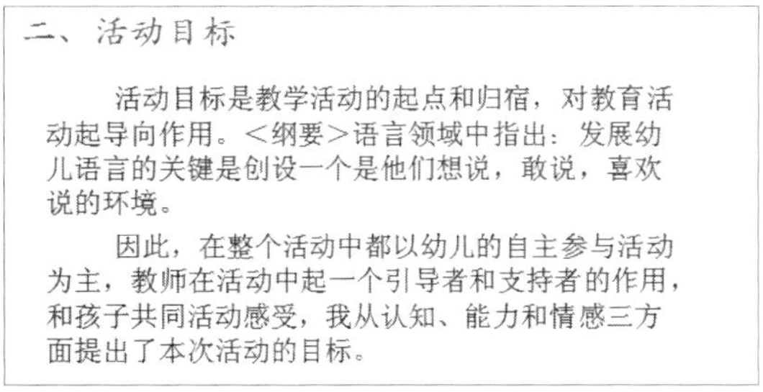

二、活动目标

活动目标是教学活动的起点和归宿，对教育活动起导向作用。<纲要>语言领域中指出：发展幼儿语言的关键是创设一个是他们想说，敢说，喜欢说的环境。

因此，在整个活动中都以幼儿的自主参与活动为主，教师在活动中起一个引导者和支持者的作用，和孩子共同活动感受，我从认知、能力和情感三方面提出了本次活动的目标。

图 2－54　效果图

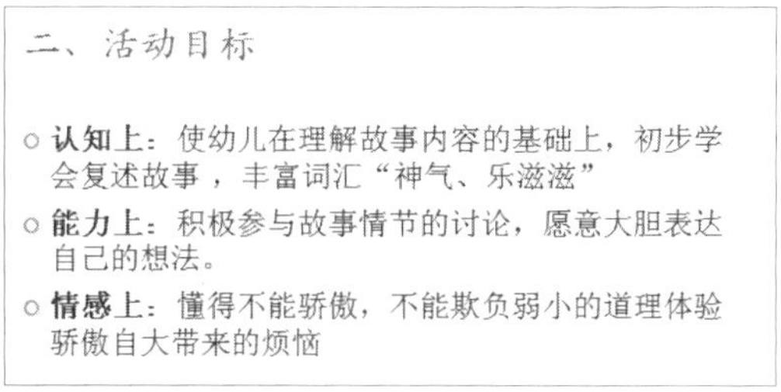

二、活动目标

- **认知上**：使幼儿在理解故事内容的基础上，初步学会复述故事，丰富词汇“神气、乐滋滋”
- **能力上**：积极参与故事情节的讨论，愿意大胆表达自己的想法。
- **情感上**：懂得不能骄傲，不能欺负弱小的道理体验骄傲自大带来的烦恼

图 2－55　效果图

20. 光标定位至第 7 张幻灯片，输入标题文字“教法学法”，单击“版式”按钮，在版式列表中选择“两栏内容”版式，效果如图 2－57 所示。

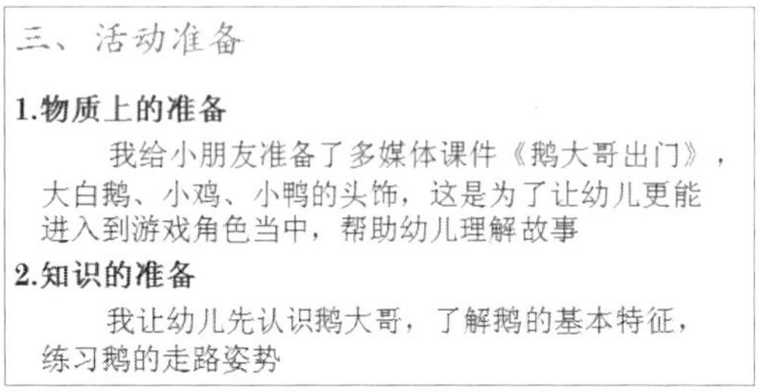

三、活动准备

1.物质上的准备

我给小朋友准备了多媒体课件《鹅大哥出门》，大白鹅、小鸡、小鸭的头饰，这是为了让幼儿更能进入到游戏角色当中，帮助幼儿理解故事

2.知识的准备

我让幼儿先认识鹅大哥，了解鹅的基本特征，练习鹅的走路姿势

图 2－56　效果图

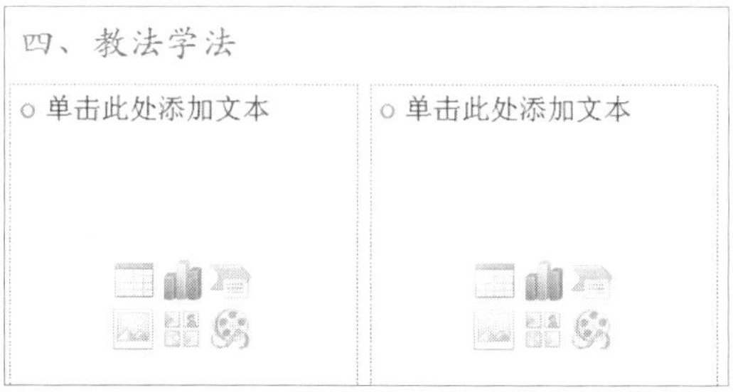

四、教法学法

- 单击此处添加文本
- 单击此处添加文本

图 2－57　效果图

21. 将说课稿中的文字复制、粘贴至幻灯片中，如图 2－58 所示。

22. 将“五、活动过程”的相关内容按照步骤 18 操作方式进行操作，效果如图 2－59 所示。

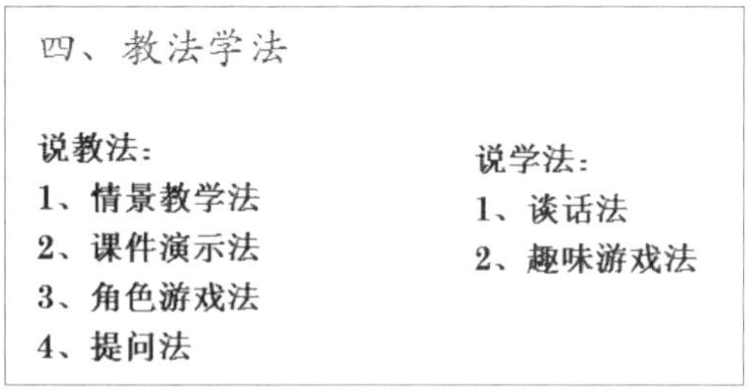

四、教法学法

说教法：

1、情景教学法

2、课件演示法

3、角色游戏法

4、提问法

说学法：

1、谈话法

2、趣味游戏法

图 2－58　效果图

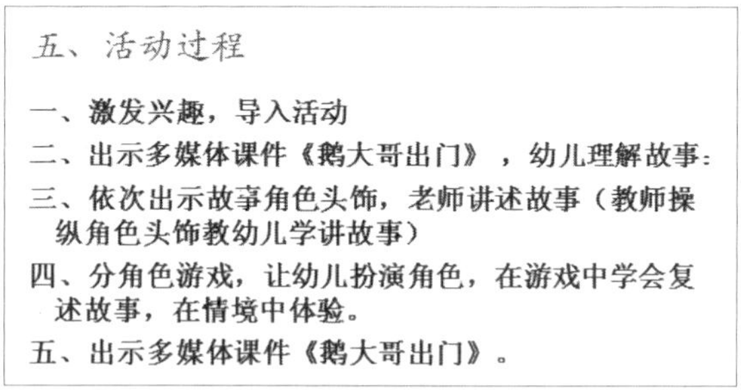

五、活动过程

一、激发兴趣，导入活动

二、出示多媒体课件《鹅大哥出门》，幼儿理解故事：

三、依次出示故事角色头饰，老师讲述故事（教师操纵角色头饰教幼儿学讲故事）

四、分角色游戏，让幼儿扮演角色，在游戏中学会复述故事，在情境中体验。

五、出示多媒体课件《鹅大哥出门》。

图 2－59　效果图

23. 光标定位至第 9 张幻灯片，更改版式为“标题幻灯片”，标题处输入文字“敬请批评指正，谢谢大家。”文本处输入当前日期，调整占位符位置，效果如图 2－60 所示。

图 2-60 效果图

24. 单击“幻灯片放映”选项卡“开始放映幻灯片”功能组中的“从头开始”，放映演示文稿，观看效果。

25. 按 ESC 键，结束放映，切换至演示文稿的普通视图。

附：

《鹅大哥出门》说课稿

各位评委老师好，我说课的题目是大班语言文学活动《鹅大哥出门》，我将从设计思路、活动目标、活动准备、教学法以及活动过程等几个方面来阐述我对本次活动的理解和认识。

一、说设计思路

《鹅大哥出门》这个故事选用了小朋友生活中比较熟悉并喜欢的大白鹅为主要角色，讲述了一只大白鹅骄傲不懂礼貌的故事，特别是鹅大哥之前“红红的帽子，雪白的羽毛”和之后的“一只大黑鹅”对比这个情节既让人觉得有趣又符合幼儿的年龄特点，在生活中我们常常会看到一些自高自大的人，特别是现在独生子女较多，比较以自我为中心，我觉得这个故事既符合幼儿的年龄特点又符合孩子们现在的心理，而且也符合《纲要》中的教育要求，即教育幼儿使用礼貌语言与人交往，养成文明交往的习惯。

二、说活动目标

活动目标是教学活动的起点和归宿，对教育活动起导向作用。《纲要》语言领域中指出：发展幼儿语言的关键是创设一个使他们想说，敢说，喜欢说的环境。在新《纲要》中，活动教育提出了“幼儿园的教育活动，应以教师带领幼儿共同创设适应幼儿年龄特点的，丰富多彩的，引导幼儿在轻松愉快的心理氛围中，积极主动地去体验，实践、创造，促进幼儿身心和谐发展的一种教育活动。”因此，在整个活动中都以幼儿的自主参与活动为主，教师在活动中起引导者和支持者的作用，和孩子共同活动感受。我从认知、能力和情感三方面提出了本次活动的目标。

认知上：使幼儿在理解故事内容的基础上，初步学会复述故事，丰富词汇“神气、乐滋滋”。

能力上：积极参与故事情节的讨论，愿意大胆表达自己的想法。

情感上：懂得不能骄傲、不能欺负弱小的道理，体验骄傲自大带来的烦恼。

根据目标，在活动中，我把在游戏情节中理解故事内容，懂得不能骄傲不能欺负弱小的道理设为教学重点，根据大班幼儿的语言发展情况，用完整的语言复述故事设为难点。

三、说活动准备

为了此次活动的组织符合幼儿的学习方式和特点，注重综合性、趣味性、活动性的协调统一，寓教育于生活情景游戏之中，我做了以下两方面的准备：

1. 物质上的准备

我给小朋友准备了多媒体课件《鹅大哥出门》，大白鹅、小鸡、小鸭的头饰，这是为了让幼儿更能进入到游戏角色当中，帮助幼儿理解故事。

2. 知识的准备

我让幼儿先认识鹅大哥，了解鹅的基本特征，练习鹅的走路姿势。

四、说教法、学法

（一）说教法

教育心理学认为：“学习者同时开放多个感知通道，比只开放一个感知通道，能更准确有效地掌握学习对象。”《幼儿园教育指导纲要》强调幼儿是中心，教育活动应以幼儿的学习、兴趣，尤其是幼儿的经验来进行，（学决定教）在活动中教师应成为幼儿活动的支持者、合作者、引导者。根据幼儿的学习情况，本次活动我运用了情景教学法，课件演示法、角色游戏法、提问法。

1. 情景教学法

我尝试打破以往仅用图片进行故事教学的传统模式，根据故事内容为幼儿创设情境，让幼儿模仿鹅的走路姿势，使幼儿仿佛置身于真实的环境中，知道鹅大哥的自傲，体验鹅大哥自高自大的后果，这种效果与以前仅通过图片理解故事的效果是完全不一样的。

2. 课件演示法

通过观看多媒体课件《鹅大哥出门》发展孩子的观察力，激发孩子复述故事的能力。

3. 角色游戏法

角色游戏是幼儿非常喜欢的游戏活动，让他们自己来扮演这一角色，不仅能增强幼儿参与活动的兴趣还能充分让他们表现自我、大胆说话。

4. 提问法

在教学中，我尝试改变以往的语言教学总是先讲完故事再进行提问的模式，将单一性、回忆式、封闭式的提问方法改成多样性、开发性的提问，如“鹅大哥为什么会掉进河里呢？我们能不能学他啊？为什么？”等。这些问题既能启发幼儿的思维，又能让幼儿根据自己的生活经验表达自己的想法，引导幼儿有目的、有顺序地仔细观察，激发幼儿说的兴趣，创造幼儿说的空间。

（二）说学法

整个活动我遵循幼儿的学习规律和年龄特点，以幼儿为主体，变过去的“要我学”为现在的“我要学”，围绕目标，突出重点，克服难点。创造条件让幼儿自己参与活动，不仅提高了认识，锻炼了能力，更让幼儿体会到了成功的喜悦。本次活动我采用了谈话法、趣味游戏法。

1. 谈话法

在活动中适当的问题有助于活跃幼儿的思维，有利于幼儿获得新知识和发展智力，培养幼儿的语言表达能力和较好的语言习惯。

2. 趣味游戏法

陶行知老先生说：“做中教，做中学，做中求进步”。幼儿在游戏中，边游戏边练习故事中的语句，正体现了《幼儿园教育指导纲要》中提出的“语言能力是在运用过程中发展起来的”。

五、说活动过程

在活动中以激发幼儿的兴趣入手，围绕目标将多种教学形式相结合，使幼儿能始终处于积极探索的状态，为了完成本节的教学目标，我是这样安排的：

（一）激发兴趣，导入活动

诗歌是幼儿最喜欢的艺术活动，是表现情绪、情感的最好方式。用诗歌《咏鹅》导入，吸引幼儿的注意力，引出大白鹅。

师：小朋友们，老师想问一个问题，这首诗歌是说得谁啊？那谁又能说说大白鹅长什么样子？（请个别幼儿说说，说的同时，出示图片。）

那谁愿意表演一下鹅大哥走路的样子呢？（其余幼儿跟着学，让幼儿在看看、学学、做做的过程中加深对鹅大哥的了解，也为下面理解故事作铺垫。）

教师小结：雪白的羽毛，长长的脖子，头上有顶红色的帽子。鹅走路，总是昂着头，挺着胸，仰着脖子，一摇一摆的，很高傲的样子。（丰富词汇“神气”）

（二）出示多媒体课件《鹅大哥出门》，幼儿理解故事

1. 猜想：有一只神气的白鹅，长得很漂亮，可是后来怎么变成了大黑鹅呢？这是为什么呢？（幼儿猜想）

2. 出示多媒体课件《鹅大哥出门》，让幼儿初步理解故事内容。

3. 师问：小朋友们，我是鹅大哥，谁可以告诉我，我为什么变成了大黑鹅呢？（请幼儿回答，给他们表现自我的机会，正如《幼儿园教育指导纲要》中所说，语言学习

具有个别化特点，教师应充分利用各种机会，引导幼儿积极运用语言进行交往。）

教师小结：原来是鹅大哥太骄傲，太神气了。（从而突破了教学重点，懂得不能骄傲、不能欺负弱小的道理。）

（三）依次出示故事角色头饰，老师讲述故事（教师操纵角色头饰教幼儿学讲故事）

讲完后问：

1.“我大步往前走，第一次遇见了谁？说了什么？”

2. 鹅大哥看见自己的倒影心里怎么样？它是怎么说的？（理解乐滋滋）

3.“后来我又遇见谁了？说了什么？”

4.“我是怎样变成大黑鹅的？”

用形象的头饰吸引幼儿的注意力，让幼儿跟着老师讲述角色的对话，锻炼幼儿的胆量，提高语言表达能力，进一步理解故事内容。

（四）分角色游戏，让幼儿扮演角色，在游戏中学会复述故事，在情境中体验。

心理研究表明，人在主动积极参与活动后，记忆力比平时提高很多倍，因此，这个活动让孩子自己亲自参加，体验活动的乐趣。

出示多媒体课件《鹅大哥出门》。同时通过提问，让幼儿跟着课件画面复述故事，对复述好的幼儿给以肯定和表扬。通过以上环节，突破了用完整的语言复述故事这个难点。

任务三　《鹅大哥出门》课件美化

此任务是对任务二设计的“鹅大哥出门”课件进行美化，为课件添加图片，更改母版，效果如图 2－61 所示。

图 2－61　效果图

相关知识

PowerPoint 2007 提供了大量的模板预设格式，应用这些格式，可以轻松地制作出具有专业效果的幻灯片演示文稿，以及备注和讲义演示文稿。这些预设格式包括设计模板、主题颜色、幻灯片版式等内容。本部分首先介绍 PowerPoint 2007 三种母版的视图模式以及更改和编辑幻灯片母版的方法，然后介绍设置主题颜色和背景样式的基本步骤以及使用页眉页脚、网格线、标尺等版面元素的方法。

一、查看幻灯片母版

PowerPoint 2007 包含三个母版，它们是幻灯片母版、讲义母版和备注母版，如图 2－62所示。当需要设置幻灯片风格时，可以在幻灯片母版中进行设置；当需要将演示文稿以讲义形式打印输出时，可以在讲义母版中进行设置；当需要在演示文稿中插入备注内容时，则可以在备注母版中进行设置。

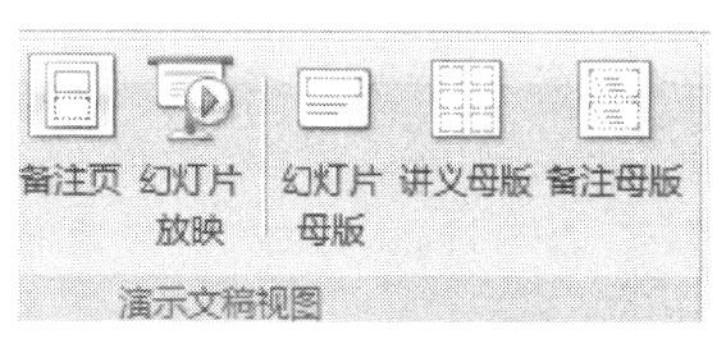

图 2－62　三个母版

1. 幻灯片母版

幻灯片母版是存储关于模板信息的设计模板的一个元素。幻灯片母版中的信息包括字形、占位符大小和位置、背景设计和配色方案。用户通过更改这些信息，就可以更改整个演示文稿中幻灯片的外观。

在功能区切换到“视图”选项卡，在“演示文稿视图”组中单击“幻灯片母版”按钮，打开幻灯片母版视图，如图 2－63 所示。

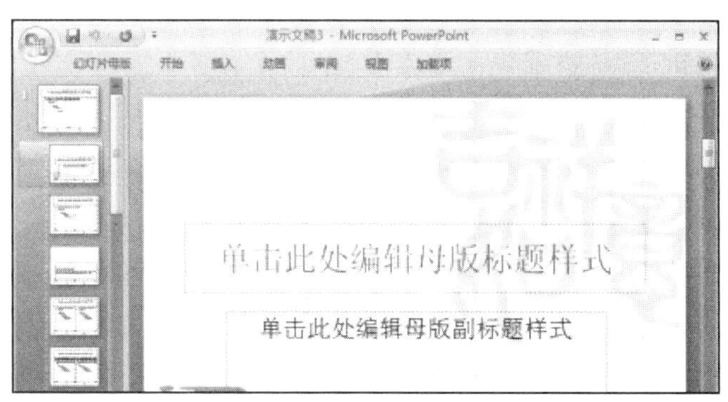

图 2－63　幻灯片母版

2. 讲义母版

讲义母版是为制作讲义而准备的，通常需要打印输出，因此讲义母版的设置大多和打印页面有关。它允许设置一页讲义中包含几张幻灯片，设置页眉、页脚、页码等基本信息，如图 2－64、2－65 所示。在讲义母版中插入新的对象或者更改版式时，新的页面效果不会反映在其他母版视图中。

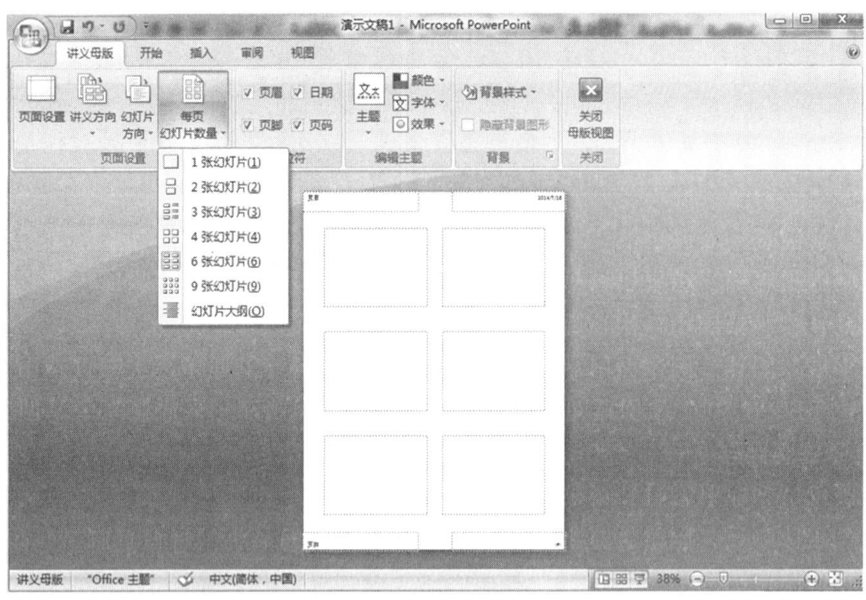

图 2－64　讲义母版

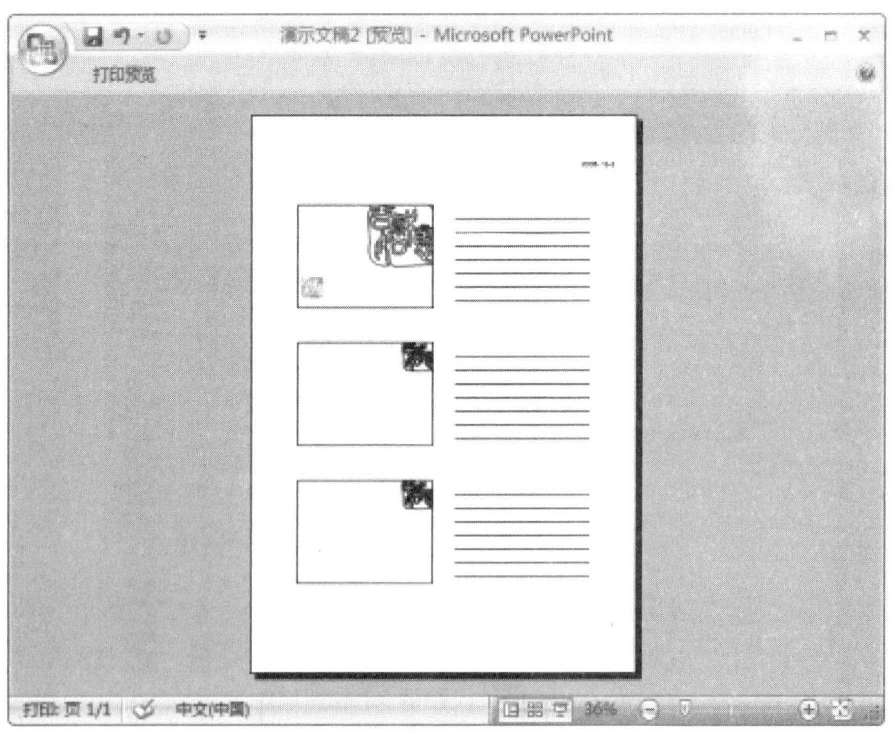

图 2－65　讲义打印预览

3. 备注母版

备注母版主要用来设置幻灯片的备注格式，一般也是用来打印输出的，所以备注母版的设置大多也和打印页面有关。切换到“视图”选项卡，在“演示文稿视图”组中单击“备注母版”按钮，打开备注母版视图，如图 2－66 所示。

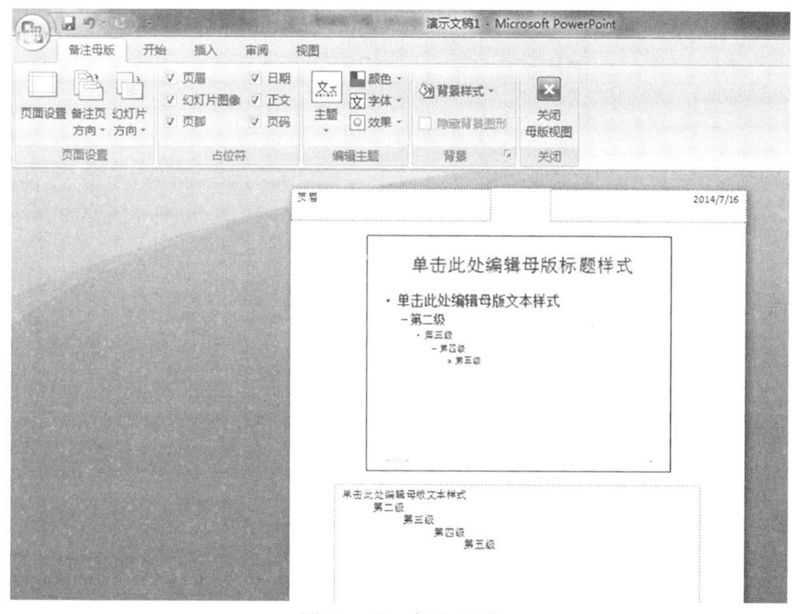

图 2－66　备注母版

二、设置幻灯片母版

幻灯片母版决定着幻灯片的外观，用于设置幻灯片的标题、正文文字等样式，包括字体、字号、字体颜色、阴影等效果；也可以设置幻灯片的背景、页眉页脚等。也就是说，幻灯片母版可以为所有幻灯片设置默认的版式。

1. 更改母版版式

在 PowerPoint 2007 中创建的演示文稿都带有默认的版式，这些版式一方面决定了占位符、文本框、图片、图表等内容在幻灯片中的位置，另一方面决定了幻灯片中文本的样式。在幻灯片母版视图中，用户就可以按照需要设置母版版式。

在母版编辑状态，单击占位符"单击此处编辑母版标题样式"即可修改字体，字号，颜色等信息，如图 2－67 所示。

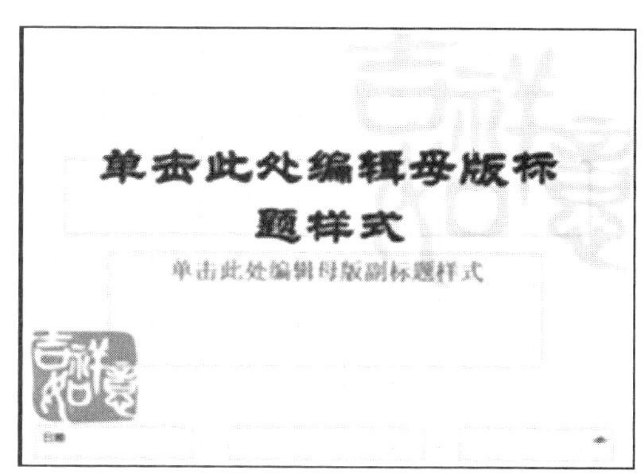

图 2－67　更改母版标题样式

用户可以像更改演示文稿中的幻灯片一样更改幻灯片母版，常用操作有以下几种。

- 更改字体或项目符号。
- 更改占位符的位置和大小。
- 更改背景颜色、背景填充效果和背景图片。
- 插入新对象。

更改幻灯片母版有以下特点。

- 更改幻灯片母版后，幻灯片中的内容并不改变。
- 母版中的所有更改，会影响基于该母版的幻灯片。
- 母版中的某一版式的所有更改，会影响基于该版式的幻灯片。
- 如果先前幻灯片更改的项目与母版更改的项目相同，则保留先前的更改。

2. 设置母版背景格式及主题颜色

一个精美的设计模板少不了背景图片的修饰，用户可以根据实际需要在幻灯片母版视图中添加、删除或移动背景图片。例如希望让某个艺术图形(公司名称或徽标等)出现在每张幻灯片中，只需将该图形置于幻灯片母版上，此时该对象将出现在每张幻灯片的相同位置上，而不必在每张幻灯片中重复添加。

PowerPoint 2007 为每种设计模板提供了几十种内置的主题颜色，用户可以根据需要选择不同的颜色来设计演示文稿。这些颜色是预先设置好的协调色，自动应用于幻灯片的背景、文本线条、阴影、标题文本、填充、强调和超链接。PowerPoint 2007 的背景样式功能可以控制母版中的背景图片是否显示，以及控制幻灯片背景颜色的显示样式。

(1)设置母版背景格式

在“幻灯片母版”编辑状态，单击“背景样式”下拉列表中的“设置背景格式”命令，弹出“设置背景格式”对话框，可以为演示文稿统一添加背景图片，如图 2-68 所示。

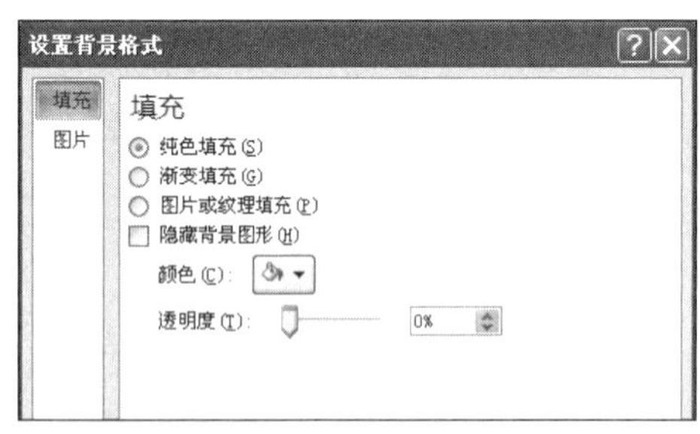

图 2-68　设置背景格式

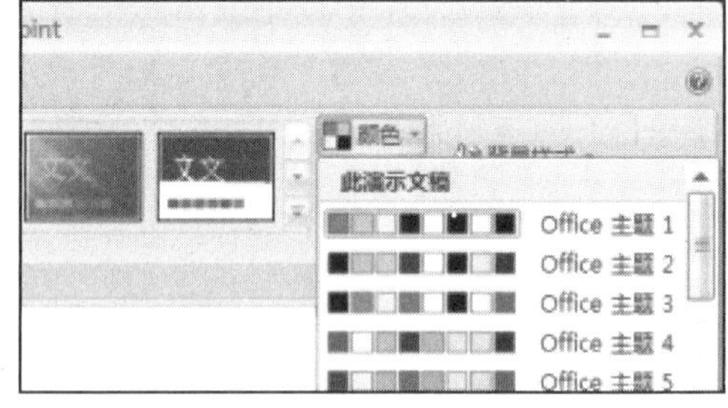

图 2-69　设置母版主题颜色

(2)设置母版主题颜色

在“幻灯片母版”编辑状态，单击“编辑主题”颜色下拉列表选择一种颜色即可。应用设计模板后，在功能区显示“设计”选项卡，单击“主题”组中的“颜色”按钮，将打开主题颜色菜单，如图 2-69 所示。

3. 使用其他版面元素

在 PowerPoint 2007 中可以借助幻灯片的版面元素更好地设计演示文稿，如使用页眉和页脚在幻灯片中显示必要的信息、使用网格线和标尺定位对象等。

(1)设置页眉和页脚

在制作幻灯片时，用户可以利用 PowerPoint 2007 提供的页眉页脚功能，为每张幻灯片添加相对固定的信息，如在幻灯片的页脚处添加页码、时间、公司名称等内容。

单击“插入”选项卡下“文本”功能组中的“页眉和页脚”按钮，如图 2-70 所示，即可弹出“页眉和页脚”的对话框，进入页眉和页脚的编辑状态，如图 2-71 所示。

图 2-70　页眉和页脚按钮

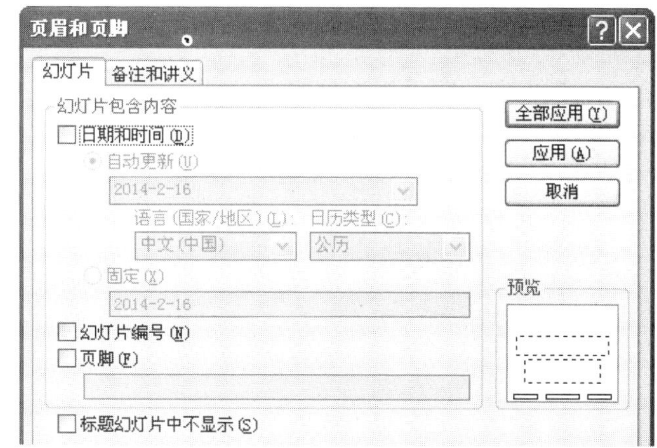

图 2-71　页眉和页脚对话框

设置了页眉和页脚后，幻灯片中显示出相应的页眉和页脚。在 PowerPoint 2007 中，显示出来的页眉和页脚，可改变内容和格式，这些改变仅对当前幻灯片起作用。要使页眉和页脚的内容对所有幻灯片起作用，应通过“页眉和页脚”对话框，并且单击“全部应用”按钮。要使页眉和页脚格式对所有幻灯片起作用，应在幻灯片母版对应占位符中设置相应的格式。

(2)使用网格线

当在幻灯片中添加多个对象后，用户通过网格线来移动和调整多个对象的相对位置和大小。在功能区显示“视图”选项卡，选中“显示/隐藏”组中的“网格线”复选框，幻灯片中便可显示网格线。

(3)使用标尺

标尺可以让用户方便、准确地在幻灯片中放置文本或图片对象，利用标尺还可以移动和对齐这些对象，以及调整文本中的缩进和制表符。当用户在“视图”选项卡的“显示/隐藏”组中选中“标尺”复选框后，幻灯片中将出现标尺。幻灯片中的标尺分为水平标尺和垂直标尺两种。

三、设置幻灯片版式

幻灯片版式是指幻灯片的内容在幻灯片上的排列方式，它是由占位符组成的。在制作幻灯片时，用户首先要制定幻灯片的版式，制作完幻灯片后，还可以更改幻灯片版式。

选定要更改版式的幻灯片，在“开始”选项卡下“幻灯片”功能组中单击“版式”按钮，打开版式列表。在版式列表中，单击一个版式图标，即可把当前幻灯片设定为该版式。

更改幻灯片版式有以下特点。

• 幻灯片的格式随版式的更换而更改，而内容不会丢失。
• 如果新版式比旧版式多一个占位符，则幻灯片中自动增加一个空占位符。
• 如果旧版式比新版式多一个占位符，则原来占位符的位置及其内容不变。

任务实施

1. 打开“鹅大哥出门”演示文稿。

2. 单击“视图”选项卡下“演示文稿视图”功能组中的“幻灯片母版”按钮，进入幻灯片母版编辑状态，如图 2－72 所示。

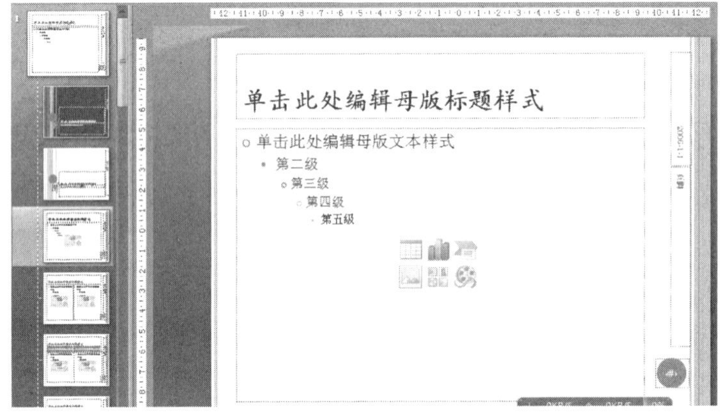

图 2－72　幻灯片母版编辑状态

3. 选择“单击此处编辑母版标题样式”占位符，设置字体颜色为“深蓝”，字号为“36”，样式为“加粗”。

4. 选择“单击此处编辑母版文本样式……”占位符，更改文字颜色为“绿色”，样式为“加粗”。单击“关闭母版视图”按钮，如图 2－73 所示，退出母版编辑状态。此时放映幻灯片，所有应用该母版的幻灯片标题及文本都更改了颜色等属性。

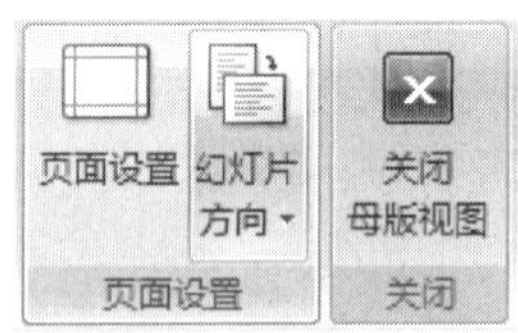

图 2－73　关闭母版视图

5. 单击“设计”选项卡，功能面板如图 2－74 所示。

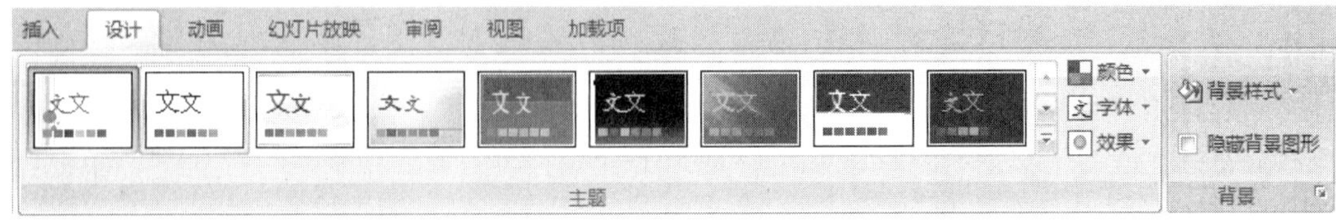

图 2－74　设计功能面板

6. 单击主题功能组中的某一项可更改主题。

7. 单击“颜色”下拉列表选择“活力”更改主题颜色。

8. 进入幻灯片母版视图，单击“背景样式”下拉列表中的“设置背景格式”按钮，如图 2－75 所示。

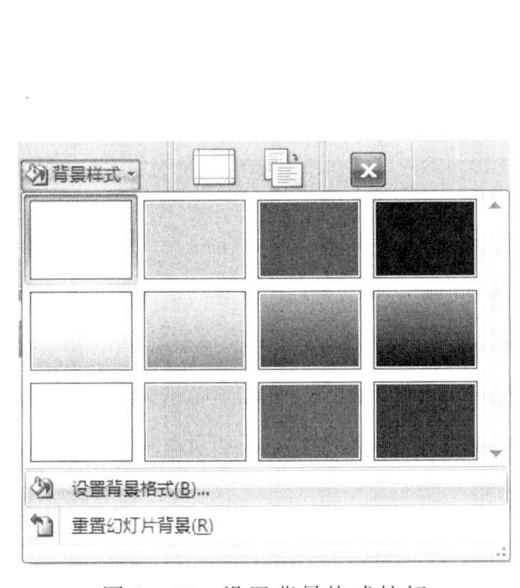

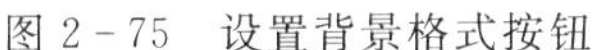

图 2－75 设置背景格式按钮

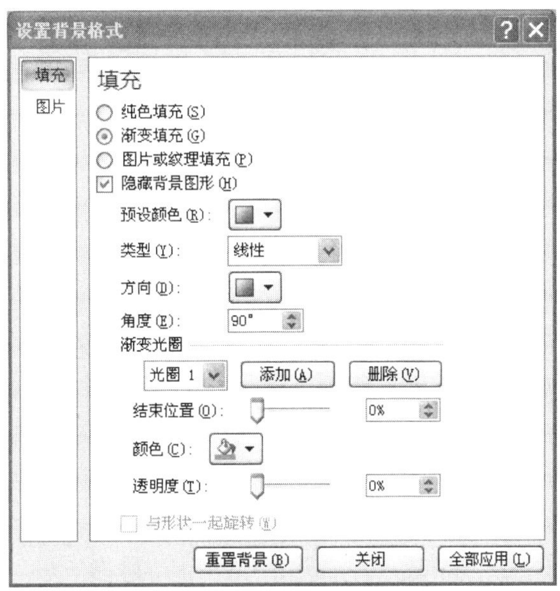

图 2－76 设置背景格式对话框

9. 打开“设置背景格式”对话框，如图 2－76 所示。选择“渐变填充”单选按钮，单击“关闭”按钮，可取消设置。

10. 单击“关闭母版视图”按钮，退出母版编辑状态。

11. 再次进入“幻灯片母版”编辑状态，单击“背景样式”按钮，在下拉列表中选择“设置背景格式”，再次弹出“设置背景格式”对话框，选择“图片或纹理填充”，在右侧下拉列表中选择“水滴”纹理，单击“全部应用”按钮，将效果应用到所有幻灯片，最后单击“关闭”按钮，效果如图 2－77 所示。

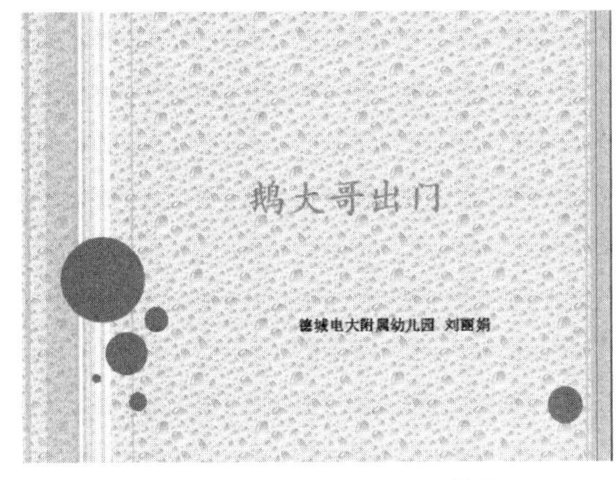

图 2－77 设置幻灯片母版背景

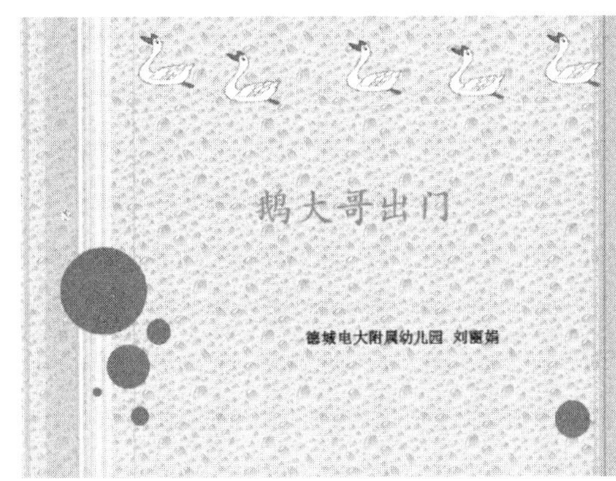

图 2－78 插入鹅的图片

12. 选择第1张幻灯片，单击“插入”选项卡下“插图”功能组中的“图片”按钮，弹出“插入图片”对话框，选择素材文件中“鹅”的图片，将图片插入到幻灯片中。

13. 选中图片，调整到合适的大小，按住Ctrl键复制多只鹅，效果如图2-78所示。

14. 此时我们会发现所有“鹅”的图片，排列不整齐，间隔也不一样。这时按住Ctrl键依次单击每只鹅，选中所有鹅的图片，展开“开始”选项卡，单击“绘图”功能组中“排列”按钮下的“对齐”中的“横向分布”和“顶端对齐”选项，然后按住Ctrl键再复制一排放在下方，效果如图2-79所示。

图2-79 效果图

项目三

为课件添加丰富的内容

一个成功的PPT课件，不可能是单调乏味的，而应该是丰富多彩的，让人看过之后能够得到共鸣的。在课件中添加图片和绘制图形可以使课件内容更加形象直观，在课件中还可添加音频、视频素材，增强课件的多媒体效果。

本项目包括以下三个任务。

- 任务一　在课件中添加图片
- 任务二　创建“背景展示”相册
- 任务三　设计《雷锋叔叔你在哪里》语文课件

任务一　在课件中添加图片

这个任务通过制作《十二生肖》课件，掌握在课件中插入图片的方法，效果如图3-1所示。

图3-1　效果图

相关知识

PowerPoint 2007提供了大量实用的剪贴画，使用它们可以丰富幻灯片的版面效果。

此外，用户还可以将本地磁盘中的图片插入到幻灯片中。使用 PowerPoint 2007 的绘图工具可以绘制各种简单的基本图形，这些基本图形可以组合成复杂多样的图案效果。使用艺术字和相册功能能够在适当主题下为演示文稿增色。本部分分别介绍剪贴画、图片、图形、艺术字等图形对象的处理功能。

一、在幻灯片中插入图片

在幻灯片中插入图片，可以更生动形象地阐述课件主题和要表达的思想。在插入图片时，要充分考虑课件的主题，使图片和主题和谐一致。

1. 插入剪贴画

PowerPoint 2007 附带的剪贴画库内容非常丰富，所有的图片都经过专业设计，它们能够表达不同的主题，适合于制作各种不同风格的演示文稿课件。

要插入剪贴画，用户可以在“插入”选项卡的“插图”组中单击“剪贴画”按钮，打开“剪贴画”任务窗格，如图 3－2 所示。

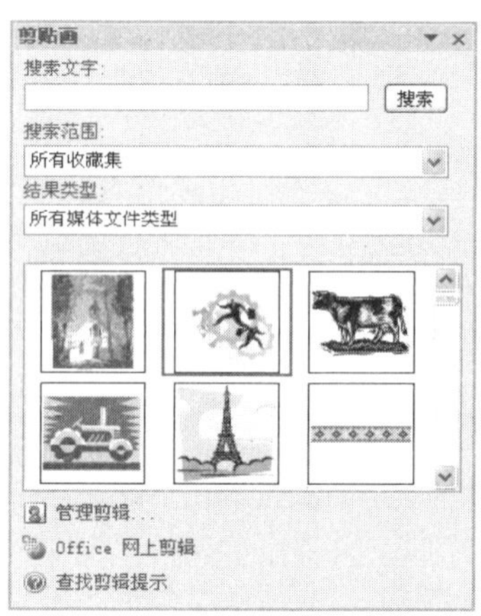

图 3－2　剪贴画

2. 插入来自文件的图片

用户除了插入 PowerPoint 2007 附带的剪贴画之外，还可以插入磁盘中的图片。这些图片可以是 BMP 位图，也可以是由其他应用程序创建的图片，如从因特网下载的或通过扫描仪及数码相机输入的图片等。

单击“插入”选项卡的“插图”组中的“图片”按钮，弹出“插入图片”对话框，如图 3－3 所示。选择图片文件，单击“插入”按钮，完成图片的插入。

图 3－3　插入图片

二、编辑图片

在幻灯片中插入图片后，用户可以调整图片的位置、大小，也可以根据需要进行裁剪、调整对比度和亮度、添加边框、设置透明色等操作。选中图片，工具栏如图 3 - 4 所示。

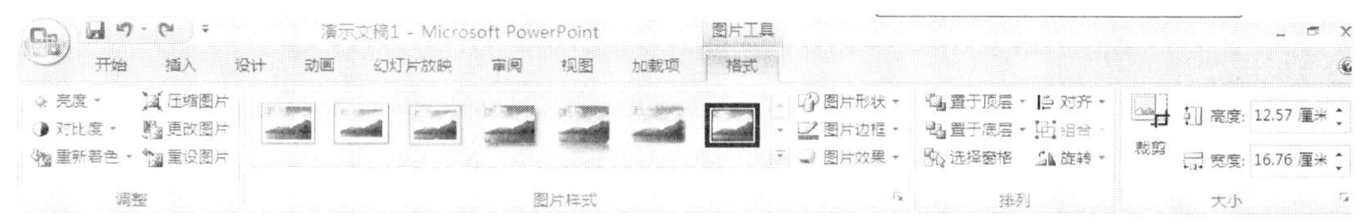

图 3 - 4　图片格式工具栏

1. 调整图片位置

要调整图片位置，用户可以在幻灯片中选中该图片，然后按键盘上的方向键上、下、左、右移动图片；也可以按住鼠标左键拖动图片，等拖动到合适的位置后释放鼠标左键即可。

2. 调整图片大小

单击插入到幻灯片中的图片，图片周围将出现 8 个白色控制点，当鼠标移动到控制点上方时，鼠标指针变为双箭头形状，此时按下鼠标左键拖动控制点，即可调整图片的大小。

• 当拖动图片 4 个角上的控制点时，PowerPoint 2007 会自动保持图片的长宽比例不变；拖动 4 条边框中间的控制点时，可以改变图片原来的长宽比例。

• 按住 Ctrl 键调整图片大小时，将保持图片中心位置不变。

3. 旋转图片

在幻灯片中选中图片时，周围除了出现 8 个白色控制点外，还有 1 个绿色的旋转控制点。拖动该控制点，可自由旋转图片。另外，在“格式”选项卡的“排列”组中单击“旋转”按钮，可以通过该按钮下的命令控制图片旋转的方向。

4. 裁剪图片

对图片的位置、大小和角度进行调整，只能改变整个图片在幻灯片中所处的位置和所占的比例。当插入的图片中有多余的部分时，可以使用“裁剪”操作，将图片中多余的部分删除，如图 3 - 5 所示。

图 3 - 5　裁剪

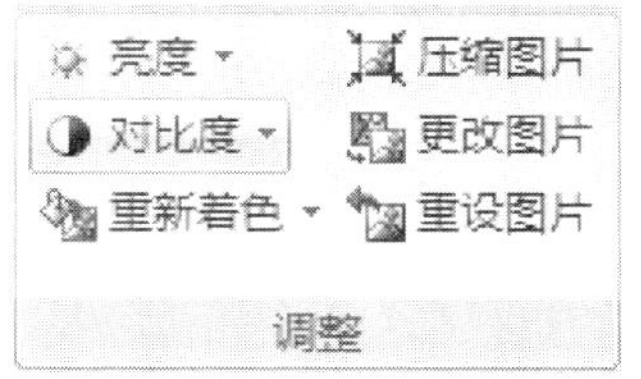

图 3 - 6　调整亮度和对比度

5. 重新着色

在 PowerPoint 2007 中可以对插入的 Windows 图元文件(.wmf)等矢量图形进行重新着色。选中图片后，在“格式”选项卡的“调整”组中单击“重新着色”按钮，用户可以从中选择需要的模式为图片重新着色。

6. 调整图片的亮度和对比度

图片的亮度是指图片整体的明暗程度，对比度是指图片中最亮部分和最暗部分的差别。用户可以通过调整图片的亮度和对比度，使效果不好的图片看上去更为舒适，也可以将正常的图片调高亮度或降低对比度达到某种特殊的效果。

用户在调整图片亮度和对比度时，首先应选中图片，然后在“调整”组中单击“亮度”按钮和“对比度”按钮进行设置，如图 3－6 所示。

7. 改变图片外观

PowerPoint 2007 提供改变图片外观的功能，该功能可以赋予普通图片形状各异的样式，从而达到美化幻灯片的效果。

要改变图片的外观样式，用户应首先选中该图片，然后在“格式”选项卡的“图片样式”组中选择图片的外观样式，如图 3－7 所示。

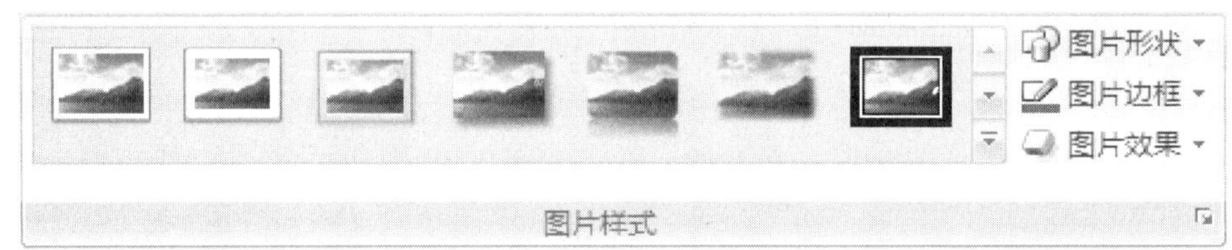

图 3－7　图片样式

8. 压缩图片文件

在 PowerPoint 2007 中，用户可以通过“压缩图片”功能对演示文稿中的图片进行压缩，以节省硬盘空间和减少下载时间。在压缩图片时，用户可以根据用途降低图片的分辨率，如用于屏幕放映的图像，可以将分辨率减少到 150ppi(点每英寸)；用于打印的图像，可以将分辨率减少到 220ppi。

选择图片，展开“图片工具”的“格式”选项卡，在“调整”功能组中单击“压缩图片”按钮，如图 3－8 所示，弹出压缩图片对话框，如图 3－9 所示。

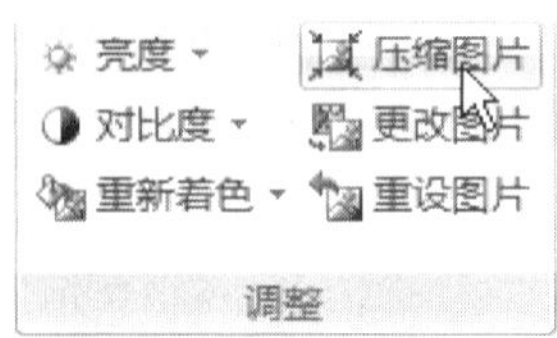

图 3－8　压缩图片

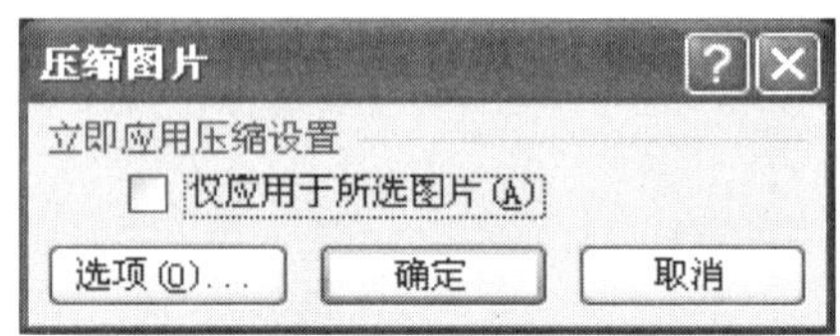

图 3－9　压缩图片对话框

9. 设置透明色

PowerPoint 2007 允许用户将图片中的某部分设置为透明色，例如，让某种颜色区域透出被它覆盖的其他内容，或者让图片的某些部分与背景分离开。PowerPoint 2007 可在除 GIF 动态图片以外的大多数图片中设置透明区域。

10. 图片的其他设置

用户可以对插入的图片设置形状和效果，在幻灯片中选中图片，单击“格式”选项卡，在“图片样式”组中单击“图片形状”按钮和“图片效果”按钮，然后在弹出的菜单中进行设置即可。

三、在幻灯片中绘制图形

PowerPoint 2007 提供了功能强大的绘图工具，利用绘图工具可以绘制各种线条、连接符、几何图形、星形以及箭头等复杂的图形。在功能区切换到“插入”选项卡，在“插图”组单击“形状”按钮，在弹出的菜单中选择需要的形状绘制图形即可，如图 3－10 所示。

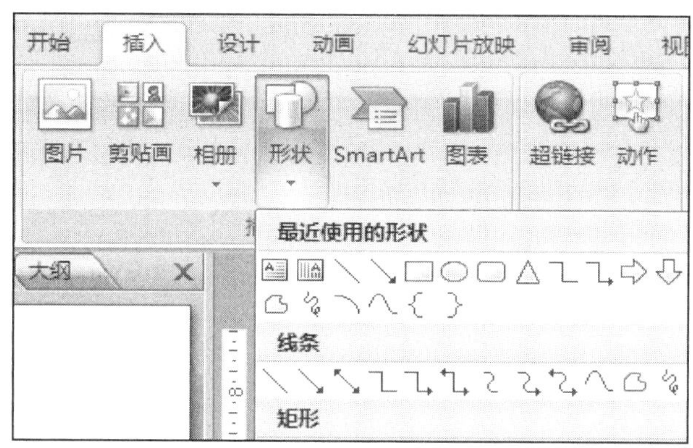

图 3－10　插入形状

绘制图形后，选中图形，绘图工具“格式”工具栏如图 3－11 所示。

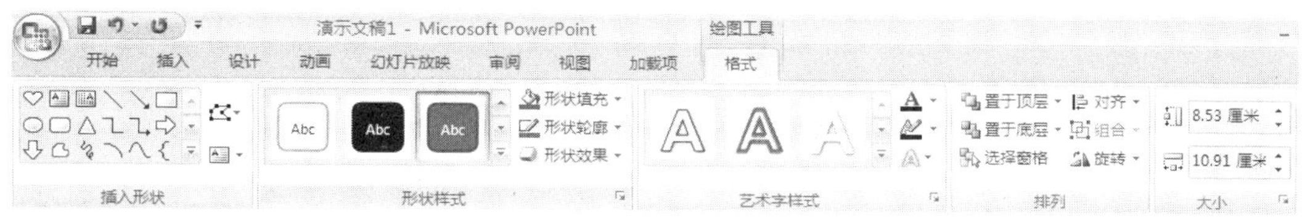

图 3－11　绘图工具格式工具栏

1. 编辑图形

在 PowerPoint 2007 中，可以对绘制的图形进行个性化的编辑。和其他操作一样，在进行设置前，应首先选中该图形，然后在绘图工具格式功能区进行编辑。对图形最基本的编辑包括旋转图形、对齐图形、层叠图形和组合图形等。

(1)旋转图形

旋转图形与旋转文本框、文本占位符一样，用户只要拖动其上方的绿色旋转控制点任意旋转图形即可，也可以在功能区的“排列”组中单击“旋转”按钮，在弹出的菜单中选择“向左旋转 90°”、“向右旋转 90°”、“垂直翻转”和“水平翻转”等命令，如图 3－12 所示。

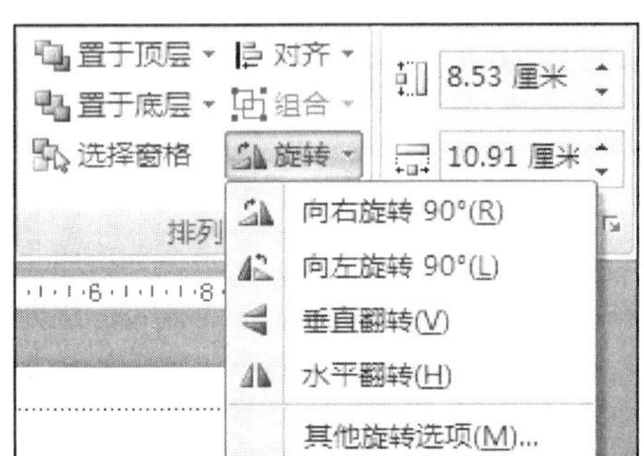

图 3-12　旋转图片

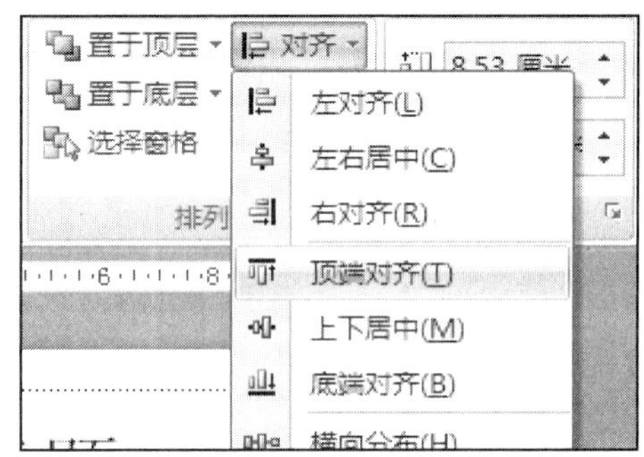

图 3-13　顶端对齐

(2)对齐图形

当在幻灯片中绘制多个图形后，用户可以在功能区的"排列"组中单击"对齐"按钮，如图 3-13 所示，在弹出的菜单中选择相应的命令来对齐图形，具体对齐方式与文本对齐相似。

(3)层叠图形

对于绘制的图形，PowerPoint 2007 将按照绘制的顺序将它们放置于不同的对象层中，如果对象之间有重叠，则后绘制的图形将覆盖先绘制的图形，即上层对象遮盖下层对象。当需要显示下层对象时，用户可以通过调整它们的叠放次序来实现。

要调整图形的层叠顺序，用户可以在绘图工具格式功能区的"排列"组中单击"置于顶层"按钮和"置于底层"按钮右侧的下拉箭头，在弹出的菜单中选择相应命令即可，如图 3-14和图 3-15 所示。

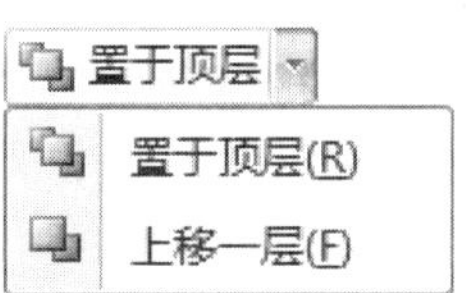

图 3-14　置于顶层

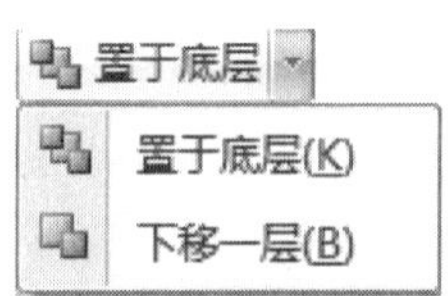

图 3-15　置于底层

(4)组合图形

用户在绘制多个图形后，如果希望这些图形保持相对位置不变，用户可以使用"组合"按钮下的命令将其进行组合，如图 3-16 所示；也可以同时选中多个图形，单击鼠标右键，在弹出的快捷菜单中选择"组合/组合"命令，如图 3-17 所示。当图形被组合后，可以像一个图形一样被选中、复制或移动。

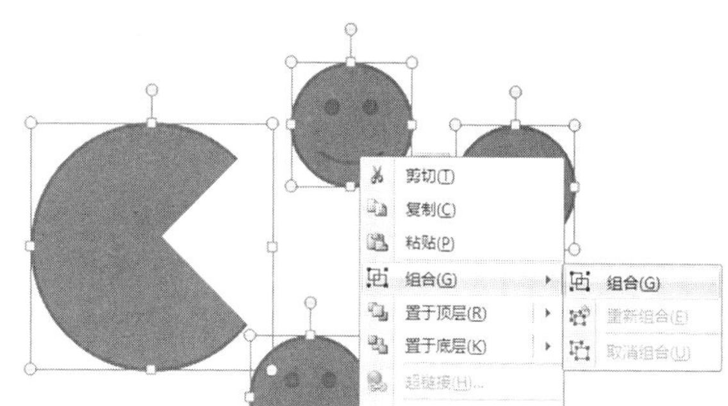

图 3－16　组合图形　　　　图 3－17　组合命令

2. 设置图形格式

PowerPoint 2007 具有功能齐全的图形设置功能，可以利用线型、箭头样式、填充颜色、阴影效果和三维效果等对图形进行修饰。利用系统提供的图形设置工具编辑的图形，可以使配有图形的幻灯片更容易被理解。

(1)设置线型

用户可选中绘制的图形，在“格式”选项卡的“形状样式”组中单击“形状轮廓”按钮，如图 3－18 所示，在弹出的菜单中选择“粗细”和“虚线”命令，然后在其子命令中选择需要的线型样式即可。

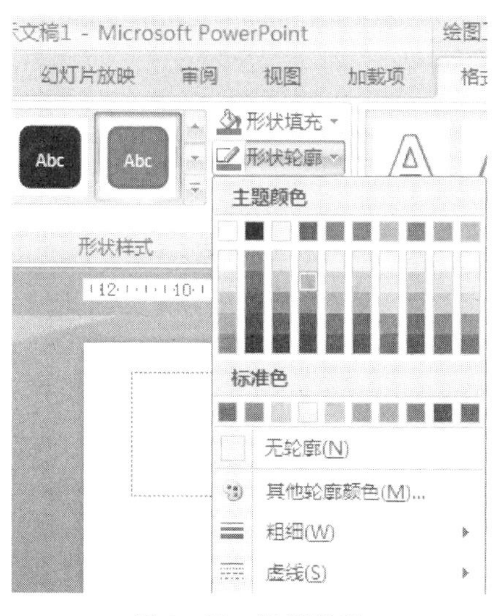

图 3－18　设置线型

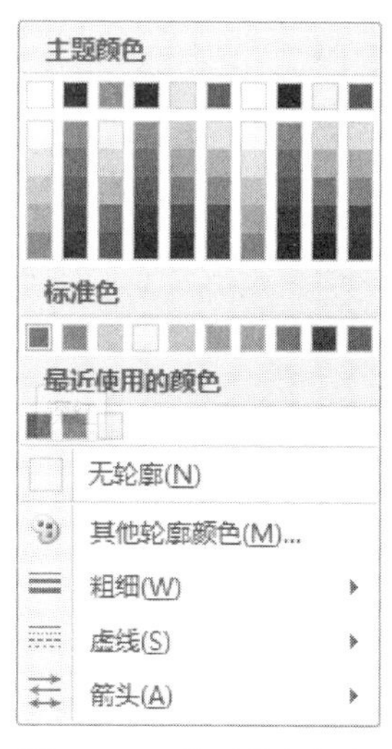

图 3－19　设置线条颜色

(2)设置线条颜色

在幻灯片中绘制的线条都有默认的颜色，用户可以根据演示文稿的整体风格改变线条颜色。单击“形状轮廓”按钮，在弹出的下拉列表中选择颜色即可，如图 3－19 所示。

(3)设置填充颜色

为图形添加填充颜色是指在一个封闭的对象中加入填充效果，这种效果可以是单色、过渡色、纹理甚至是图片。用户可以通过单击“形状填充”按钮，如图 3-20 所示，在弹出的菜单中选择满意的颜色，也可以通过单击“其他填充颜色”命令设置其他颜色。另外，根据需要用户可选择“渐变”或“纹理”命令为一个对象填充一种过渡色或纹理样式。

(4)设置阴影及三维效果

在 PowerPoint 2007 中可以为绘制的图形添加阴影或三维效果。设置图形对象阴影效果的方式是首先选中对象，单击“形状效果”按钮，在打开的面板中选择“阴影”命令，然后在如图 3-21 所示的菜单中选择需要的阴影样式即可。

设置图形对象三维效果的方法是首先选中对象，然后单击“形状效果”按钮，在弹出的菜单中选择“三维旋转”命令，然后在如图 3-21 所示的三维旋转样式列表中选择需要的样式即可。

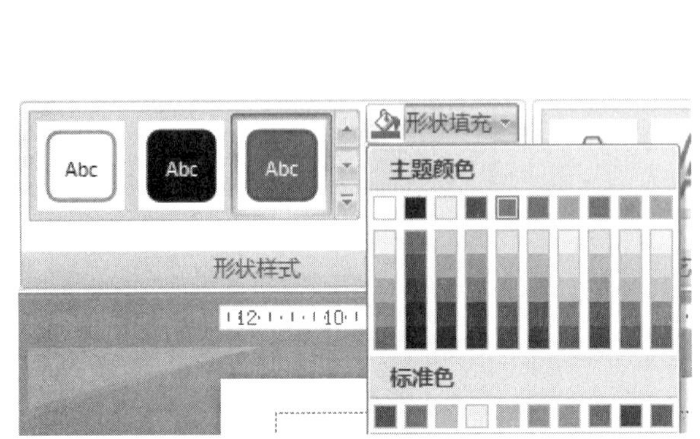

图 3-20　设置填充颜色

图 3-21　形状效果

(5)在图形中输入文字

大多数自选图形允许用户在其内部添加文字。常用的方法有两种：选中图形，直接在其中输入文字；在图形上右击，选择“编辑文字”命令，然后在光标处输入文字。单击输入的文字，可以再次进入文字编辑状态进行修改。

1. 新建一空白演示文稿，在幻灯片缩略图中单击选择第 1 张幻灯片，反复按 Enter 键，再添加 14 张幻灯片。此时，第 1 张幻灯片默认为“标题幻灯片”版式，第 2 至最后一张幻灯片为“标题和内容”版式。

2. 选择第 15 张幻灯片，单击“版式”下拉列表，选择“标题幻灯片”版式，如图 3-22 所示。

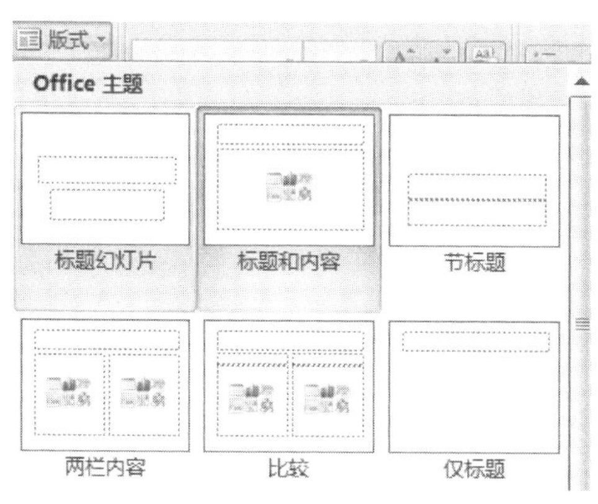

图 3-22 选择版式

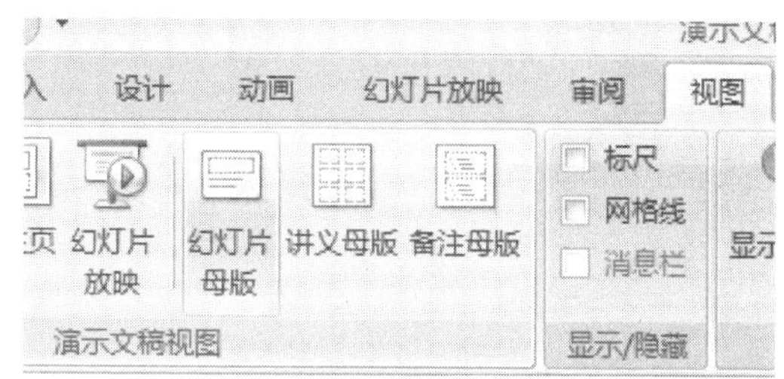

图 3-23 进入幻灯片母版

3. 单击“视图”选项卡下“演示文稿视图”中的“幻灯片母版”按钮，如图 3-23 所示。

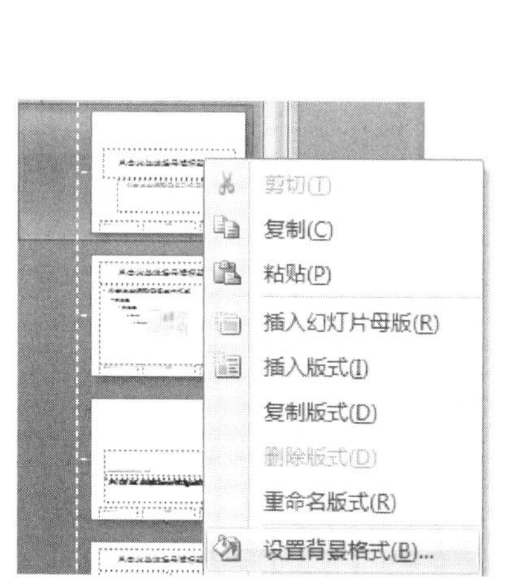

图 3-24 设置背景格式

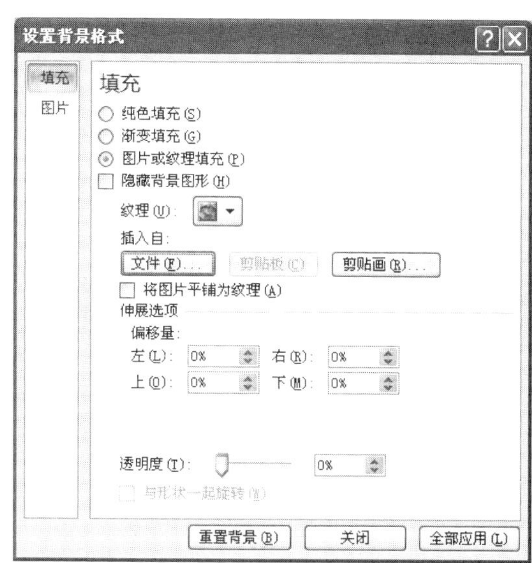

图 3-25 设置背景格式对话框

4. 在幻灯片母版编辑状态下，选择“标题幻灯片”版式的母版，右击选择“设置背景格式”命令，如图 3-24 所示。

5. 弹出“设置背景格式”对话框，如图 3-25 所示。在“填充”列表中选择“图片或纹理填充”选项，单击“文件”按钮，浏览到所需要的背景图片，单击“关闭”完成设置，效果如图 3-26 所示。

图 3－26　效果图

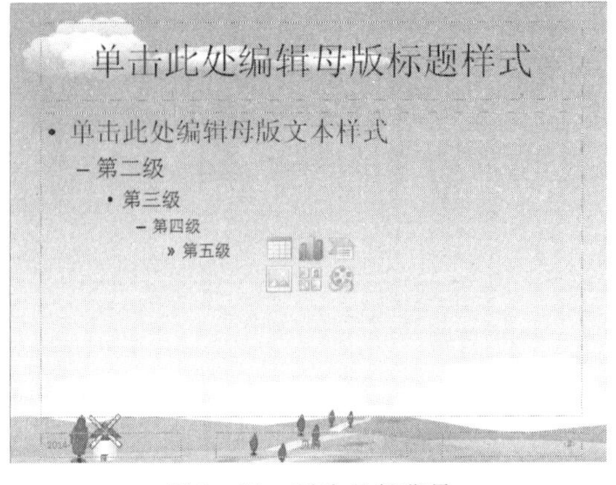

图 3－27　更改母版背景

6. 用同样的方法，设置“标题和内容”版式的母版背景为如图 3－27 所示的背景。

7. 单击“关闭母版视图”按钮，如图 3－28 所示，退出母版编辑状态。

关闭
母版视图
关闭

图 3－28　关闭

图 3－29　输入标题和副标题

8. 选择第 1 张幻灯片，在文本占位符位置分别输入文字“中班语言活动《十二生肖》”和“教师 刘丽娟”，如图 3－29 所示。

9. 进入“幻灯片母版”编辑状态，光标定位至第 2 张幻灯片，单击“插入”选项卡下“插图”功能组中的“图片”按钮，如图 3－30 所示。

10. 在弹出的“插入图片”对话框中选择“枝头鸟”图片文件，单击“插入”，将图片插入“标题和内容”幻灯片母版中，如图 3－31 所示。

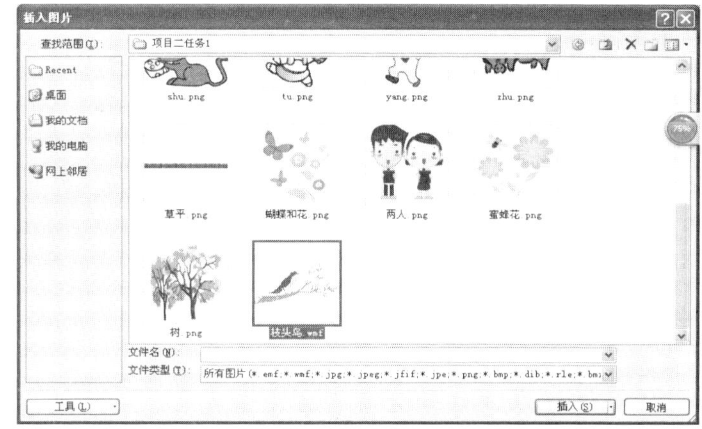

图 3－30　插入图片按钮

图 3－31　插入图片对话框

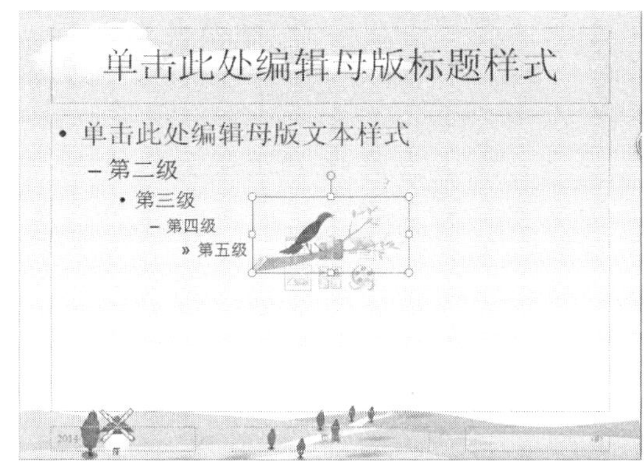

图 3－32　母版中插入图片

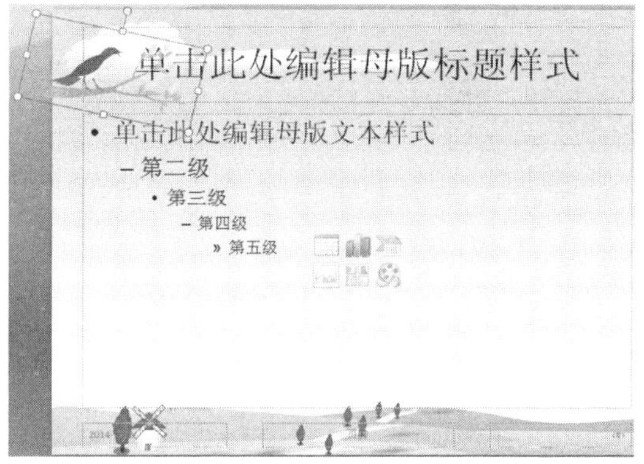

图 3－33　调整图片

11. 选中图片“枝头鸟”，图片周围出现 8 个白色控制柄，光标放在控制柄上，变成双向箭头形状。拖动图片四周的圆形白色控制柄，成比例改变图片大小；拖动四周边线上的方形白色控制柄，将在水平或垂直方向上改变图片大小。效果如图 3－32 所示。

12. 光标移至图片上，鼠标变成方向箭头，拖动即可移动图片大小，此时将图片移动至幻灯片左上角位置。选中图片，图片上方会出现一个绿色的旋转控制点，左右拖动鼠标可旋转图片，效果如图 3－33 所示。单击“关闭母版视图”按钮，退出母版编辑状态。

13. 选中第 2 张幻灯片，在标题占位符中输入文字“一是老鼠吱吱叫”；单击“插入来自文件的图片”按钮，弹出“插入图片”对话框，选择老鼠图片，单击“插入”按钮，图片被插入到幻灯片中，效果如图 3－34 所示。

14. 拖动控制柄缩小图片；选中图片，打开“图片”选项卡下“格式”工具“排列”功能组中的“对齐”按钮，在下拉列表中选择“左右居中”按钮，如图 3－35 所示，将图片左右居中。

15. 选择图片，单击“图片工具”选项卡下“格式”工具“图片样式”功能组下拉列表中选择“透视阴影，白色”样式，如图 3－36 所示。

16. 选中图片，单击“图片边框”下拉列表，选择“浅绿”边框，如图 3－37 所示。

图 3-34　插入图片

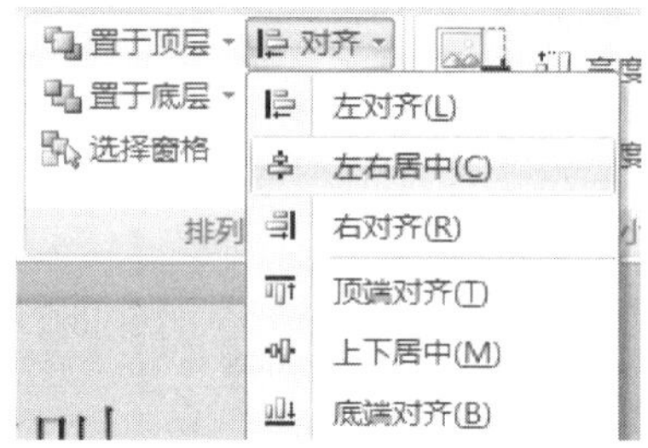

图 3-35　图片对齐方式

图 3-36　图片阴影

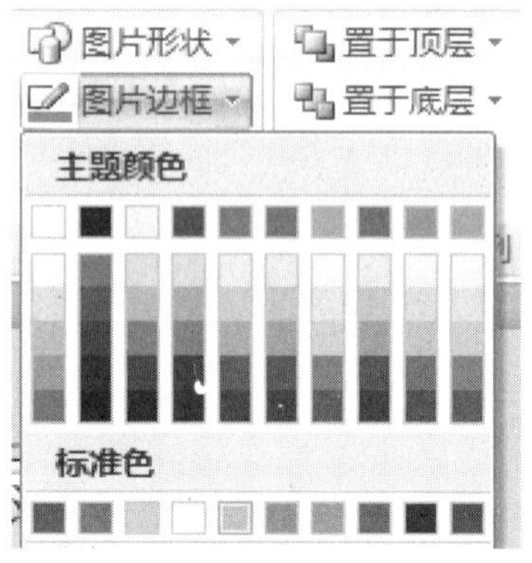

图 3-37　图片边框

17. 用同样的方法完成其他属相第 3 至第 13 张幻灯片，效果如图 3-38 和图 3-39 所示。

图 3-38　图片效果

图 3-39　图片效果

18. 如果用户感觉每张图片都这样设置效果很麻烦，我提供一个简单的方法：选择“老虎”图片，按下 Ctrl+Shift+C 复制格式，再选择“兔子”等图片，按下 Ctrl+Shift+V 粘贴格式。

19. 选择第 14 张幻灯片；单击选择标题占位符，输入文字“十二生肖口诀”；单击“剪贴画”按钮，弹出“剪贴画”任务窗格，如图 3 - 40 所示。在“搜索范围”下拉列表中选中“Office 收藏集”选项。

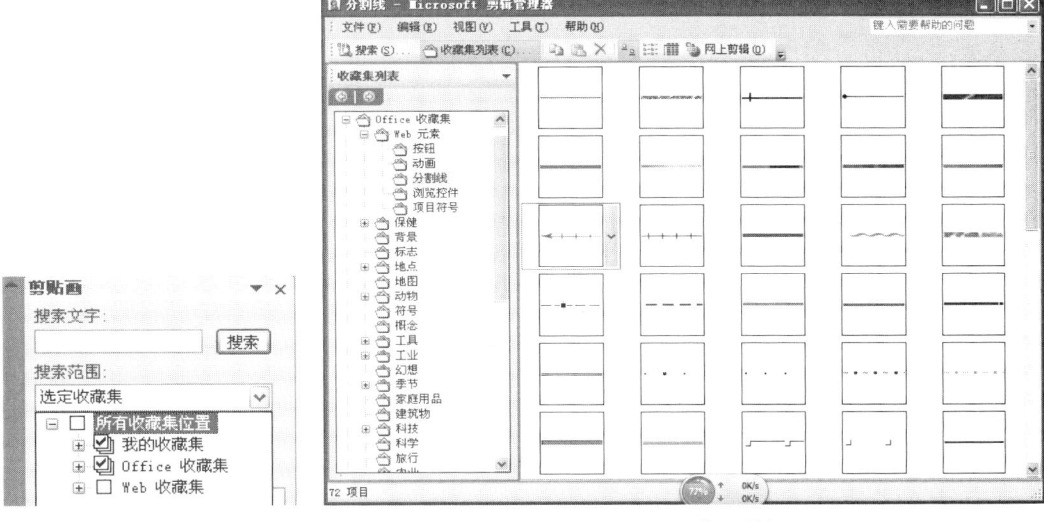

图 3 - 40　剪贴画　　　　图 3 - 41　管理剪辑

20. 单击“剪贴画”窗格中的“管理剪辑”按钮，弹出“剪辑管理器”窗口，如图 3 - 41 所示，选中左侧“Office 收藏集”中“分割线”中的树叶，右击选择“复制”，返回至幻灯片，选中文字占位符删除后，右击鼠标选择“粘贴”，完成剪贴画插入，如图 3 - 42 所示。

图 3 - 42　插入剪贴画

图 3 - 43　插入形状按钮

21. 单击“插入”选项卡下“插图”功能组中的“形状”按钮，如图 3 - 43 所示。

22. 在下拉列表中选择“单圆角矩形”按钮，如图 3 - 44 所示。

23. 拖动鼠标绘制单圆角矩形，效果如图 3 - 45 所示。

24. 选中绘制的图形，展开绘图工具的格式工具栏，在“形状样式”下拉列表中选择

“细微效果—强调颜色 1”，如图 3 - 46 所示。

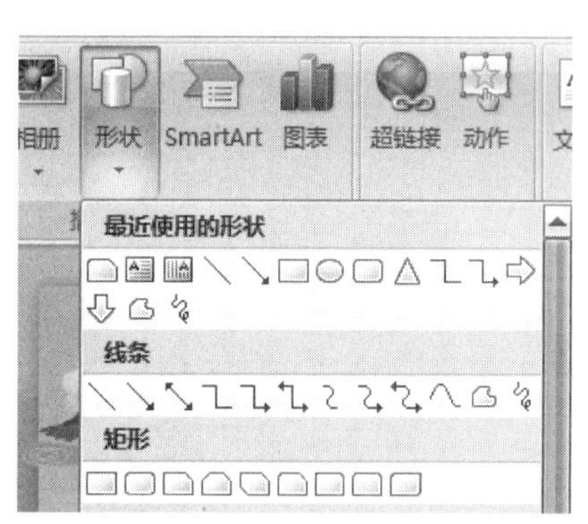

图 3 - 44　单圆角矩形形状

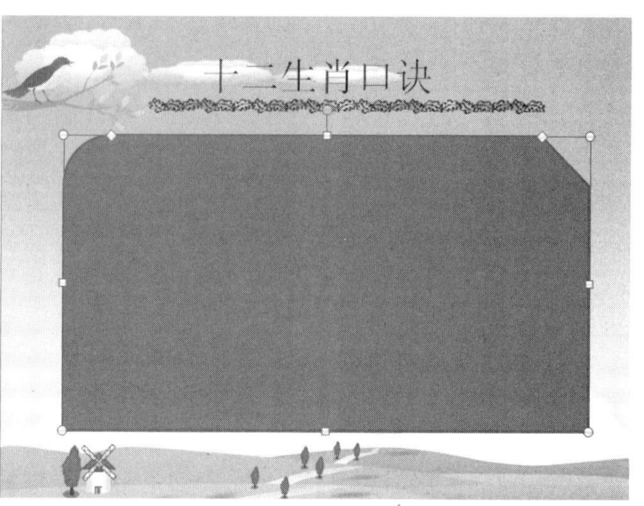

图 3 - 45　绘制单圆角矩形形状

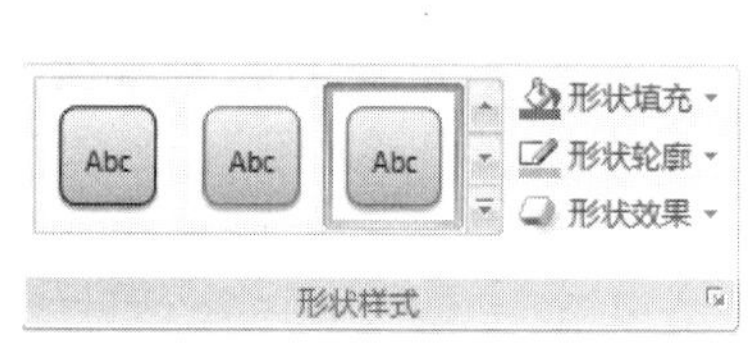

图 3 - 46　选择形状样式

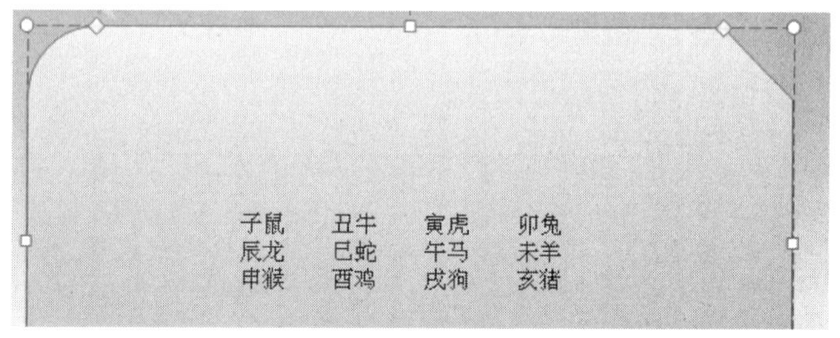

图 3 - 47　添加文字

25. 右击形状，选择“编辑文字”命令，输入“子鼠　丑牛　寅虎　卯兔　辰龙　巳蛇　午马　未羊　申猴　酉鸡　戌狗　亥猪”，中间间隔用 Tab 键，如图 3 - 47 所示。

26. 选中文字，更改字号为“36”，文字颜色为“深蓝”，效果如图 3 - 48 所示。

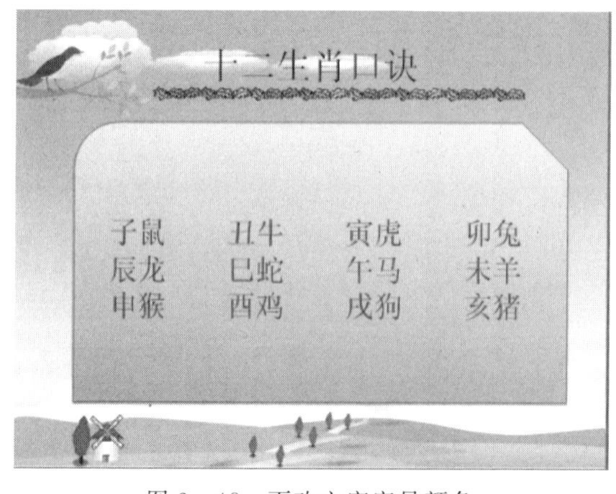

图 3 - 48　更改文字字号颜色

图 3 - 49　更改艺术字样式

27. 将光标定位至第 15 张幻灯片，将“标题”占位符和“副标题”占位符都删除；用同样

的方法插入形状为“星与旗帜”中的“横卷形”，更改“形状填充”颜色为“黄色”。

28. 在“艺术字样式”下拉列表中选择“填充—强调文字颜色 6”，如图 3-49 所示。

29. 右击形状，选择“编辑文字”，添加文字内容为“谢谢大家”，调整字号为“36”，字间空两格。最终效果如图 3-50 所示。

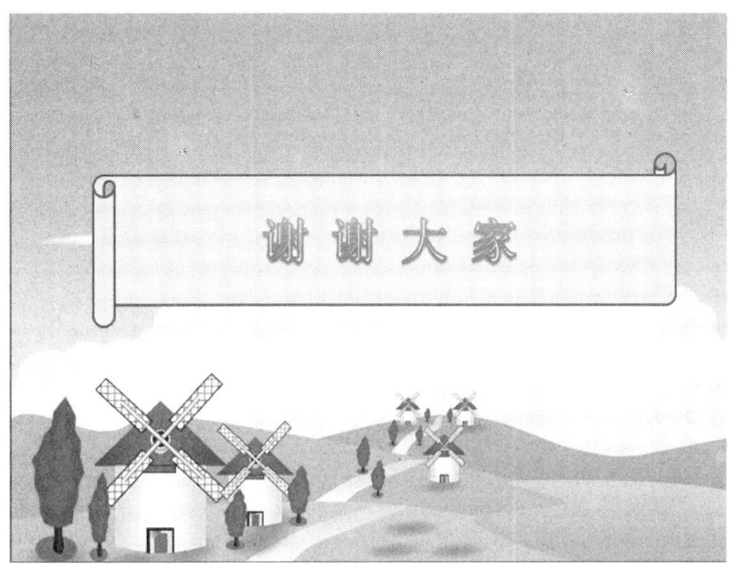

图 3-50　效果图

任务二　创建“背景展示”相册

这个任务通过制作一个“漂亮课件背景展示”的课件，掌握利用 PowerPoint 2007 制作电子相册的方法，效果如图 3-51 所示。

图 3-51　效果图

相关知识

PowerPoint 2007 除了提供绘制图形、插入图像等最基本的功能外，还提供了多种辅助功能，如插入相册、绘制表格、插入 SmartArt 图形、插入图表、插入艺术字等。使用这些辅助功能可以使一些主题表达更为专业化。

一、插入相册

随着数码相机的普及，使用计算机制作电子相册的用户越来越多，当没有制作电子相册的专门软件时，使用 PowerPoint 也能轻松制作出漂亮的电子相册。在商务应用中，电子相册同样适用于介绍公司的产品目录，或者分享图像数据及研究成果。

1. 新建相册

在幻灯片中新建相册时，只要在“插入”选项卡的“插图”组中单击“相册”按钮，如图 3-52 所示。在弹出的菜单中选择“新建相册”命令，弹出“相册”对话框，如图 3-53 所示。然后从本地磁盘的文件夹中选择相关的图片文件插入即可。在插入相册的过程中可以更改图片的先后顺序、调整图片的色彩明暗对比与旋转角度，以及设置图片的版式和相框形状等。

图 3-52　插入相册按钮

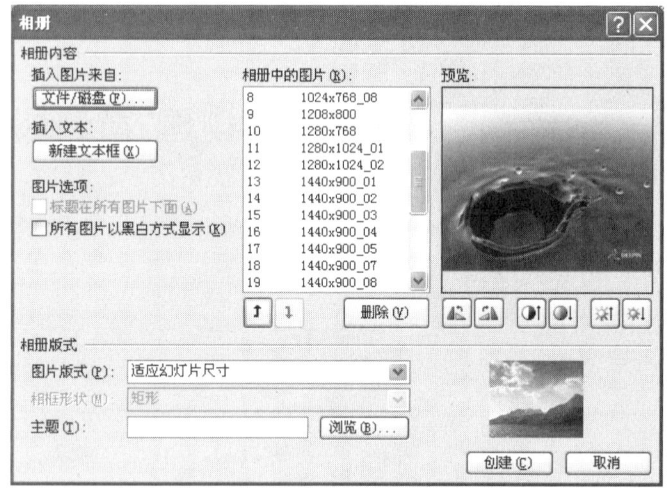

图 3-53　相册对话框

2. 设置相册格式

对于建立的相册，用户如果不满意它所呈现的效果，可以单击“相册”按钮，在弹出的菜单中选择“编辑相册”命令，打开“编辑相册”对话框，如图 3-54 所示，重新修改相片的顺序、图片版式、相框形状、演示文稿设计模板等相关属性。设置完成后，PowerPoint 会自动帮助用户重新整理相册。

当设置相册版式的图片版式为“4 张图片”，相框形状为“圆角矩形”时，建立的相册单张幻灯片效果如图 3-55 所示。

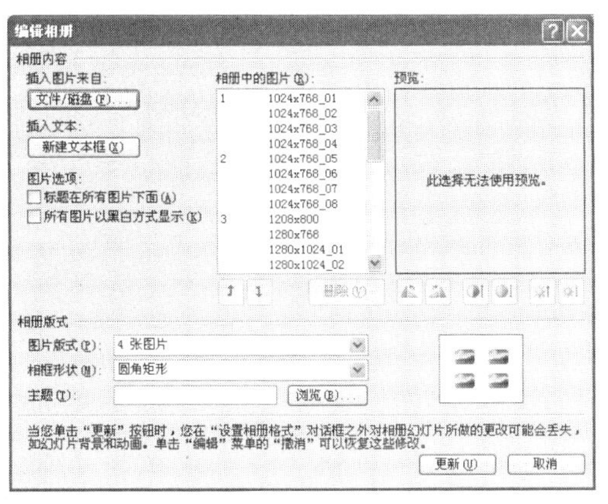

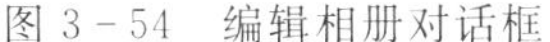
图 3－54　编辑相册对话框

图 3－55　圆角矩形相册

二、绘制表格

使用 PowerPoint 2007 制作专业型演示文稿时，通常需要使用表格，例如销售统计表、个人简历表、财务报表等。表格采用行列化的形式，它与幻灯片页面文字相比，更能体现内容的对应性及内在的联系。表格适合用来表达比较性、逻辑性的主题内容。

1. 自动插入表格

PowerPoint 2007 支持多种插入表格的方式，例如可以通过“插入/表格”命令在幻灯片中直接插入，如图 3－56 所示，也可以从 Word 和 Excel 应用程序中调入。自动插入表格功能能够方便地辅助用户完成表格的输入，提高在幻灯片中添加表格的效率。

2. 手动绘制表格

用户也可以在幻灯片中手动绘制表格。绘制表格的方法很简单，单击“插入”选项卡，在“表格”组中单击“表格”按钮，在弹出的菜单中选择“绘制表格”命令即可。选择该命令后，鼠标指针将变为笔形形状，此时可以在幻灯片中进行绘制。

选中绘制的表格，表格工具“设计”选项卡下的工具栏如图 3－57 所示。

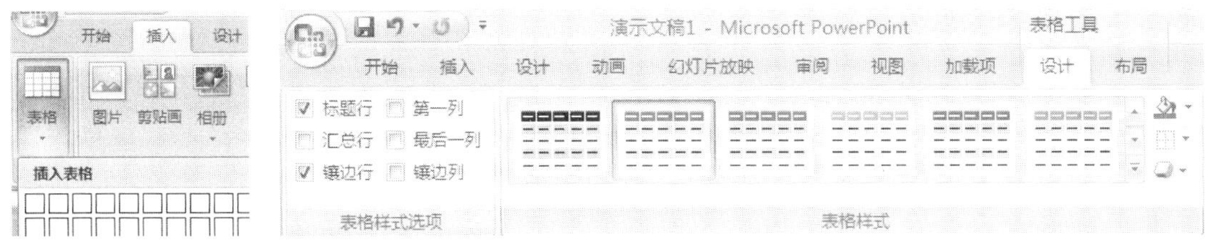

图 3－56　插入表格

图 3－57　表格工具设计工具栏

3. 设置表格样式和版式

插入到幻灯片中的表格不仅可以像文本框和占位符一样被选中、移动、调整大小及删除，还可以添加底纹、设置边框样式、应用阴影效果等。除此之外，用户还可以对单元格进行编辑，如拆分、合并、添加行、添加列、设置行高和列宽等。

选中表格，表格工具“布局”选项卡下的工具栏如图 3－58 所示。

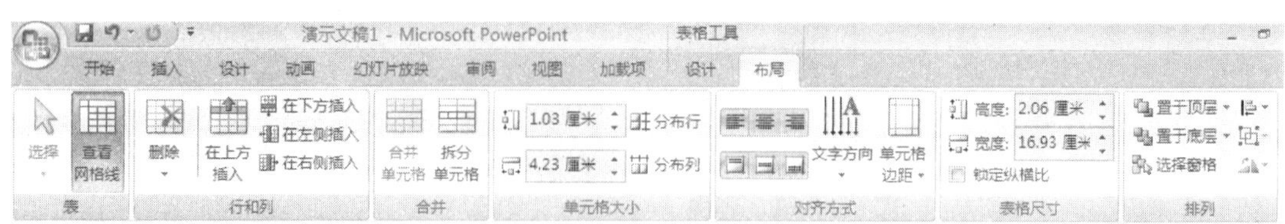

图 3－58　表格工具布局工具栏

三、创建 SmartArt 图形

SmartArt 图形可以非常直观地说明层级关系、附属关系、并列关系、循环关系等各种常见关系，而且图形漂亮精美，具有很强的立体感和画面感。

1. 选择插入 SmartArt 图形

在功能区显示“插入”选项卡，在“插图”组中单击 SmartArt 按钮，打开“选择 SmartArt 图形”对话框，如图 3－59 所示。

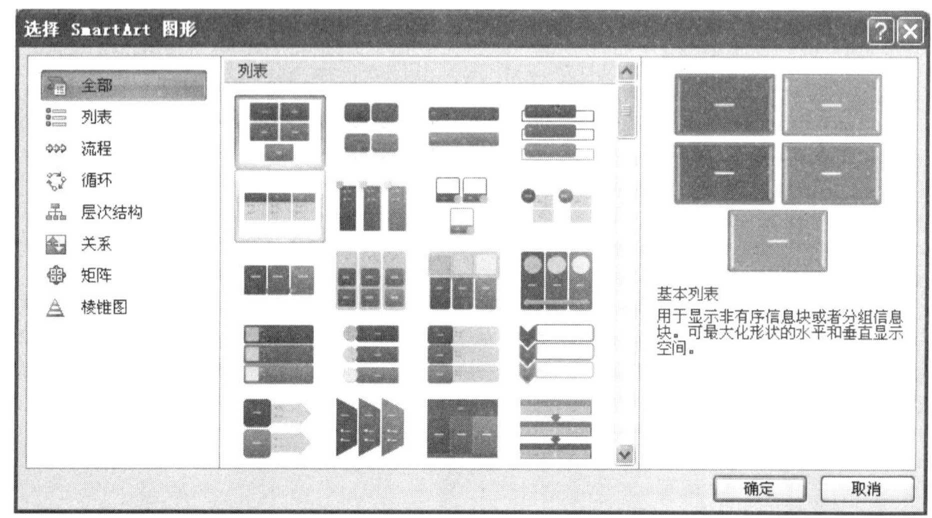

图 3－59　选择 SmartArt 图形对话框

2. 编辑 SmartArt 图形

用户可以根据需要对插入的 SmartArt 图形进行编辑，如添加、删除形状，设置形状的填充色、效果等。选中插入的 SmartArt 图形，功能区将显示“设计”和“格式”选项卡，如图 3－60 所示。通过选项卡中各个功能按钮的使用，用户可以设计出各种美观大方的 SmartArt 图形。

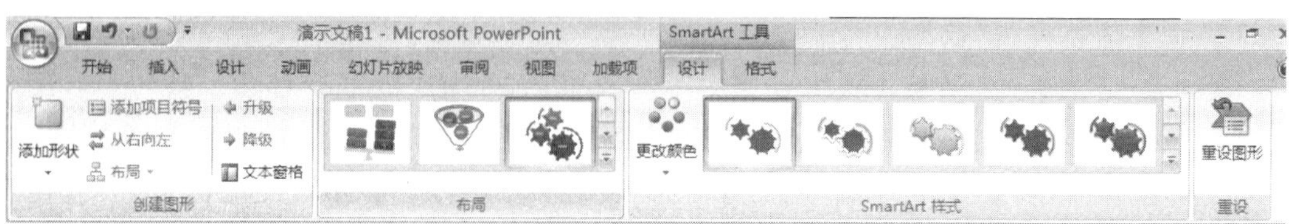

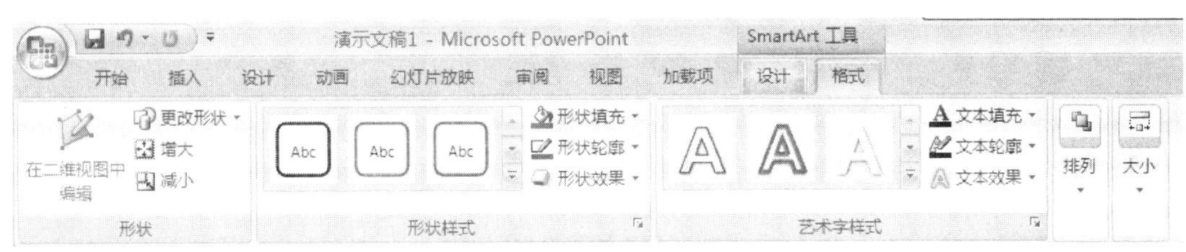

图 3－60　SmartArt 设计和格式工具栏

四、插入 Excel 图表

与文字数据相比，形象直观的图表更容易让人理解，因为它以简单易懂的方式反映了各种数据关系。PowerPoint 2007 附带了一种 Microsoft Graph 的图表生成工具，它能提供各种不同的图表来满足用户的需要，使得制作图表的过程简便而且自动化。

1. 在幻灯片中插入图表

插入图表的方法与插入图片、影片、声音等对象的方法类似，在功能区显示“插入”选项卡，在“插图”组中单击“图表”按钮即可。单击该按钮，将打开“插入图表”对话框，如图 3－61 所示，该对话框提供了 11 种图表类型，每种类型可以分别用来表示不同的数据关系。

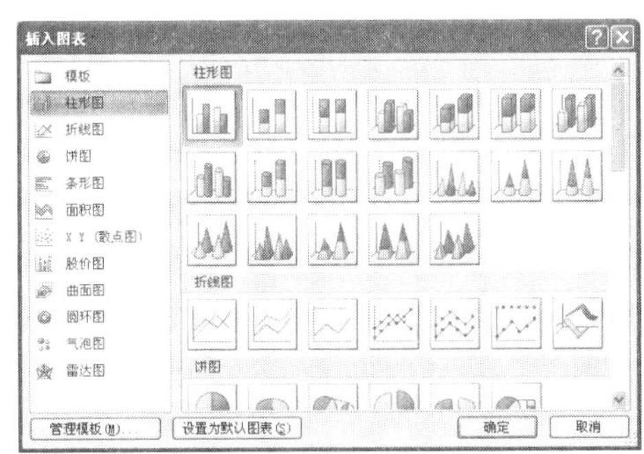

图 3－61　插入图表对话框

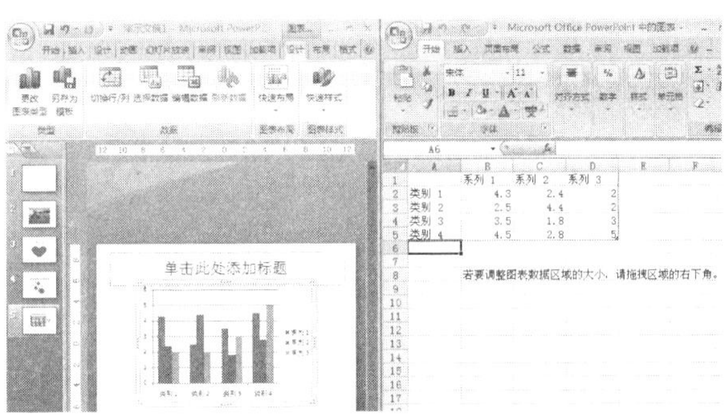

图 3－62　选择一种图表类型

选择一种图表类型，单击“确定”按钮，出现图表窗口和 Excel 窗口，如图 3－62 所示。

2. 编辑与修饰图表

在 PowerPoint 2007 中创建的图表，不仅可以像其他图形对象一样进行移动、调整大小，还可以设置图表的颜色、图表中某个元素的属性等。

插入图表后，图表工具“设计”选项和“布局”选项如图 3－63 所示。

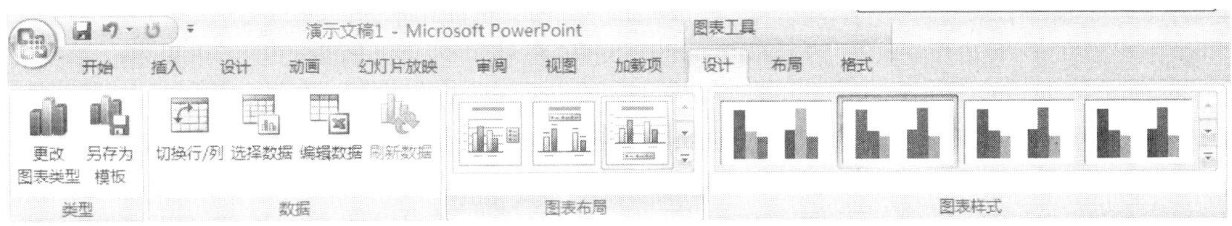

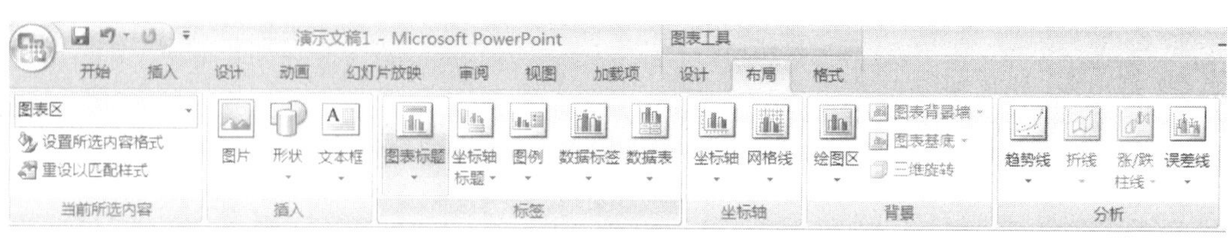

图 3 - 63　设计和布局工具栏

五、插入艺术字

艺术字是一种特殊的图形文字，常被用来表现幻灯片的标题文字。用户既可以像对普通文字一样设置其字号、加粗、倾斜等效果，也可以像图形对象那样设置它的边框、填充等属性，还可以对其进行大小调整、旋转或添加阴影、三维效果等。

1. 插入艺术字

用户在“插入”功能区的“文本”组中单击“艺术字”按钮，如图 3 - 64 所示，打开艺术字样式列表，单击需要的样式，如图 3 - 65 所示，即可在幻灯片中插入艺术字。

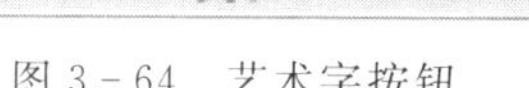
图 3 - 64　艺术字按钮

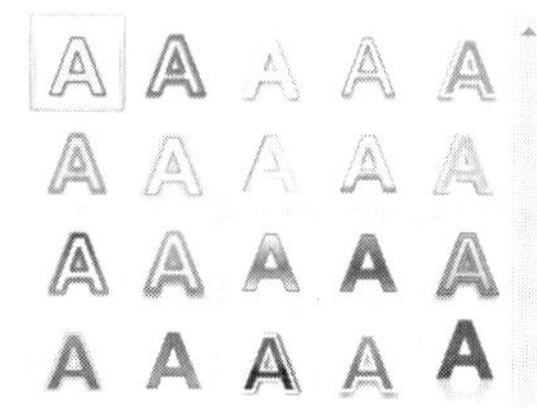

3 - 65　选择艺术字样式

2. 编辑艺术字

用户在插入艺术字后，如果对艺术字的效果不满意，可以对其进行编辑修改。选中艺术字，在“格式”选项卡的“艺术字样式”组中单击对话框启动器，如图 3 - 66 所示；在打开的“设置文本效果格式”对话框中进行编辑即可，如图 3 - 67 所示。

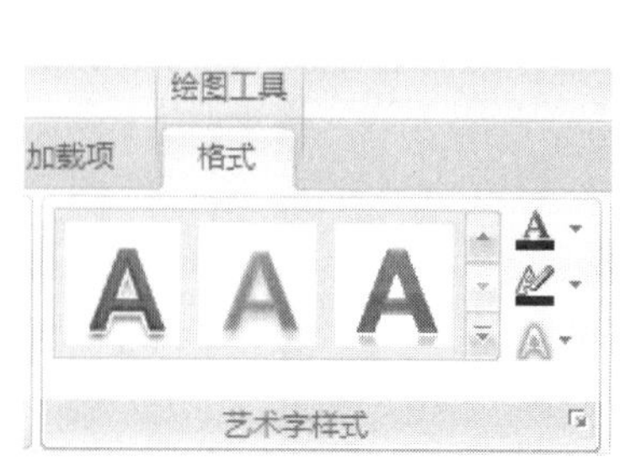

图 3 - 66　选择艺术字样式

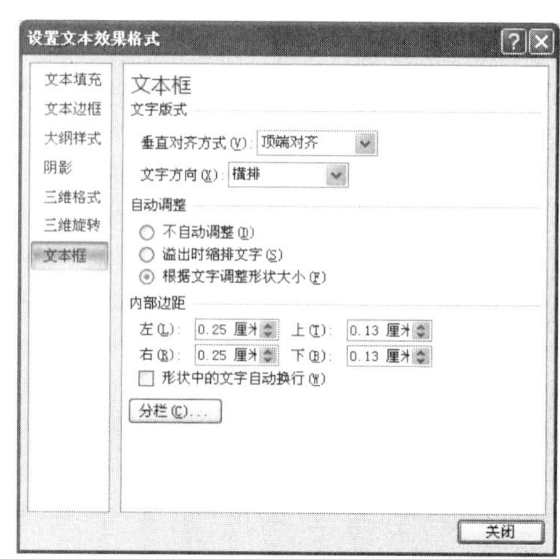

图 3 - 67　设置文本效果格式对话框

任务实施

1. 单击“插入”选项卡下“插图”功能组中的“相册”按钮，在下拉列表中选择“新建相册”命令，弹出“相册”对话框，如图 3－68 所示。

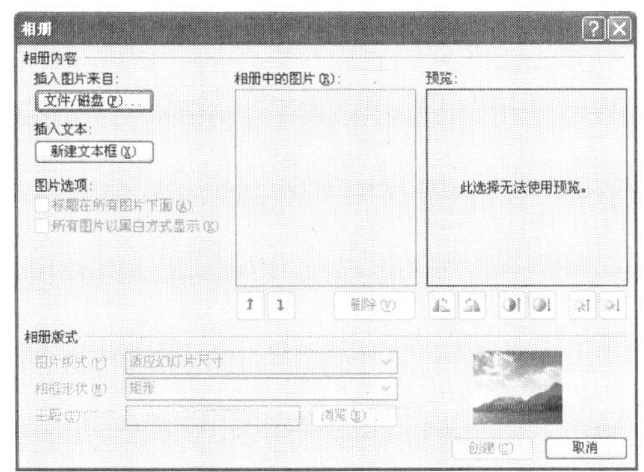

图 3－68　相册对话框

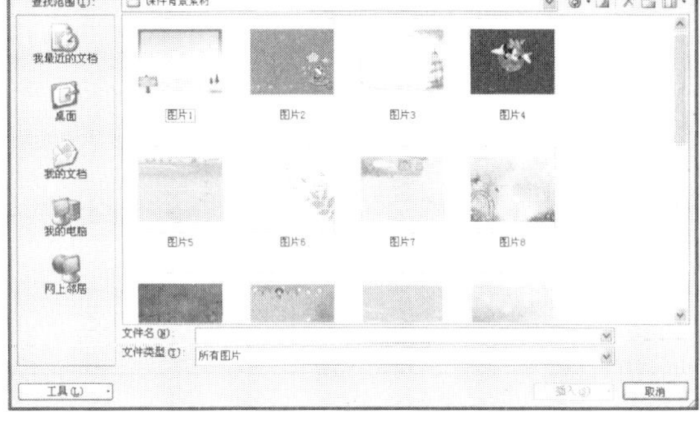

图 3－69　插入新图片对话框

2. 单击“插入图片来自”中的“文件/磁盘”按钮，弹出“插入新图片”对话框，如图 3－69 所示。浏览到素材文件夹，会显示所有的图片，按下 Ctrl＋A 组合键，选择所有图片，单击“插入”按钮，弹出“相册”对话框，如图 3－70 所示。

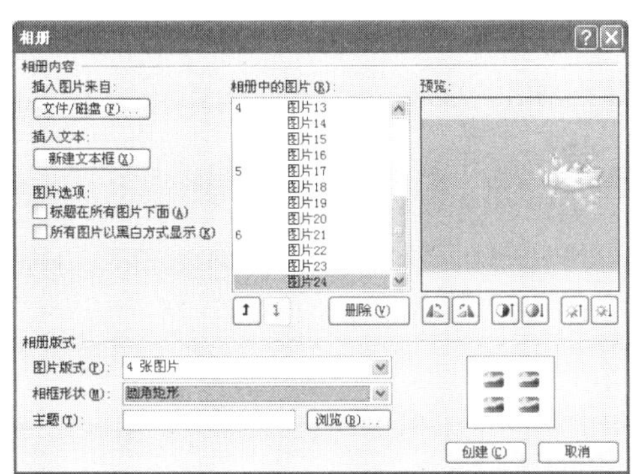

图 3－70　相册对话框

图 3－71　创建完成相册

3. 在相册版式中的“图片版式”下拉列表中选择“4 张图片”，在相框形状下拉列表中选择“简单框架，黑色”，单击“创建”按钮，自动创建一个相册演示文稿，如图 3－71 所示。

4. 选择第 1 张幻灯片，单击“开始”选项卡下“幻灯片”功能组中的“版式”按钮下拉列表中选择“空白”版式，如图 3－72 所示。

图 3－72　空白版式

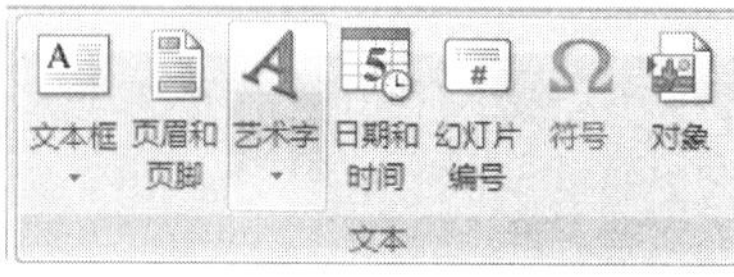

图 3－73　艺术字按钮

5. 单击"插入"选项卡下"文本"功能组中的"艺术字"按钮，如图 3－73 所示。选择"强调文字颜色 2"按钮，在幻灯片中出现如图 3－74 所示的"请在此键入您自己的内容"占位符。

请在此键入您自己的内容

图 3－74　艺术字占位符

图 3－75　更改文字

6. 更改文字内容为"漂亮课件背景展示"，移动至幻灯片中上位置，如图 3－75 所示。

7. 单击"形状填充"按钮，在下拉列表中选择一种颜色；在"形状轮廓"下拉列表中选择一种组细的轮廓，并设置颜色为紫色；单击"形状效果"在"阴影"列表中选择"透视"。

8. 光标置于第 1 张幻灯片，右击选择"设置背景格式"命令，弹出"设置背景格式"对话框，填充选择"图片或纹理填充"，在"纹理"下拉列表中选择"花束"，如图 3－76 所示，单击"关闭"完成单张幻灯片背景设置。

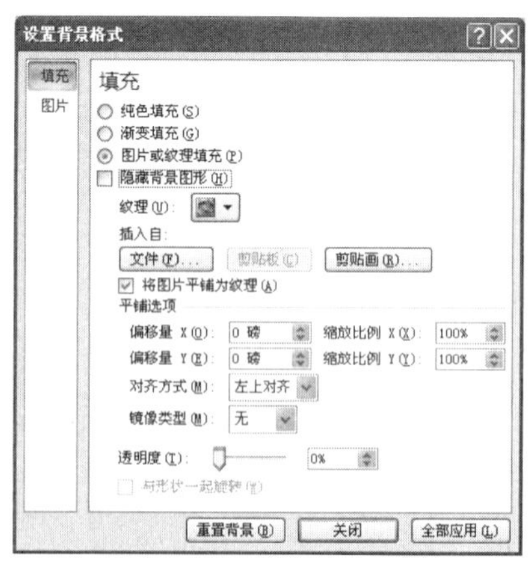

图 3－76　设置背景格式

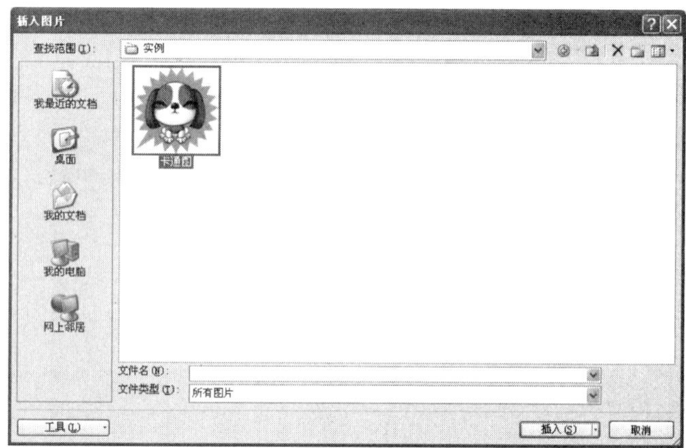

图 3－77　插入图片对话框

9. 执行“插入/插图/图片”命令，弹出“插入图片”对话框，如图 3－77 所示，选择一幅图片，单击“插入”按钮，效果如图 3－78 所示。

图 3－78　插入图片

图 3－79　选择图片样式

10. 单击选择图片，执行“格式/图片样式/金属圆角矩形”命令，如图 3－79 所示，效果如图 3－80 所示。

图 3－80　金属圆角矩形效果

图 3－81　心型透视

11. 单击选择图片，单击图片工具“格式”选项卡中的“图片形状”下拉列表，选择“基本形状”中的“心型”；在“图片边框”下拉列表中选择“橙色”；“图片效果”下拉列表中选择“三维旋转/透视/下透视”，效果如图 3－81 所示。

12. 单击选择图片，在“排列”功能组中，单击“对齐”下拉列表，选择“左右居中”，如图 3－82 所示。

图 3－82　左右居中对齐

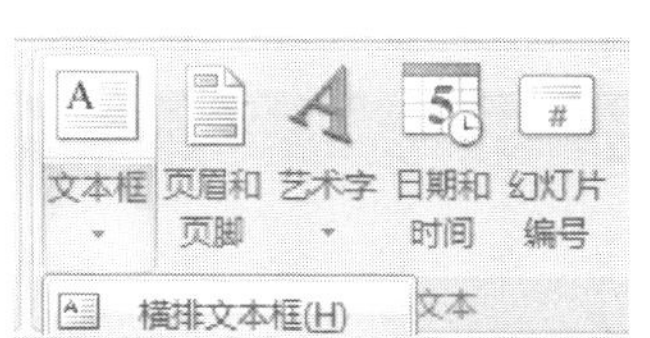

图 3－83　横排文本框

13. 单击选择第 1 张幻灯片，执行“插入/文本/文本框/横排文本框”命令，如图 3－83

所示。

14. 光标移动至幻灯片右下角位置，拖动绘制一文本框。在光标处输入文字“教师成长服务中心：刘敬梅”，选中文字，设置字号为“24”，颜色为“深蓝色”，效果如图 3-84 所示。

图 3-84　效果图

任务三　设计《雷锋叔叔你在哪里》语文课件

这个任务通过制作《雷锋叔叔你在哪里》课件，掌握在课件中添加声音和视频的方法，效果如图 3-85 所示。

图 3-85　效果图

在 PowerPoint 2007 中用户可以方便地插入影片和声音等多媒体对象，使用户的演示文稿从画面到声音，多方位地向观众传递信息。在使用多媒体素材时，用户必须注意所使

用的对象均切合主题，否则会使演示文稿冗长、累赘。本部分将介绍在幻灯片中插入影片及声音的方法，以及对插入的这些多媒体对象设置控制参数的方法。

一、在幻灯片中插入影片

在幻灯片中插入的影片包括视频和动画。用户可以在幻灯片中插入的视频格式有十几种，而可以插入的动画则主要是 GIF 动画。PowerPoint 2007 支持的影片格式会随着媒体播放器的不同而有所不同。在 PowerPoint 2007 中插入视频及动画的方式主要有从剪辑管理器插入和从文件插入两种。

1. 插入剪辑管理器中的影片

在功能区选择“插入”选项卡，在“媒体剪辑”组中单击“影片”按钮下方的下拉箭头，在弹出的菜单中选择“剪辑管理器中的影片”命令，如图 3－86 所示。此时 PowerPoint 2007 将自动打开“剪贴画”窗格，该窗格显示了剪辑中所有的影片，如图 3－87 所示。

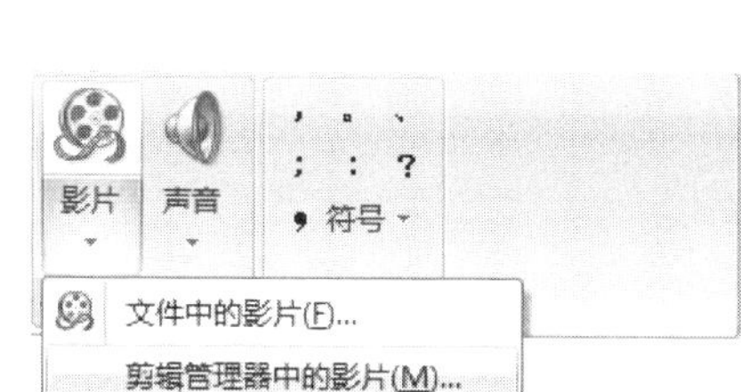

图 3－86 剪辑管理器中的影片

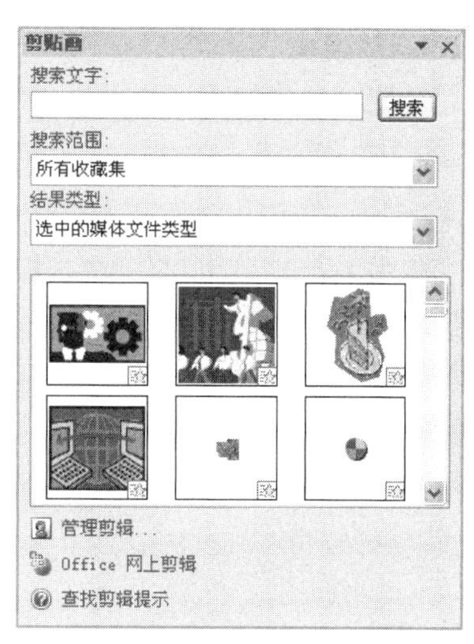

图 3－87 剪贴画窗格

2. 插入文件中的影片

很多情况下，PowerPoint 2007 剪辑库中提供的影片并不能满足用户的需要，这时可以选择插入来自文件中的影片。单击“影片”按钮下方的箭头，在弹出的菜单中选择“文件中的影片”命令，打开“插入影片”对话框。

选择影片文件后，单击“确定”按钮，弹出对话框，设置影片在幻灯片放映时是“自动”播放，还是“在单击时”播放，如图 3－88 所示。

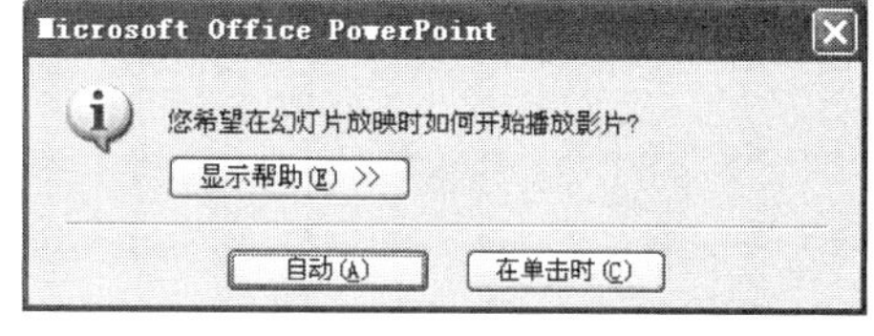

图 3－88 选择如何开始播放影片

3. 设置影片属性

对于插入到幻灯片中的视频，不仅可以调整它们的位置、大小、亮度、对比度等，还可以进行旋转、剪裁、设置透明色、重新着色及设置边框线条等，这些操作都与图片的操作相同。图 3-89 为“影片工具”的“选项”工具栏。

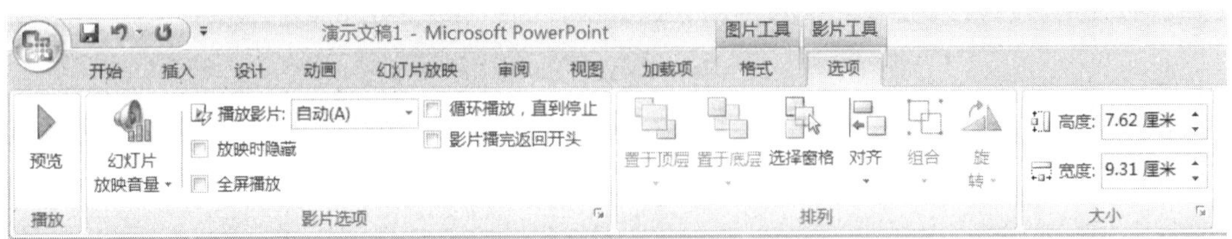

图 3-89　影片工具

二、在幻灯片中插入声音

在制作幻灯片时，用户可以根据需要插入声音，以增加向观众传递信息的通道，增强演示文稿的感染力。插入声音文件时，用户需要考虑在演讲时的实际需要，不能因为插入的声音影响演讲及观众的收听。

1. 插入剪辑管理器中的声音

在“插入”选项卡中单击“声音”按钮下方的下拉箭头，在打开的命令列表中选择“剪辑管理器中的声音”命令，此时 PowerPoint 2007 将自动打开“剪贴画”窗格，该窗格显示了剪辑中所有的声音，如图 3-90 所示。

2. 插入文件中的声音

从文件中插入声音时，需要在命令列表中选择“文件中的声音”命令，打开“插入声音”对话框。从该对话框中选择需要插入的声音文件。

选择声音文件后，单击“确定”按钮，弹出对话框，设置声音在幻灯片放映时“自动”播放还是“在单击时”播放，对话框如图 3-91 所示。

图 3-90　剪贴画窗格

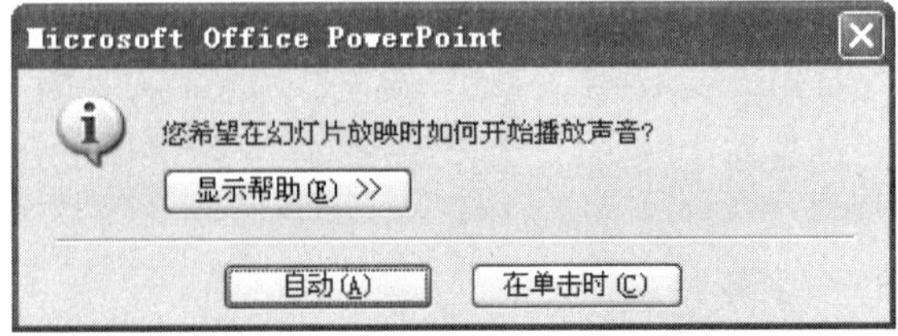

图 3-91　选择如何开始播放声音

3. 设置声音属性

每当用户插入一个声音后，系统都会自动创建一个声音图标，用以显示当前幻灯片中插入的声音。用户可以单击选中的声音图标，使用鼠标拖动来移动图标的位置，或是拖动其周围的控制点来改变图标的大小。

在幻灯片中选中声音图标，功能区将出现“声音工具”选项卡，如图 3－92 所示。该选项卡中部分选项的含义如下。

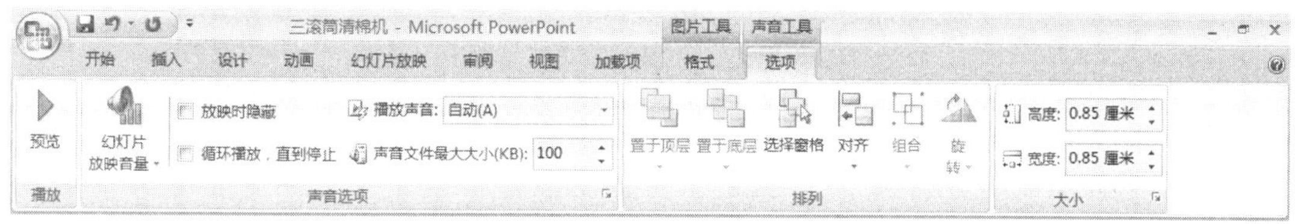

图 3－92　声音工具选项卡

三、插入 CD 乐曲与录制声音

在 PowerPoint 2007 中，可以在幻灯片中插入 CD 乐曲和自己录制的声音，从而增强幻灯片的艺术效果，也更好地体现了演示文稿的个性化特点。

1. 播放 CD 乐曲

用户可以向演示文稿中添加 CD 光盘上的乐曲。这种情况下，乐曲文件不会被真正添加到幻灯片中，所以在放映幻灯片时应将 CD 光盘一直放置在光驱中，供演示文稿调用并添加到幻灯片中。

单击“插入”选项卡下“媒体剪辑”功能组中的“声音”按钮下拉列表中的“播放 CD 乐曲”命令，如图 3－93 所示，弹出“插入 CD 乐曲”对话框，进行设置后单击“确定”，如图 3－94 所示。

2. 插入录制的声音

利用录制声音功能，用户可以将自己的声音插入到幻灯片中。单击“声音”按钮，在打开的命令列表中选择“录制声音”命令，打开“录音”对话框，如图 3－95 所示。

3. 录制和删除旁白

在 PowerPoint 2007 中用户可以为指定的幻灯片或全部幻灯片添加录音旁白。使用录制旁白可以为演示文稿增加解说词，在放映状态下自动播放语音说明。

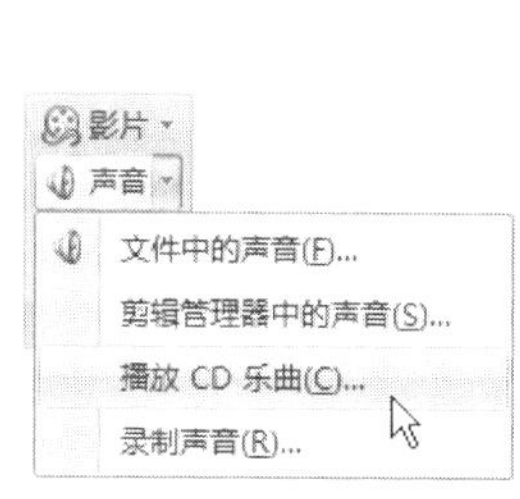

图 3－93　播放 CD 乐曲

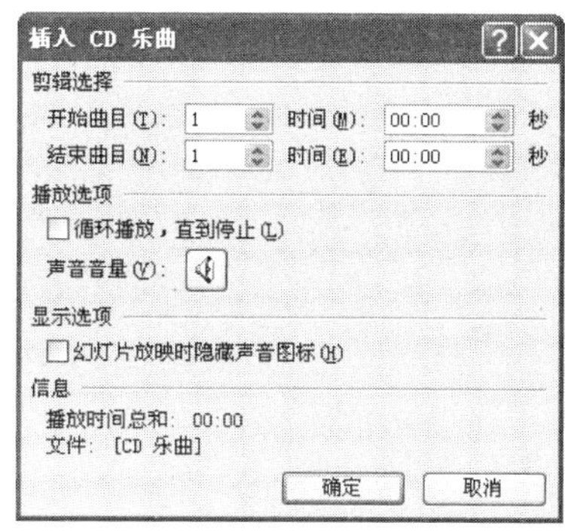

图 3－94　插入 CD 乐曲

图 3－95　录音对话框

单击“幻灯片放映”选项卡下“设置”功能组中的“录制旁白”按钮，此时弹出“录制旁白”对话框，如图 3－96 所示。

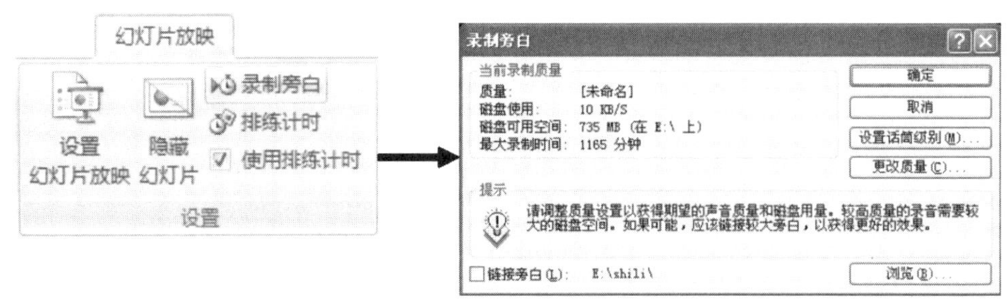

图 3－96　录制旁白

单击“确定”弹出“录制旁白”对话框，如图 3－97 所示，可选择录制起点为“当前幻灯片”或“第一张幻灯片”。

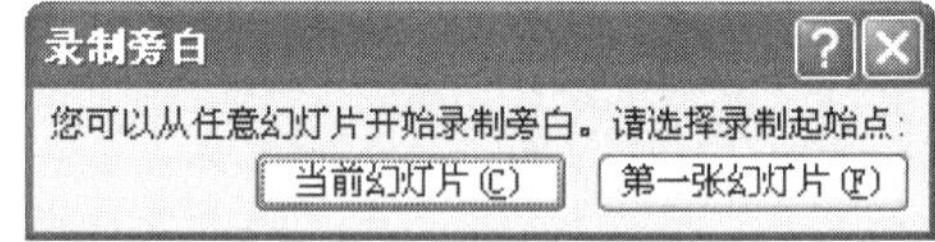

图 3－97　录制旁白对话框

四、设置演示文稿的放映方式

PowerPoint 2007 提供了多种演示文稿的放映方式，最常用的是幻灯片页面的演示控制，主要有幻灯片的定时放映、连续放映及循环放映。

1. 定时放映幻灯片

用户在设置幻灯片切换效果时，可以设置每张幻灯片在放映时停留的时间，当等待到设定的时间后，幻灯片将自动向下放映。

在“换片方式”的“在此之后自动设置动画效果”右侧的时间框中设置好持续时间，如图 3－98 所示。

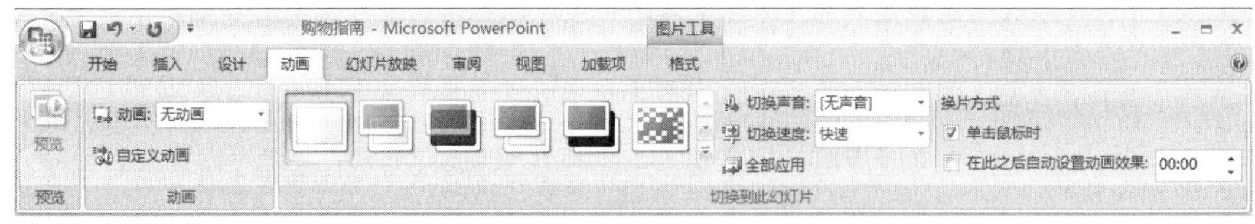

图 3－98　设置幻灯片放映停留时间

2. 连续放映幻灯片

在“动画”选项卡中，为当前选定的幻灯片设置自动切换时间后，再单击“全部应用”按钮，为演示文稿中的每张幻灯片设定相同的切换时间，这样就实现了幻灯片的连续自动放映。

需要注意的是，由于每张幻灯片的内容不同，放映的时间可能不同，所以设置连续放映的最常见方法是通过“排练计时”功能完成。用户也可以根据每张幻灯片的内容，在“幻灯片切换”任务窗格中为每张幻灯片设定放映时间。

3. 循环放映幻灯片

用户将制作好的演示文稿设置为循环放映，可以应用于如展览会场的展台等场合，让

演示文稿自动运行并循环播放。

幻灯片放映工具栏如图 3-99 所示。

单击"幻灯片放映"选项卡下"设置"功能组中的"设置幻灯片放映"按钮，弹出"设置放映方式"对话框，如图 3-100 所示。

图 3-99　幻灯片放映工具栏

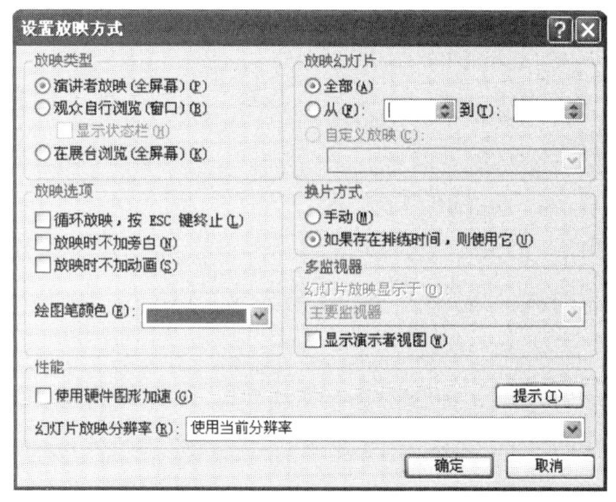

图 3-100　设置放映方式对话框

在"设置放映方式"对话框的"放映选项"选项区域选中"循环放映，按 Esc 键终止"复选框，则在播放完最后一张幻灯片后，会自动跳转到第 1 张幻灯片，而不是结束放映，直到用户按 Esc 键退出放映状态。

4. 自定义放映幻灯片

自定义放映是指用户可以自定义演示文稿放映的张数，使一个演示文稿适用于多种观众，即可以将一个演示文稿中的多张幻灯片进行分组，以便该特定的观众放映演示文稿中的特定部分。用户可以用超链接分别指向演示文稿中的各个自定义放映，也可以在放映整个演示文稿时只放映其中的某个自定义放映。

单击"自定义幻灯片放映"按钮，弹出"自定义放映"对话框，如图 3-101 所示。

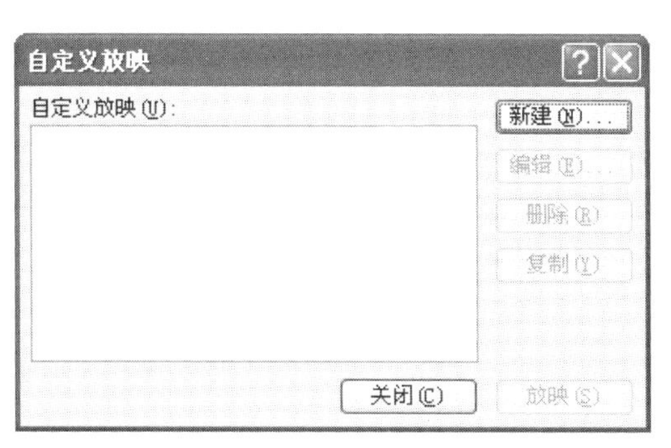

图 3-101　自定义放映对话框

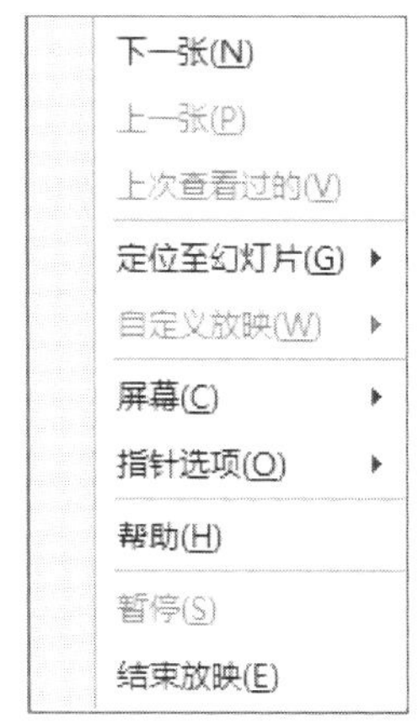

图 3-102　放映控制快捷菜单

五、控制放映

如果幻灯片没有设置成“在展台浏览”放映方式，则在幻灯片放映过程中，用户可以控制其放映过程。常用的控制方式有切换幻灯片、定位幻灯片、暂停放映和结束放映。

1. 切换幻灯片

单击鼠标左键、空格键或方向键，切换到下一张幻灯片；也可单击鼠标右键，弹出“放映控制”快捷菜单，选择“下一张”或“上一张”，如图 3－102 所示。

2. 定位幻灯片

在幻灯片放映过程中，有时需要切换到某一张幻灯片，再从该幻灯片开始顺序放映。此时可以在弹出的“放映控制”快捷菜单中选择“定位至幻灯片”。

3. 结束放映

最后一张幻灯片放映完后，出现黑色屏幕，顶部有“放映结束，单击鼠标退出。”字样，这时单击鼠标左键即可结束放映。若在放映过程中结束放映，右击鼠标，在弹出的快捷菜单中选择“结束放映”命令。

4. 演示文稿排练计时

放映幻灯片时，默认方式是通过单击鼠标左键或按空格键切换到下一张幻灯片。用户可设置每张幻灯片的放映时间，使其自动播放。设置放映时间有人工设时和排练计时两种方式。

人工设置幻灯片的放映时间是通过设置幻灯片的切换效果来实现的。在“切换到此幻灯片”功能组中，勾选“在此之后自动设置动画效果”复选框，如图 3－103 所示。在其右侧的文本框中输入或设置一个时间值，这个时间就是当前幻灯片或所选定幻灯片的放映时间。注意，用户如果利用切换效果来实现幻灯片的自动播放，则需要对每张幻灯片进行设置。

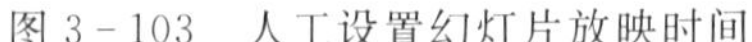
图 3－103　人工设置幻灯片放映时间

图 3－104　排练计时

当完成演示文稿内容制作之后，用户可以运用 PowerPoint 2007 的“排练计时”功能来排练整个演示文稿放映的时间。在“排练计时”的过程中，演讲者可以确切了解每一页幻灯片需要讲解的时间，以及整个演示文稿的总放映时间。

如果对人工设定的放映时间没有把握，用户可以在排练幻灯片的过程中自动记录每张幻灯片放映的时间。切换到“幻灯片放映”选项卡，单击“设置”功能组中的“排练计时”按钮，如图 3－104 所示，同时屏幕出现如图所示的“预演”工具栏，如图 3－105 所示。

图 3-105　预演工具栏

图 3-106　是否保留排练时间

在排练计时过程中，如果要中断排练计时，按 Esc 键。当所有幻灯片放映完或中断排练计时的时候，弹出如图 3-106 所示的对话框，让用户决定是否保留排练时间。

若要清除排练计时，只需取消勾选"幻灯片放映"选项卡的"设置"功能组中的"使用排练计时"复选框。

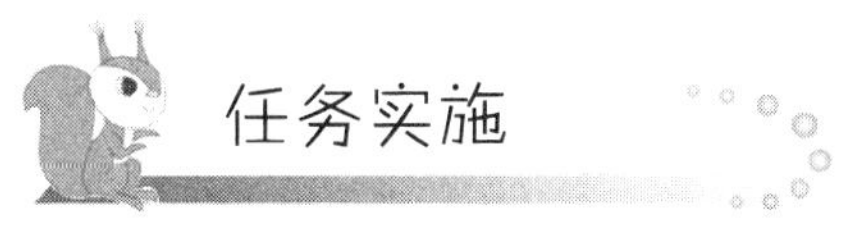

任务实施

1. 新建空白演示文稿，按 Enter 键再添加一张新幻灯片。

2. 单击"视图"选项卡下"演示文稿视图"功能组中的"幻灯片母版"按钮，如图 3-107 所示，进入幻灯片母版编辑状态。

图 3-107　幻灯片母版按钮

3. 选择"标题幻灯片"，在幻灯片中右击鼠标，选择"设置背景格式"命令，弹出"设置背景格式"对话框，如图 3-108 所示。

4. 选择"图片或纹理填充"，单击"文件"按钮，选择所需要的背景图片模板，单击"关闭"按钮，效果如图 3-109 所示。

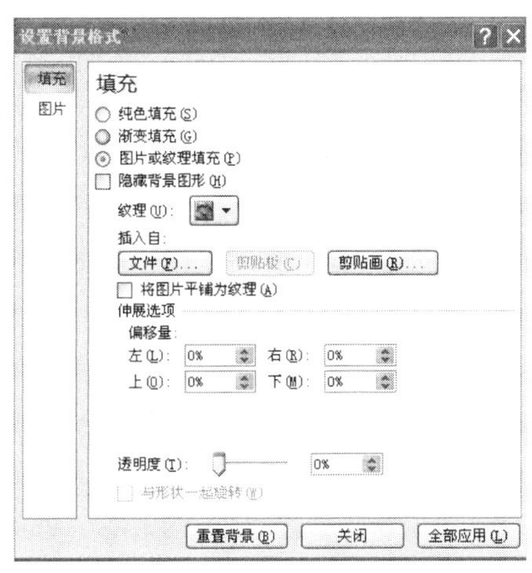

图 3-108　设置背景格式对话框

图 3-109　选择背景图片模板

5. 选择占位符“单击此处编辑母版标题样式”，移动至顶部位置；在“开始”选项卡“字体”功能组中设置字体为“楷体”，字号为 44，字体颜色为“深蓝”，并且加粗，如图 3－110 所示。

图 3－110　更改母版标题样式

图 3－111　更改母版副标题样式

6. 选择占位符“单击此处编辑母版副标题样式”，更改字号为“28”，字体为“黑体”，颜色为“绿色”，并且加粗，效果如图 3－111 所示。

7. 选择“标题和内容”版式幻灯片，选择标题占位符，更改字体为“隶书”，字号为“48”，颜色为“深蓝”，并且加粗；选择文本占位符，更改字体为“楷体”，字号为“24”，颜色为“绿色”，并且加粗，如图 3－112 所示。

8. 单击“关闭母版视图”按钮，退出母版编辑状态。

9. 选择第 1 张幻灯片，在标题处输入“雷锋叔叔，你在哪里”，副标题处输入“德城电大附属幼儿园教师：刘敬梅”，效果如图 3－113 所示。

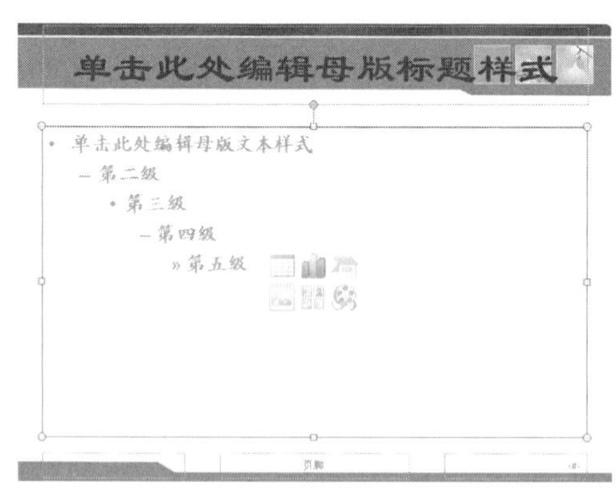

图 3－112　更改标题和文本格式

图 3－113　效果图

10. 选择第 2 张幻灯片，在标题处输入“学习目标”，在内容文本框中输入“1. 感受……”，效果如图 3－114 所示。

11. 选择第 3 张幻灯片，在标题处输入文字“雷锋简介”。插入文本框，输入文字或将文字复制到文本框内；插入雷锋的图片，效果如图 3－115 所示。

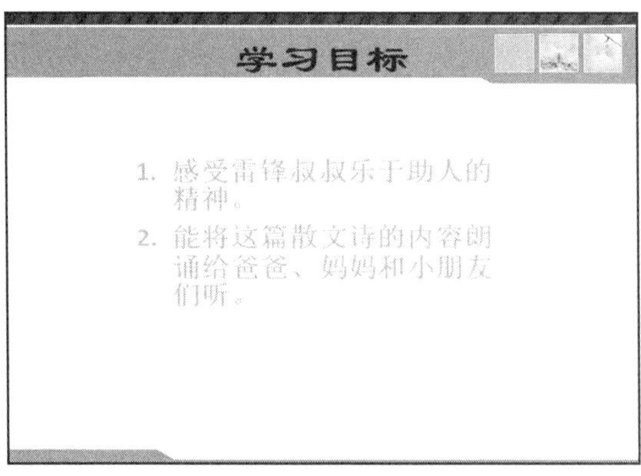

图 3－114　添加幻灯片文字内容

图 3－115　添加文字及图片

12. 用同样的方法，完成第 4 至第 7 张幻灯片的制作，效果分别如图 3－116 和图 3－117所示。

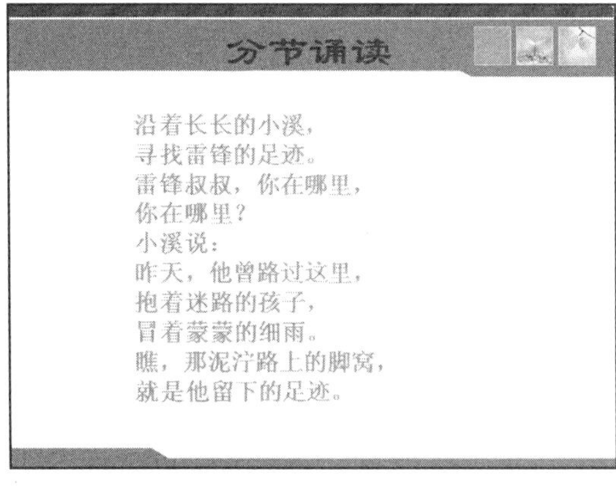

图 3－116　第 4 张幻灯片效果

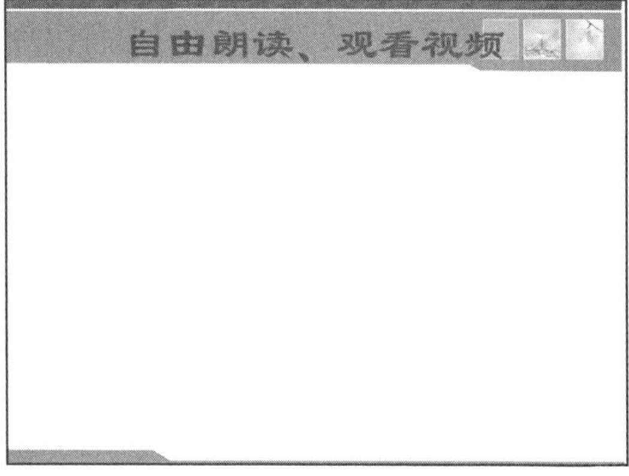

图 3－117　第 7 张幻灯片效果

13. 选择第 3 张幻灯片，单击“插入”选项卡下“媒体剪辑”功能组中的“声音”按钮，在下拉列表中选择“文件中的声音”，弹出“插入声音”对话框，选择声音文件“配音雷锋”，如图 3－118 所示，单击“确定”。

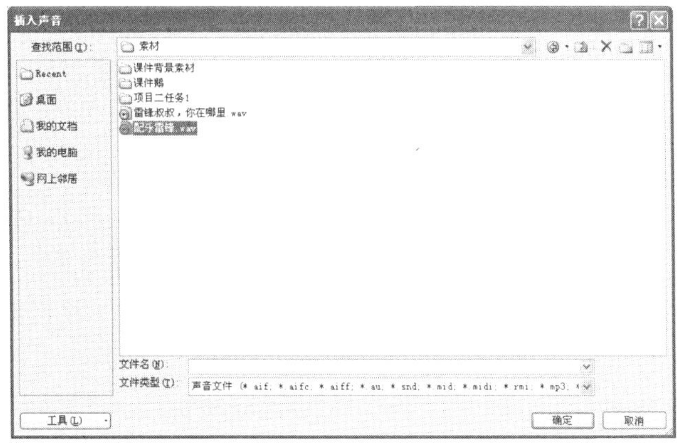

图 3－118　插入声音对话框

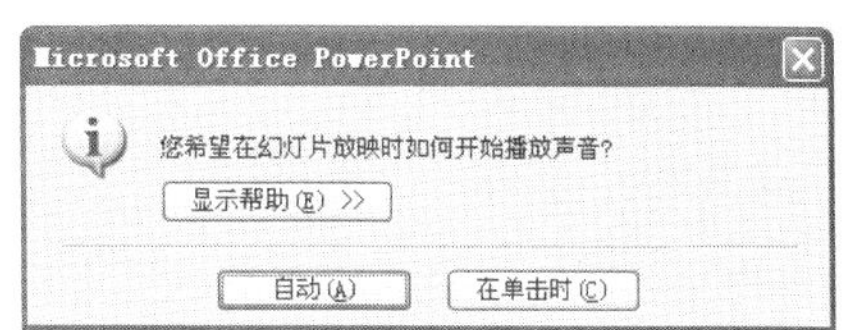

图 3－119　选择如何开始播放声音

14. 弹出对话框，单击“在单击时”按钮，如图 3-119 所示。此时在幻灯片中出现一个小喇叭的图标，按住鼠标移动至幻灯片右下角位置，如图 3-120 所示。

图 3-120　改变喇叭位置

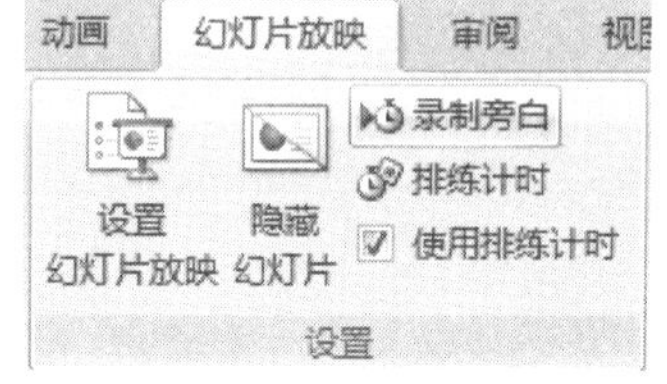

图 3-121　选择录制旁白

15. 选择第 4 张幻灯片，单击“幻灯片放映”选项卡下“设置”功能组中的“录制旁白”按钮，如图 3-121 所示。

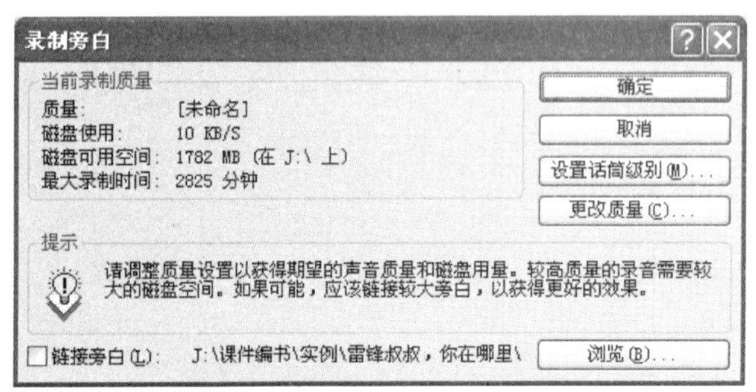

图 3-122　录制旁白对话框

图 3-123　选择录制起点

16. 弹出“录制旁白”对话框，单击“确定”，如图 3-122 所示。弹出“录制旁白”对话框如图 3-123 所示。单击“当前幻灯片”按钮，幻灯片进入放映状态，此时即可对着连接好的话筒进行录音，这一小节内容录完后，按下 Esc 键，弹出对话框，单击“保存”按钮，完成声音的录制，如图 3-124 所示。

图 3-124　保存排练时间

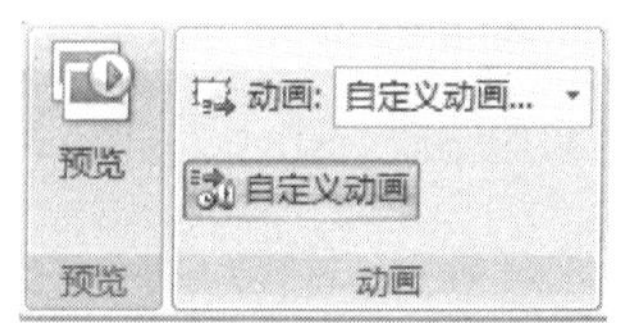

图 3-125　自定义动画按钮

17. 此时按下“Shift+F5”，观看这张幻灯片的放映，发现声音文件自动播放，并且没有显示声音图标。单击“动画”选项卡下“动画”功能组中的“自定义动画”按钮，如图 3-125 所示，功能面板如图 3-126 所示。

图 3－126　自定义动画任务窗格

图 3－127　播放声音对话框

18. 单击"开始"下拉列表，选择"单击时"；在动画列表中选择声音动画，右击选择"效果选项"，弹出"播放声音"对话框，单击"声音设置"选项卡，在"显示选项"组中取消选择"幻灯片放映时隐藏声音图标"，如图 3－127 所示，单击确定。

19. 用同样的方法为第 5 张和第 6 张幻灯片录制旁白，并且设置好开始时间，同时显示声音图标。

20. 选择第 7 张幻灯片，单击"插入"选项卡下"媒体剪辑"功能组中的"影片"按钮，在下拉列表中选择"文件中的影片"，弹出"插入影片"对话框，选择"雷锋叔叔你在哪里.mpg"影片文件，单击"确定"。

21. 弹出对话框，选择"在单击时"播放影片，此时影片剪辑图片显示在幻灯片中，选中图片调整到合适大小和位置。

22. 选择"幻灯片放映"选项卡，开始放映幻灯片，也可设置幻灯片的放映方式，如图 3－128 所示。

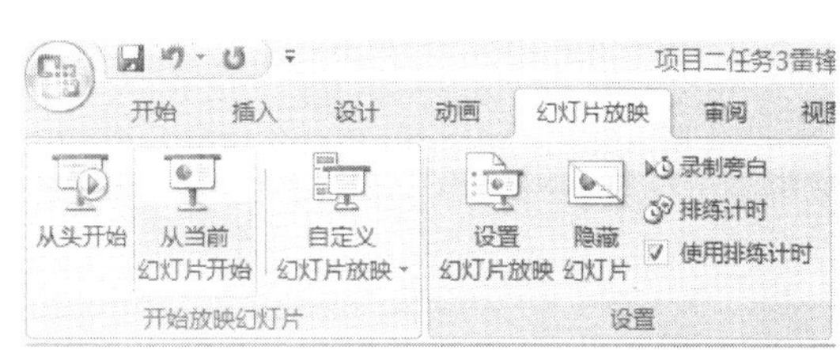

图 3－128　设置放映方式

23. 幻灯片效果如图 3－129 所示。

图 3－129　插入视频后的幻灯片效果

项目四

幻灯片动画设计

在 PowerPoint 2007 中，用户可以为演示文稿中的文本或多媒体对象添加特殊的视觉效果或声音效果，例如使文字逐字飞入演示文稿，或在显示图片时自动播放声音等。PowerPoint 2007 提供了丰富的动画效果，用户可以设置幻灯片切换动画和对象的自定义动画。这个项目介绍在幻灯片中为对象设置动画，以及为幻灯片设置切换动画的方法。

本任务包括以下两个任务。

- 任务一　为《十二生肖》课件设置动画
- 任务二　为《鹅》课件设置交互动画

任务一　为《十二生肖》课件设置动画

这个任务通过利用 PowerPoint 2007 提供的模板为课件《十二生肖》设置动画，掌握为幻灯片添加动画，修改动画的方法，效果如图 4－1 所示。

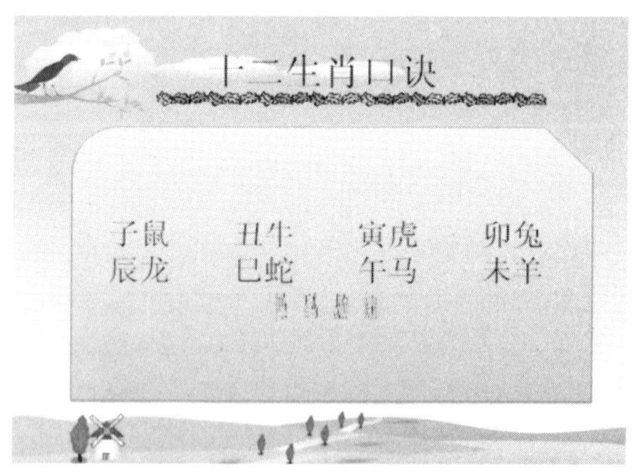

图 4－1　效果图

默认情况下，幻灯片没有切换效果，幻灯片中的文本和对象也没有动画效果。制作完幻灯片后，用户可根据需要给文本和对象设置相应的动画效果，给幻灯片设置切换效果。

一、设置幻灯片的切换效果

幻灯片切换效果是指从一张幻灯片切换到另一张幻灯片时，添加的特殊视觉或声音效果。用户可以为一组幻灯片设置同一种切换方式，也可以为每张幻灯片设置不同的切换方式。

打开“动画”选项卡，在“切换到此幻灯片”功能项下可看到幻灯片切换工具栏，如图4-2所示。

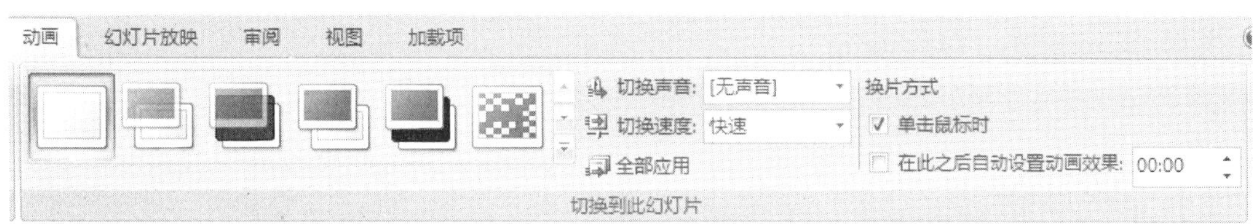

图4-2　幻灯片切换工具栏

- 单击“切换效果”，在下拉列表中可选择一种切换效果。
- 单击“切换声音”，在下拉列表中选择一种声音，幻灯片切换时会伴随着该声音。
- 单击“切换速度”，在下拉列表中选择一种切换速度，会以该速度切换幻灯片。
- 单击“全部应用”按钮，所选择的切换效果应用于所有幻灯片。勾选“单击鼠标时”复选框，则单击左键时切换幻灯片；勾选“在此之后自动设置动画效果”复选框，在其右侧的文本框中输入或调整一个时间值，则经过所设定的时间后，自动切换到下一张幻灯片。

在“换片方式”可选择“单击鼠标时”或“在此之后自动设置动画效果”。

设置切换效果时，应注意以下情况。

- 在“切换效果”列表中选择“无切换效果”，可取消切换效果。
- 在“切换效果”列表中选择“随机”组中的最后一个切换效果，该切换效果不是某个特定的切换效果，而是随机选择一种切换效果。
- 如果既勾选了“单击鼠标时”复选框，又勾选了“在此之后自动设置动画效果”复选框，则在幻灯片放映时，即使还没到所设定的时间，单击鼠标左键也可切换幻灯片。
- 如果既没有勾选“单击鼠标时”复选框，也没有勾选“在此之后自动设置动画效果”复选框，则在幻灯片放映时，可用其他方式切换幻灯片。

二、设置幻灯片动画效果

幻灯片动画效果是指在一张幻灯片内，给文本或对象添加的特殊视觉或声音效果。设置动画效果有两种常用的方法：应用预置动画和自定义动画。

1. 预置动画

预置动画是指系统已经设定好的动画方案，PowerPoint 2007 中预置了三种动画方案：“淡出”、“擦除”和“飞入”。

选中一个对象，切换到“动画”选项卡，单击“动画”功能组中的“动画”下拉列表，可选择上面所说的三种动画效果。对于标题占位符，“动画方案”下拉列表只有“淡出”、“擦除”和“飞入”三种动画方案，如图 4－3 所示；对于内容占位符，每种动画方案又有“整批发送”和“按第一级段落”两种方式，如图 4－4 所示。

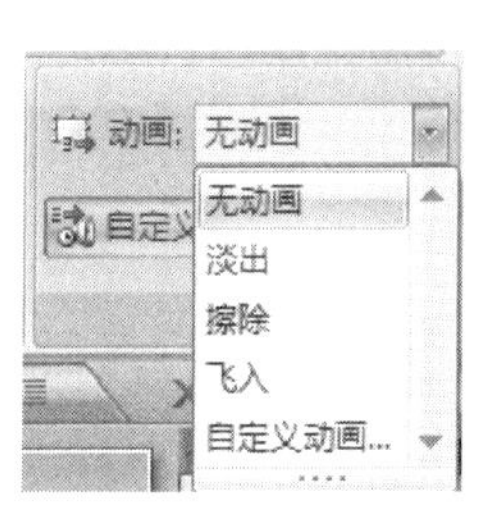

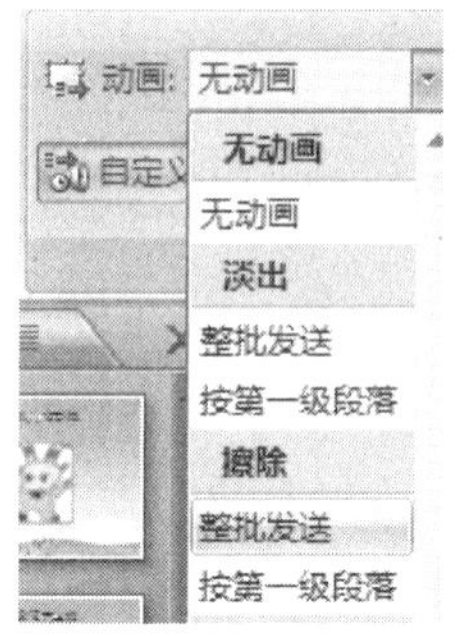

图 4－3　标题占位符动画方式　　图 4－4　内容占位符动画方式

“整批发送”是指该内容占位符中的所有文字整批采用此动画方式；“按第一级段落”是指该内容占位符中项目级别为第一级的段落文字分批采用此动画方式。

2. 自定义动画

单击“自定义动画”按钮，展开“自定义动画”任务窗格，如图 4－5 所示。

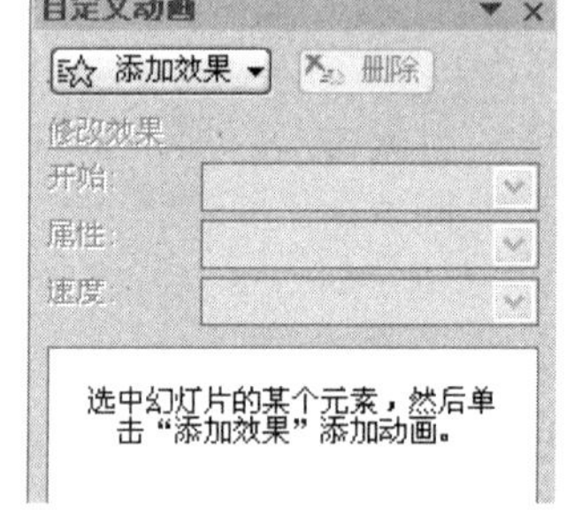

图 4－5　自定义动画任务窗格

用户可以对幻灯片占位符中的项目，或者对段落(包括单个项目符号和列表项)应用自定义动画，也可以对项目符号列表中的单个段落应用动画。此外，用户还可以对一个项目应用多个动画，从而实现项目符号项在飞入后再飞出等效果。

用户设置自定义动画时，应注意以下情况。

• 如果没有选定文本，则对当前占位符中的所有文本设置相应的动画效果。

• 如果选定了文本，则对选定文本所在段落的所有文本设置相应的动画效果。

(1)制作进入式的动画效果

用户利用“进入”动画可以设置文本或其他对象以多种动画效果进入放映屏幕，用户在添加动画效果之前需要选中对象。对于占位符或文本框来说，选中占位符、文本框，以及进入其文本编辑状态时，都可以为它们添加动画效果。

选中对象，单击“自定义动画”任务窗格中的“添加效果”，选择“进入”，如图 4－6 所示，可在列表中选择一项；也可选择“其他效果”，打开“添加进入效果”对话框，如图 4－7 所示，选择一种单击确定即可。

图 4－6　添加进入动画

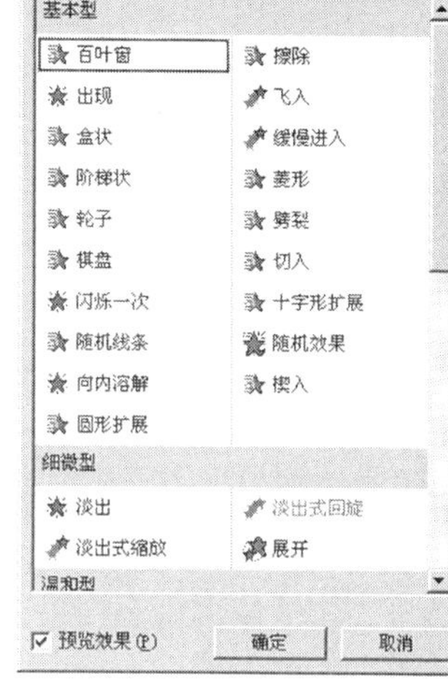

图 4－7　选择进入动画效果

(2)制作强调式的动画效果

强调动画是为了突出幻灯片中的某部分内容而设置的特殊动画效果。添加强调动画的过程和添加进入效果大体相同，选择对象后，在“自定义动画”任务窗格中单击“添加效果”按钮，选择“强调”菜单中的命令，即可为幻灯片中的对象添加“强调”动画效果，如图 4－8 所示。用户同样可以选择“强调/其他效果”命令，打开“添加强调效果”对话框，添加更多强调动画效果，如图 4－9 所示。

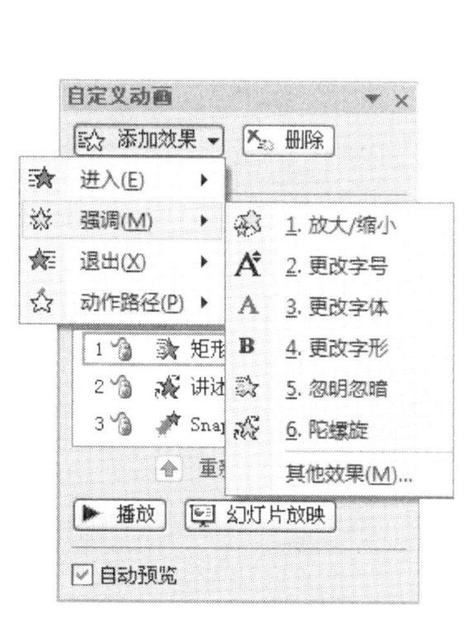

图 4－8　添加强调动画

图 4－9　选择强调动画效果

(3)制作退出式的动画效果

除了可以给幻灯片中的对象添加进入、强调动画效果外，还可以添加退出动画。退出动画可以设置幻灯片中的对象退出屏幕的效果。添加退出动画的过程和添加进入、强调动画效果大体相同，如图 4－10、4－11 所示。

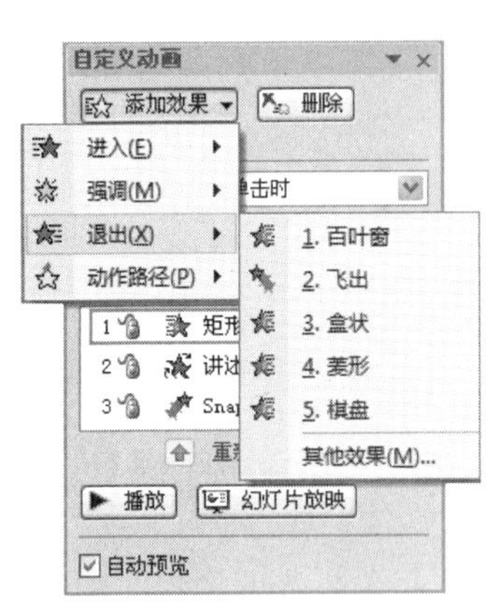

图 4－10　添加退出动画

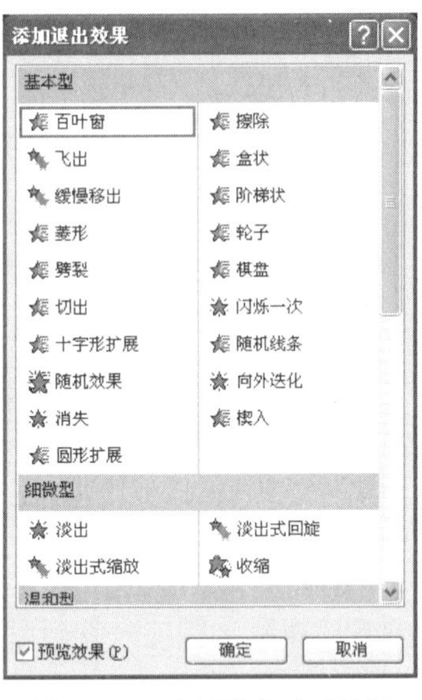

图 4－11　选择退出动画效果

(4)利用动作路径制作的动画效果

动作路径动画又称为路径动画，可以指定文本等对象沿预定的路径运动。PowerPoint 2007 中的动作路径动画不仅提供了大量预设路径效果，还可以由用户自定义路径动画。

选择一个对象，单击“添加效果”选择“动作路径”，在其下拉菜单中可以选择一种路径，如图 4－12 所示。如果选择“其他动作路径”，会弹出“添加动作路径”对话框，如图 4－13 所示。

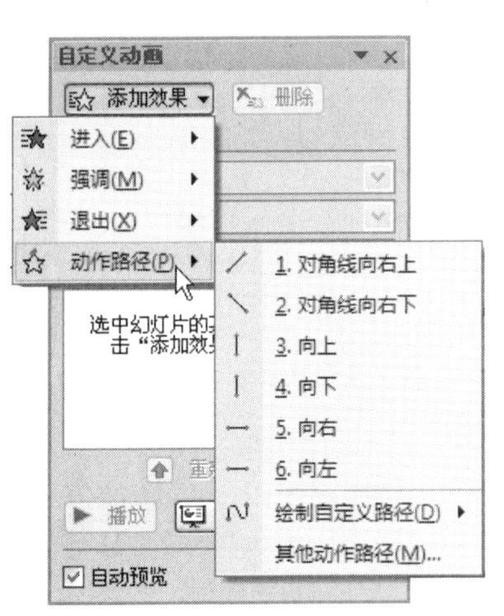

图 4－12　添加动作路径

图 4－13　添加动作路径对话框

三、重新设置动画选项

当为对象添加了动画效果后，该对象就应用了默认的动画格式。这些动画格式主要包括动画开始运行的方式、变化方向、运行速度、延时方案、重复次数等。为对象重新设置动画选项可以在“自定义动画”任务窗格中完成。

1. 更改动画格式

在“自定义动画”任务窗格中，单击动画效果列表中的动画效果，在该效果周围将出现一个边框，用来表示该动画效果被选中。此时，任务窗格中的“添加效果”按钮变为“更改”按钮，如图 4 - 14 所示。单击“更改”按钮，重新选择动画效果；单击“删除”按钮，将当前动画效果删除。

图 4 - 14　更改动画格式

在“开始”下拉列表中，可选择该动画的开始时间，有“单击时”、“之前”、“之后”三个选项，默认的选项是“单击时”，各选项的作用如下。

- 单击时。在幻灯片放映时，单击该项目时开始动画。
- 之前。与上一项动画同时开始动画。
- 之后。上一项动画结束后开始动画。

在“方向”下拉列表中，可选择方向。

在“速度”下拉列表中，可选择动画的速度，有“非常慢”、“慢速”、“中速”、“快速”和“非常快”五个选项。

2. 调整动画播放序列

在给幻灯片中的多个对象添加动画效果时，添加效果的顺序就是幻灯片放映时的播放次序。当幻灯片中的对象较多时，难免在添加效果时使动画次序产生错误，这时可以在动画效果添加完成后，再对其进行重新调整。

在“自定义动画”任务窗格的列表中单击需要调整播放次序的动画效果，然后单击窗格底部的上移按钮或下移按钮来调整该动画的播放次序。其中，单击上移按钮表示将该动画的播放次序前移一位，单击下移按钮表示将该动画的播放次序后移一位。

任务实施

1. 打开项目三任务一的《十二生肖》演示文稿。

2. 在“幻灯片任务”窗格中，选择第 2 张幻灯片，展开“动画”选项卡下“切换到此幻灯片”功能组，在下拉列表中选择“擦除”组中的“向下擦除”按钮，如图 4－15 所示。

3. 在“切换声音”下拉列表中选择“风铃”，如图 4－16 所示。在“切换速度”下拉列表中选择“中速”，如图 4－17 所示。

4. 在“换片方式”下拉列表中选择“单击鼠标时”，如图 4－18 所示。

5. 选择第 3 张幻灯片，在“切换到此幻灯片”下拉列表中选择“从内到外垂直分割”，“切换声音”下拉列表中选择“疾驰”，“切换速度”下拉列表中选择“中速”。

图 4－15　擦除动画

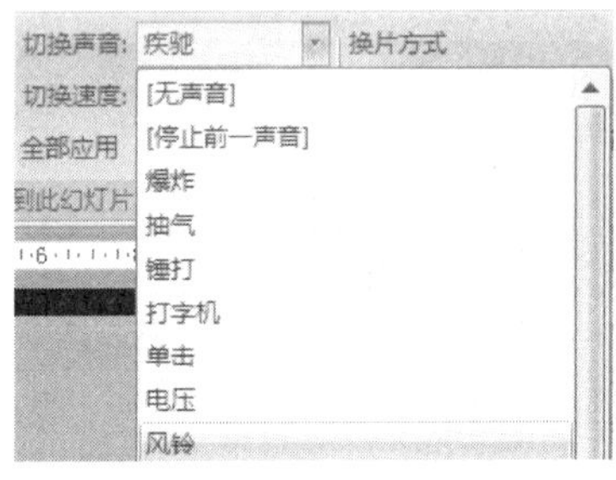

图 4－16　选择切换声音

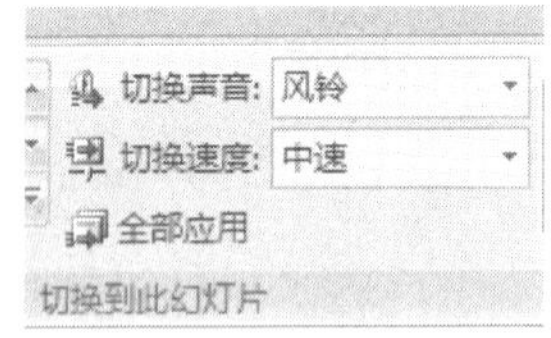

图 4－17　选择切换速度

图 4－18　选择换片方式

6. 用同样的方法，完成其他幻灯片的切换效果。一个演示文稿多张幻灯片的切换不易采用多种切换声音及切换速度，通常选择同一种切换声音和切换速度。

7. 选择第 2 张幻灯片的标题文字“一是老鼠吱吱叫”，展开“自定义动画”任务窗格，单击“添加效果”在下拉列表中选择“进入”，在其下拉列表中再选择“飞入”，面板如图 4－19 所示。

图 4－19　添加飞入动画

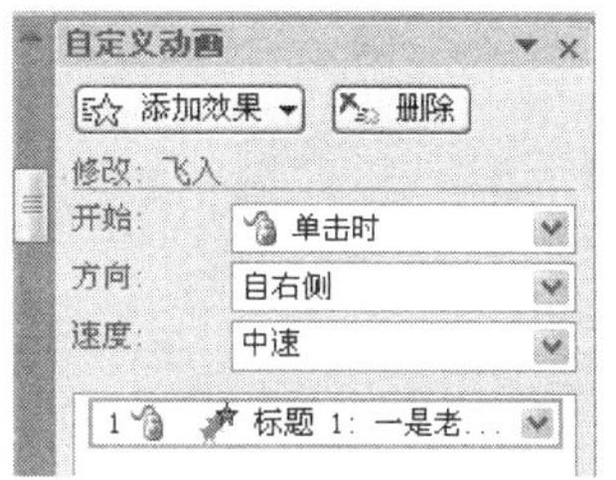

图 4－20　更改动画方向

8. 单击添加的动画“标题 1：”，在“方向”下拉列表中选择“自右侧”，如图 4－20 所示。

9. 选中“老鼠”图片，单击“添加效果”，在其下拉列表中选择“强调”中的“跷跷板”。如果找不到，可在“其他效果”中查找。选中添加的动画效果 2，原来的“添加效果”变成了“更改”，可更改动画效果，面板如图 4－21 所示。

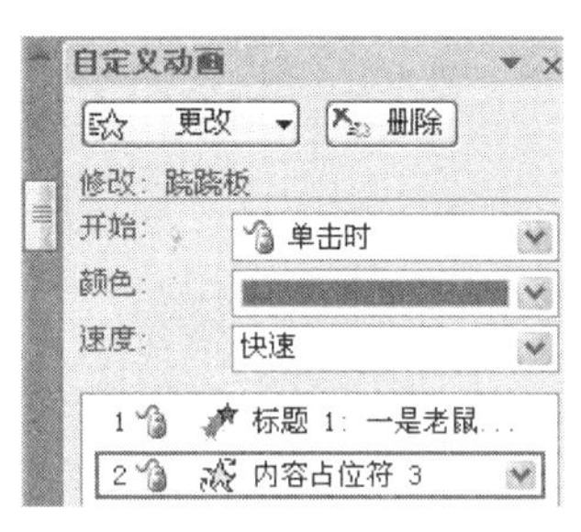

图 4－21　更改动画效果

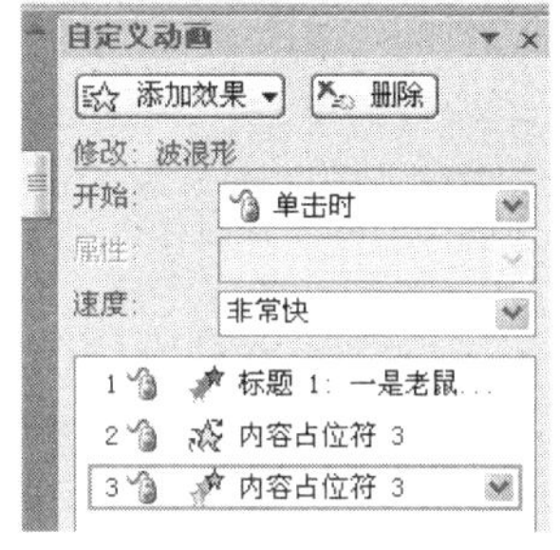

图 4－22　添加波浪形动画

10. 再次选择“老鼠”的图片，单击“添加效果”，在下拉列表中选择“强调”中的“波浪形”，如图 4－22 所示。

11. 选择第 3 个动画效果，按住鼠标左键不放拖动至第 2 个动画效果的上方，也可单击向上的箭头重新排序。此时兔子图片，先做“波浪形”动画效果，再做“跷跷板”动画效果。

12. 在“自定义动画”任务窗格中选择动画效果 3，在“开始”下拉列表中选择动画的开始时间为“之后”，如图 4－23 所示，此时动画效果 3 紧跟在动画效果 2 之后播放。注意，动画效果 3 的数字 3 消失，与动画效果 2 并列。

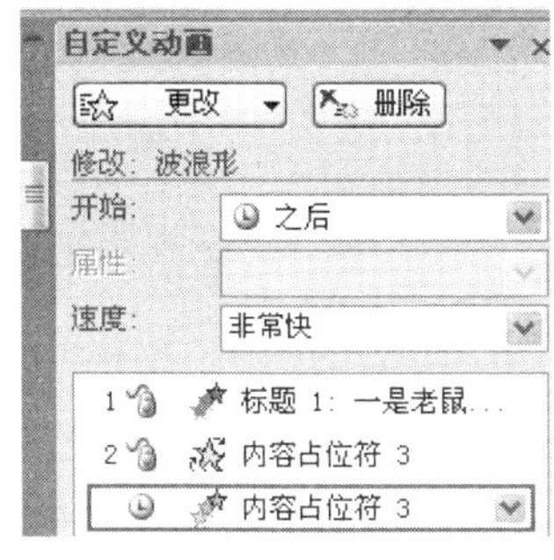

图 4－23　更改动画开始时间

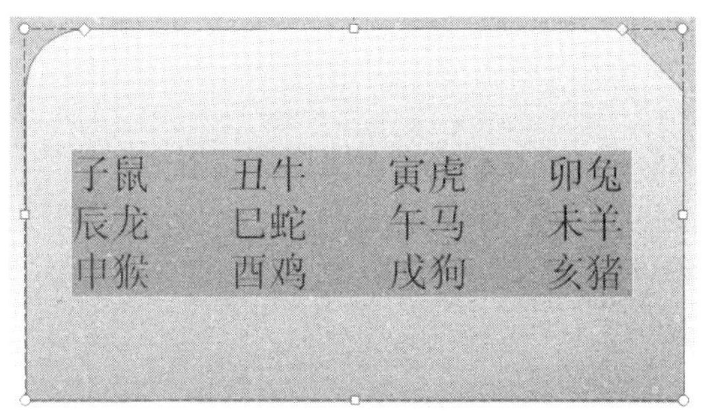

图 4－24　选择文字对象

13. 选择第 14 张幻灯片，选择所有的文字，如图 4－24 所示。

14. 单击“自定义动画”窗格中的“添加效果”按钮，选择“进入”，单击“其他效果”，打开“添加进入效果”对话框，选择“温和型”组中的“伸展”，单击“确定”，对话框如图 4－25 所示。

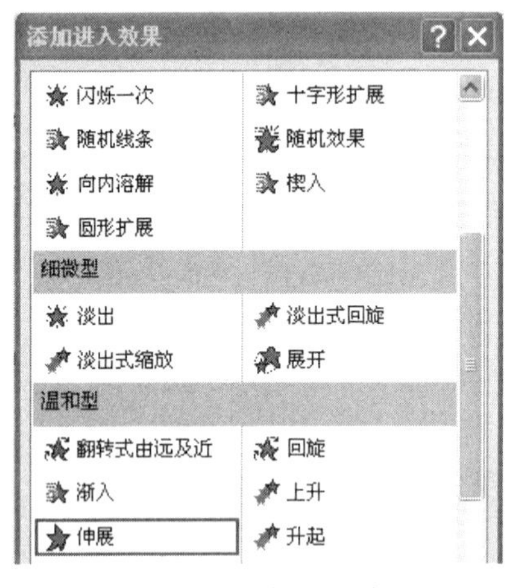

图 4－25　添加进入效果

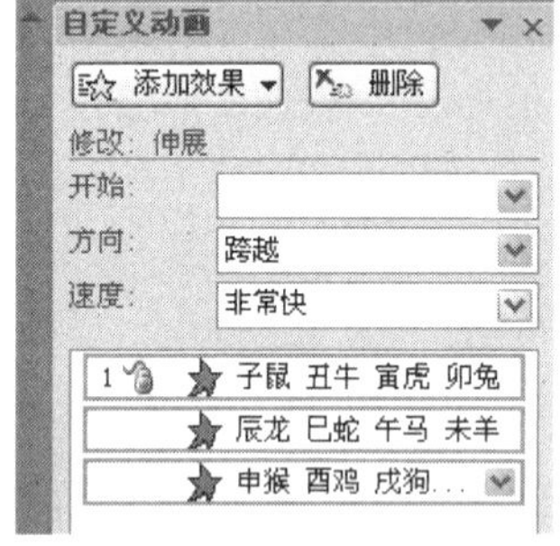

图 4－26　文字作为一个整体

15. 此时这 3 行文字作为一个整体同时出现，后两个动画效果的开始方式都是“之前”，如图 4－26 所示。

16. 选中下面的两个动画效果，在“开始”下拉列表中选择“之后”，在“速度”下拉列表中选择“中速”。此时这 3 行文字依次出现，速度全部更改为“中速”。如图 4－27 所示。

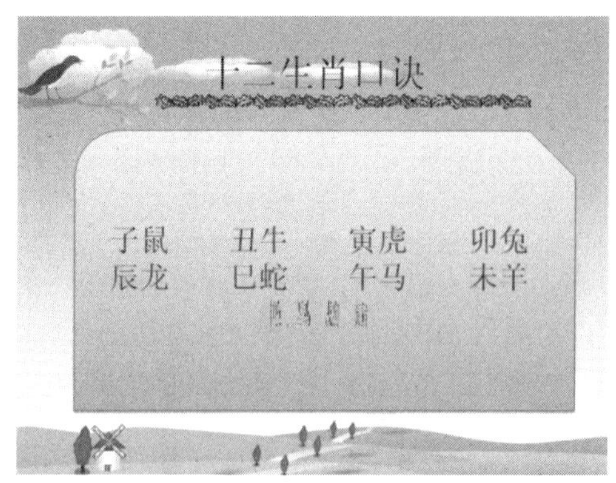

图 4－27　文字依次出现　　图 4－28　效果图

17. 此时，这一张幻灯片的效果如图 4－28 所示。

18. 选择第 15 张幻灯片，选中添加“谢谢大家”的形状，在自定义动画面板上，单击“添加效果”，选择“动作路径”，弹出“添加动作路径”对话框，如图 4－29 所示。

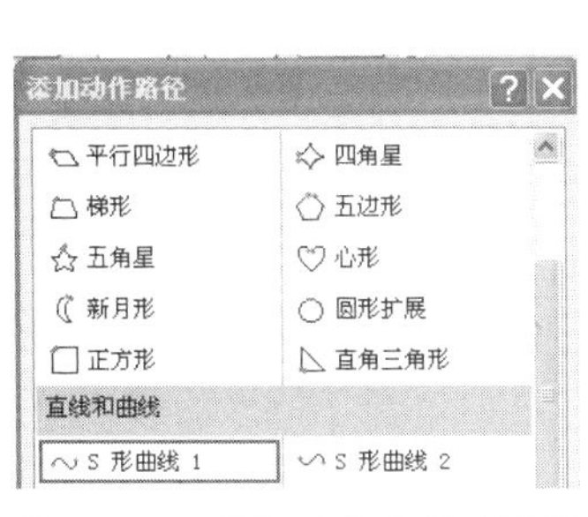

图 4－29　添加动作路径对话框

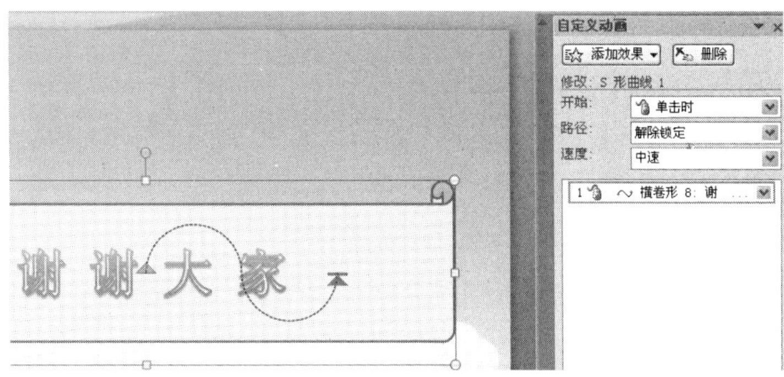

图 4－30　添加的动画效果及面板

19. 选择“直线和曲线”组中的“S 形曲线 1”，单击“确定”，效果及“自定义动画”面板如图 4－30 所示。

20. 右击动画效果“横卷形 8”，选择“效果选项”，弹出“S 形曲线 1”对话框，在“效果”选项卡下选择“平稳开始”、“平稳结束”和“自动翻转”，如图 4－31 所示。

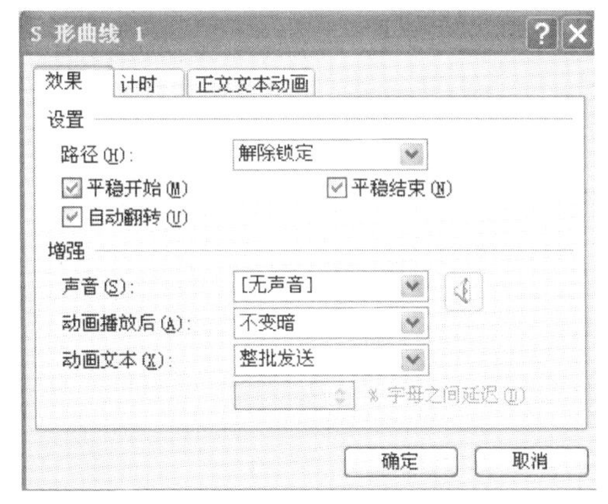

图 4－31　效果选项卡

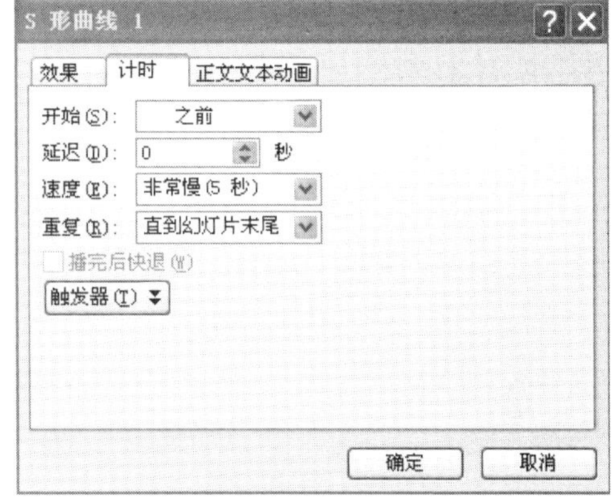

图 4－32　计时选项卡

21. 选择“计时”选项卡，在“开始”下拉列表中选择“之前”，“速度”下拉列表中选择“非常慢(5 秒)”，在“重复”下拉列表中选择“直到幻灯片末尾”，如图 4－32 所示。

22. 用同样的方法完成其他幻灯片的动画效果设计。

任务二　为《鹅》课件设置交互动画

这个任务通过设计制作《鹅》课件，掌握创建按钮、添加交互式动画的方法，效果如图 4－33 所示。

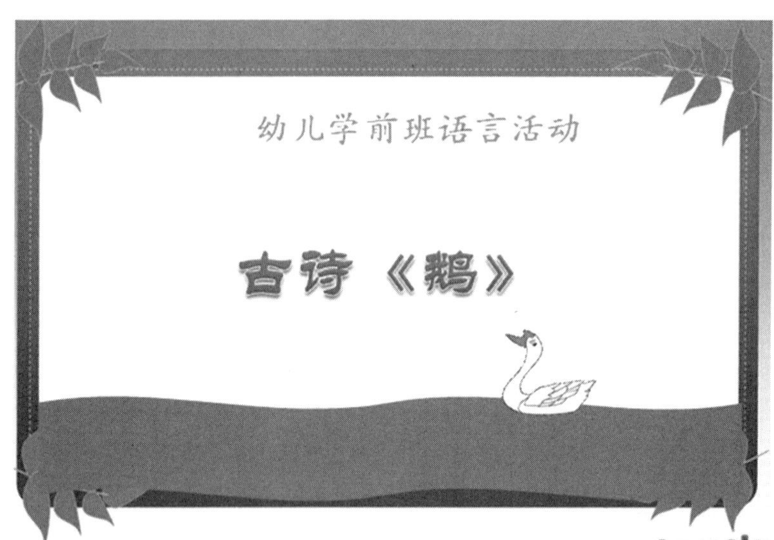

图 4-33 效果图

相关知识

PowerPoint 2007 提供了多种放映和控制幻灯片的方法，如正常放映、计时放映、录音放映、跳转放映等。用户可以选择最为理想的放映速度与放映方式，使幻灯片放映结构清晰、节奏明快、过程流畅。另外，在放映时用户还可以利用绘图笔在屏幕上随时进行标示或强调，使重点更为突出。本部分将介绍交互式演示文稿的创建方法以及幻灯片放映方式的设置。

一、创建交互式演示文稿

在 PowerPoint 2007 中，用户可以为幻灯片中的文本、文本占位符、文本框、图片等对象添加超链接或者动作。当放映幻灯片时，可以在添加了动作的按钮或者超链接的文本上单击，程序将自动跳转到指定的幻灯片页面，或者执行指定的程序，演示文稿不再是从头到尾播放的线形模式，而是具有了一定的交互性，能够按照预先设定的方式，在适当的时候放映需要的内容，或作出相应的反映。

1. 添加超链接

超链接是指向特定位置或文件的一种连接方式，可以利用它指定程序跳转的位置。超链接只有在幻灯片放映时才有效。在 PowerPoint 2007 中，超链接可以跳转到当前演示文稿中的特定幻灯片、其他演示文稿中特定的幻灯片、自定义放映、电子邮件地址、文件或 Web 页上。

切换到“插入”选项卡下，选中链接对象后，单击链接功能组中的“超链接”按钮，如图 4-34 所示。

图 4－34　超链接

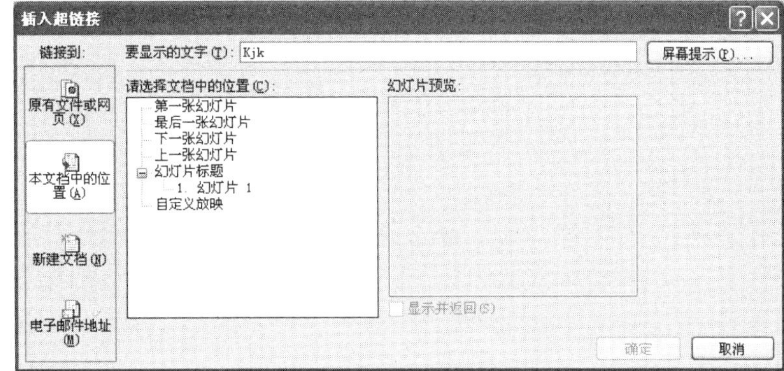

图 4－35　插入超链接对话框

弹出“插入超链接”对话框，如图 4－35 所示。

建立超链接前，选定不同的对象会影响“插入超链接”对话框中“要显示的文字”编辑框的内容，有以下三种情况。

• 如果没有选定对象，则“要显示的文字”编辑框的内容为空白，并可对其编辑。

• 如果选定了文本，则“要显示的文字”编辑框的内容为该文本，并可对其编辑。

• 如果选定了文本占位符、文本框、图片等，则“要显示的文字”编辑框的内容为“在文档中选定的内容”，并且不可编辑。

最常用的超链接是链接到当前演示文稿中的某张幻灯片，即在“编辑超链接”对话框中，单击“链接到”中的“本文档中的位置”。

在“请选择文档中的位置”文本框中，可选择“第一张幻灯片”、“最后一张幻灯片”、“下一张幻灯片”、“上一张幻灯片”，指定超链接的相对位置，同时在“幻灯片预览”区域显示所选择幻灯片的预览图。

单击“幻灯片标题”左边的“＋”按钮，展开幻灯片标题，从展开的幻灯片标题中选择一张幻灯片，指定超链的绝对位置。单击“确定”，按所做设置创建超链接。

2. 添加动作按钮

动作按钮是 PowerPoint 2007 中预先设置好的一组带有特定动作的图形按钮，这些按钮被预先设置为指向前一张、后一张、第一张、最后一张幻灯片、播放声音及播放电影等链接，应用这些预置好的按钮，可以实现在放映幻灯片时跳转的目的。

在“插入”选项卡下“插图”功能组中，打开“形状”列表。PowerPoint 2007 的“形状”列表可见一组“动作按钮”，如图 4－36 所示。

在“动作按钮”组中，单击一个动作按钮后，鼠标指针变成“＋”形状，在幻灯片中拖动鼠标，可绘出相应大小的动作按钮，如果在幻灯片中单击鼠标左键，可绘出默认大小的动作按钮。绘制出动作按钮后，会自动弹出“动作设置”对话框，如图 4－37 所示。

图 4-36　动作按钮

图 4-37　动作设置对话框

• 选择"无动作"单选钮，则所选对象无动作。这一选项用来取消对象已设置的动作。

• 选择"超链接到"单选钮，可从其下面的下拉列表中选择所链接到的幻灯片，或"结束放映"命令。

• 选择"运行程序"单选钮，可在其下面的编辑框中输入程序文件名，或者单击"浏览"按钮，从弹出的对话框中指定程序文件。

• 勾选"播放声音"复选框，可从其下拉列表中选择所需的声音。

• 单击"确定"按钮，完成动作设置。

3. 隐藏幻灯片

如果通过添加超链接或动作按钮将演示文稿的结构设置得较为复杂时，用户若希望在正常的放映中不显示这些幻灯片，只有单击指向它们的链接时才会被显示，要达到这样的效果，就可以使用到幻灯片的隐藏功能。

在普通视图模式下，右击幻灯片预览窗口中的幻灯片缩略图，在弹出的快捷菜单中选择"隐藏幻灯片"命令，或者在功能区的"幻灯片放映"选项卡中单击"隐藏幻灯片"按钮即可隐藏幻灯片。被隐藏的幻灯片编号上将显示一个带有斜线的灰色小方框，该张幻灯片在正常放映时不会被显示，只有当用户单击了指向它的超链接或动作按钮后才会显示。

二、演示文稿打印及打包

PowerPoint 2007 提供了多种保存、输出演示文稿的方法，用户可以将制作出来的演示文稿输出为多种形式，以满足在不同环境下的需要。本部分将介绍打包演示文稿，按幻灯片、讲义及备注页的形式打印输出演示文稿，以及将演示文稿保存输出为幻灯片放映、Web 格式及常用图形格式的方法。

1. 演示文稿的页面设置

在打印演示文稿前，用户可以根据自己的需要对打印页面进行设置，使打印的形式和

效果更符合实际需要。在“设计”选项卡的“页面设置”组中单击“页面设置”按钮，在打开的“页面设置”对话框，如图 4－38 所示，对幻灯片的大小、编号和方向进行设置。

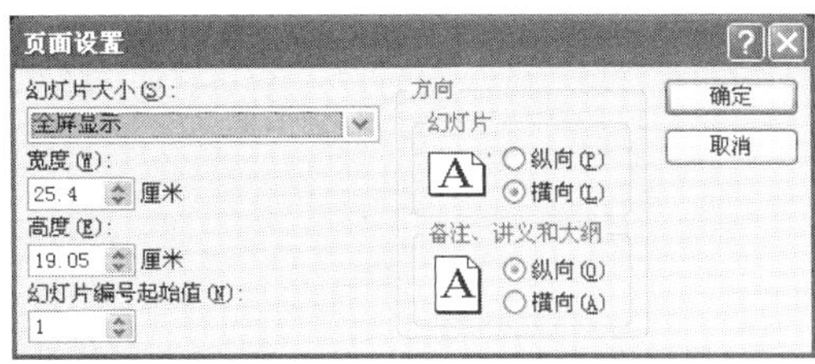

图 4－38　页面设置对话框

2. 打印演示文稿

在 PowerPoint 2007 中可以将制作好的演示文稿通过打印机打印出来。在打印时，根据不同的目的将演示文稿打印为不同的形式，常用的打印稿形式有幻灯片、讲义、备注和大纲视图。

(1)打印预览

用户在页面设置中设置好打印的参数后，在实际打印之前，可以利用“打印预览”功能先预览一下打印的效果。预览的效果与实际打印出来的效果非常相近，可以令用户避免不必要的损失。

(2)开始打印

用户对当前的打印设置及预览效果满意后，可以连接打印机开始打印演示文稿。单击 Office 按钮，在弹出的菜单中选择“打印/打印”命令，打开“打印”对话框，如图 4－39 所示。

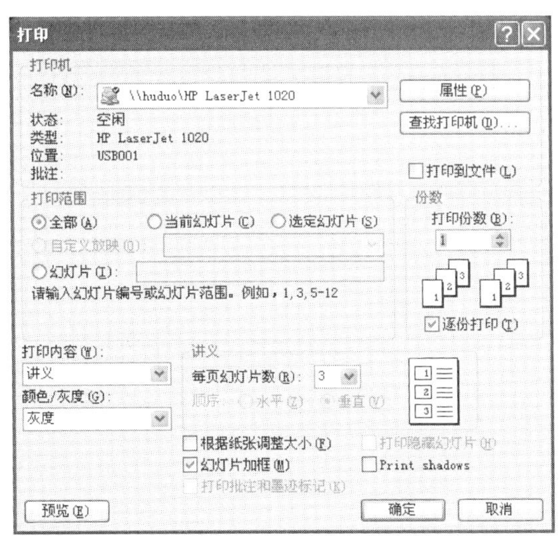

图 4－39　打印对话框

3. 打包演示文稿

PowerPoint 2007 中提供了“打包成 CD”功能，在有刻录光驱的计算机上可以方便地将制作的演示文稿及其链接的各种媒体文件一次性打包到 CD 上，轻松实现演示文稿的分发

或转移到其他计算机上进行演示。

单击“Office 按钮”，选择“发布”，在下拉菜单中选择“CD 数据包”命令，弹出“打包成 CD”对话框，如图 4－40 所示。

单击“添加文件”按钮，弹出一个“添加文件”对话框，从中可选择一个演示文稿文件，将其与当前的演示文稿文件一起打包。

单击“选项”按钮，弹出“选项”对话框，如图 4－41 所示。在该对话框中可设置打包的选项。

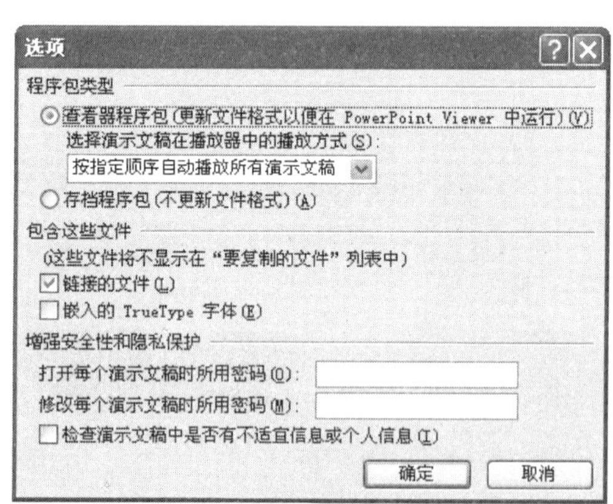

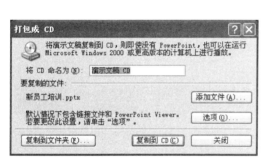

图 4－40　打包成 CD 对话框　　图 4－41　选项对话框

单击“关闭”按钮，关闭“打包成 CD”对话框，退出打包状态。

打包后的文件中，包含一个 PowerPoint 放映器文件“pptview. exe”，双击该文件，可启动放映器，在该对话框中，可选择演示文稿文件，即可放映演示文稿中的幻灯片。

打包后的文件中还包含一个“play. bat”文件，这是一个批处理文件，只有一个处理命令，即启动 PowerPoint 放映器，放映打包的幻灯片。双击该文件，即可放映打包的幻灯片。

幻灯片打包成 CD 后，光盘具有自动放映功能，把光盘插入到光驱后，即使系统中没有安装 PowerPoint 也能放映打包的幻灯片。

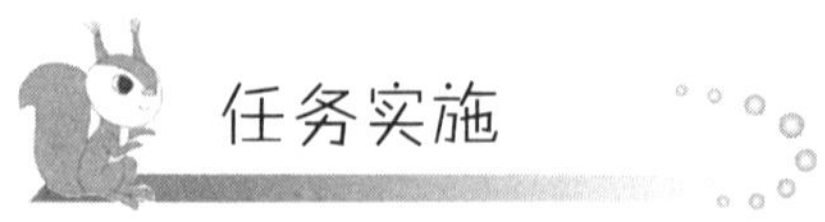

任务实施

1. 新建空白演示文稿，单击“开始”选项卡下“幻灯片”功能组中的“版式”按钮，如图 4－42所示，在下拉列表中选择“空白”。

2. 在“视图”选项卡下单击“幻灯片母版”按钮，如图 4－43 所示，进入幻灯片母版编辑状态。

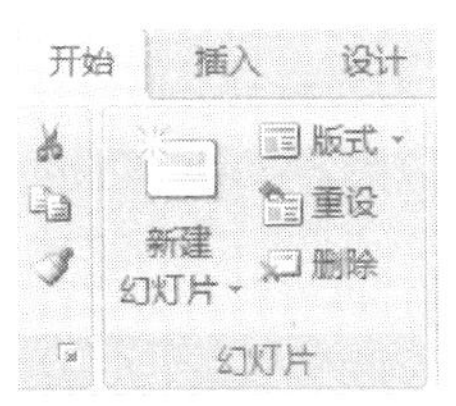

图 4－42　选择空白版式

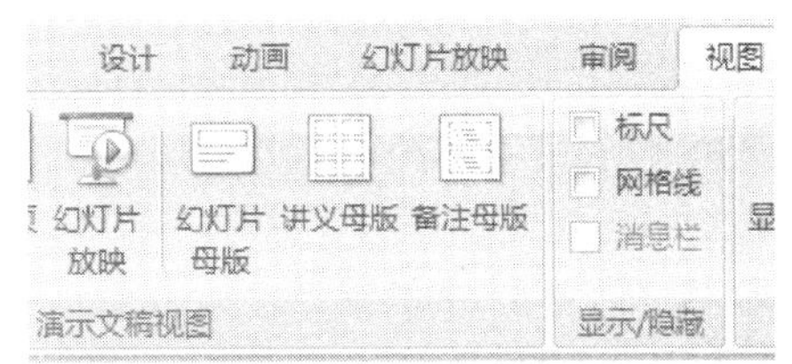

图 4－43　幻灯片母版按钮

3. 选择“空白版式”母版，右击选择“设置背景格式”命令，选择背景图片，效果如图 4－44所示，单击“关闭母版视图”退出母版编辑状态。

4. 单击“插入”选项卡下的“艺术字”按钮，选择“填充—强调文字颜色 2 粗糙棱台”，更改文字内容为“古诗《鹅》”，调整位置，更改字体为“华文隶书”，字号为“54”，效果如图 4－45所示。

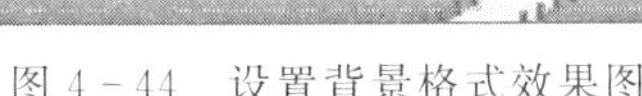

图 4－44　设置背景格式效果图

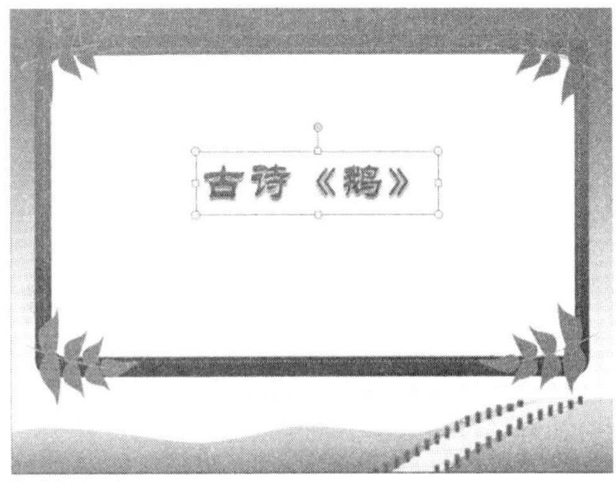

图 4－45　插入艺术字

5. 单击“插入”选项卡下“形状”下拉列表中的“星与旗帜”中的“双波形”，在幻灯片中绘制出波浪的形状；选择该波浪形状，在“形状轮廓”下拉列表中选择“无轮廓”，效果如图 4－46 所示。

6. 单击“插入”选项卡下的“图片”按钮，弹出“插入图片”对话框，选择白鹅的图片，效果如图 4－47 所示。

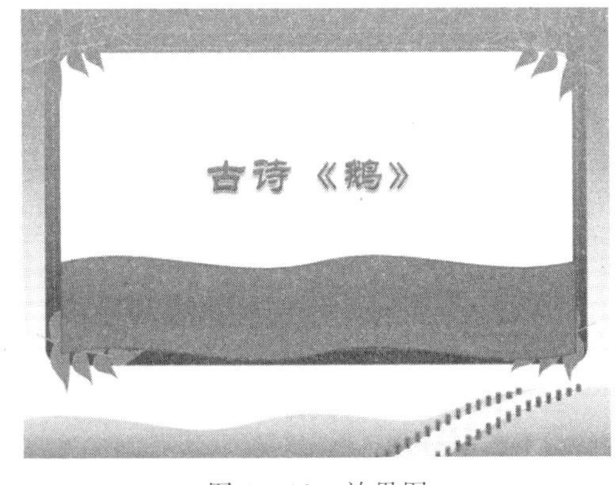

图 4－46　效果图

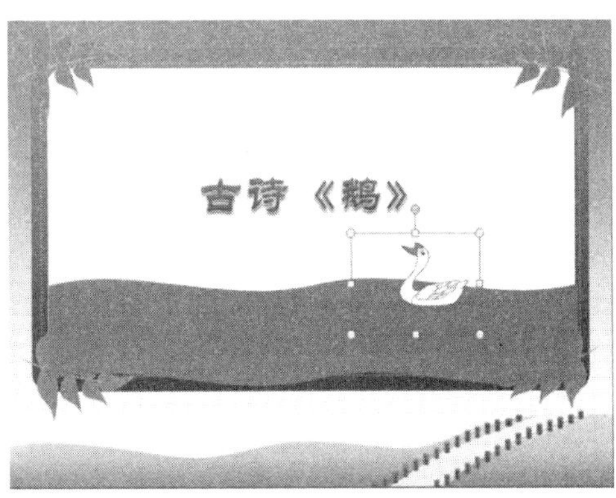

图 4－47　插入鹅图片

7. 插入文本框，输入文字“幼儿学前班语言活动”，设置字体为“华文楷体”，字号为“32”，加粗，并居中，文字颜色为绿色，效果如图 4-48 所示。

8. 添加几张新幻灯片，版式依然为“空白”；选中第 2 张幻灯片，复制第 1 张幻灯片的艺术字“古诗《鹅》”，粘贴到第 2 张幻灯片，更改文字为“听听读读”，字号为“44”，字体依然为“华文隶书”。

9. 单击“插入”选项卡下“媒体剪辑”功能级中的“影片”按钮，选择“文件中的影片”命令，选择素材文件夹中的“听读. wmv”视频文件。对话框提示如何播放视频，选择在“单击时”，调整视频在幻灯片中的位置和大小，效果如图 4-49 所示。

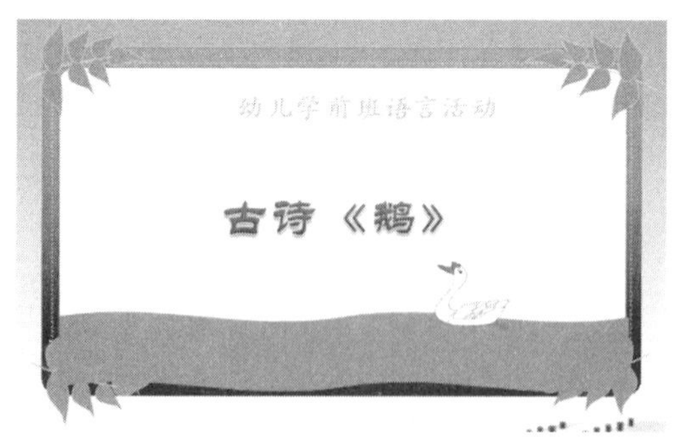

图 4-48　更改文字格式

图 4-49　效果图

10. 选中第 2 张幻灯片，复制“听听读读”文字和文本框内容，“粘贴”至第 3 张幻灯片；更改标题为“古诗背景”，属性不变；用同样的方法插入视频文件“古诗背景. wmv”效果如图 4-50 所示。

11. 选中第 4 张幻灯片，复制标题文字，内容为“听唱《咏鹅》”；插入文本框，输入古诗词内容。插入音频文件“鹅鹅鹅 . mp3”，设置声音“单击时”开始播放，效果如图 4-51 所示。

图 4-50　效果图

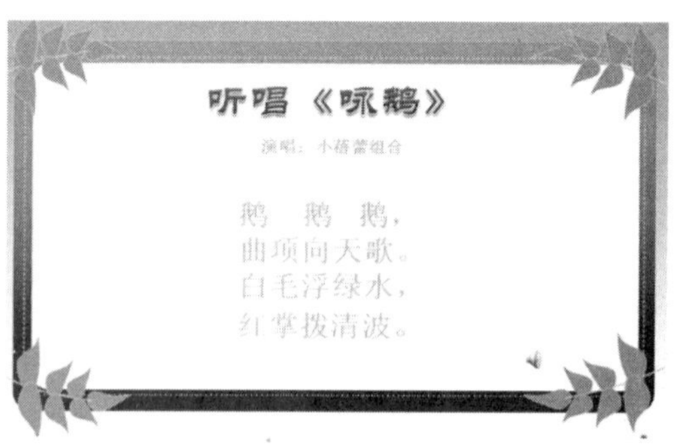

图 4-51　效果图

12. 选中第 5 张幻灯片，更改标题为“家庭作业”，插入文本框，输入家庭作业的内容，效果如图 4-52 所示。

13. 选中第 6 张幻灯片，插入艺术字，样式为“填充—白色 渐变轮廓 强调文字颜色 1”，更改字体为“方正舒体”，字号为“60”，文字内容为“谢谢大家”，效果如图 4-53 所示。

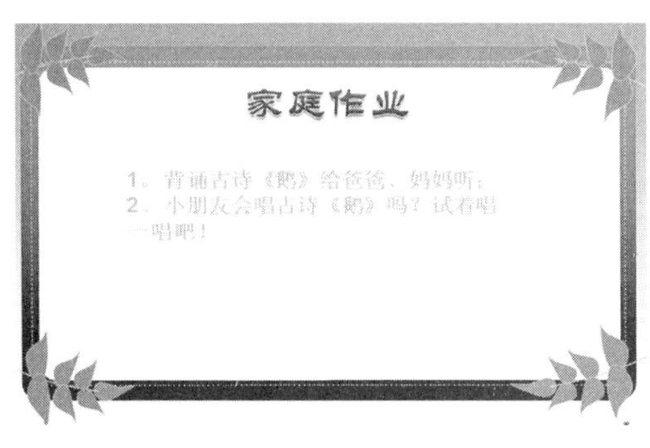

图 4-52　效果图

图 4-53　效果图

14. 选中第 2 张幻灯片，插入艺术字，艺术字样式为“填充 无轮廓 强调文字颜色 2”，文字内容为“听听读读”，形状样式为“细微效果 强调颜色 3”，效果如图 4-54 所示。

图 4-54　效果图

图 4-55　效果图

15. 复制“听听读读”艺术字 3 次，更改文字内容分别为“古诗背景”、“听唱古诗”和“家庭作业”，效果如图 4-55 所示。

16. 选中“听听读读”艺术字，右击鼠标选择“编辑超链接”命令，弹出“编辑超链接”对话框，如图 4-56 所示。在“链接到”中选择“本文档中的位置”，在“请选择文档中的位置”中选择“幻灯片标题”中的“幻灯片 2”，右侧预览所要链接到的幻灯片，单击“确定”。

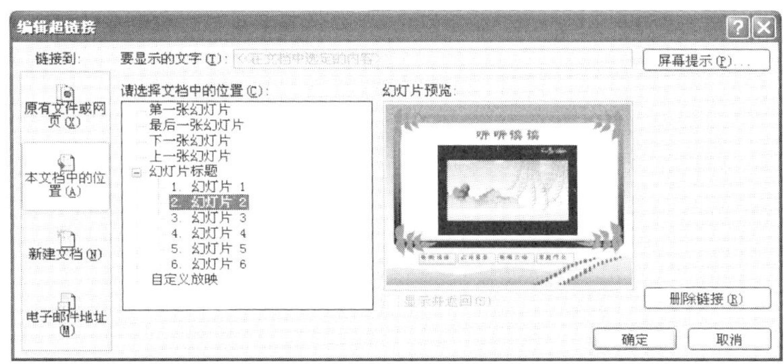

图 4-56　编辑超链接

17. 用同样的方法，将“古诗背景”链接到“幻灯片 3”，“听唱古诗”链接到“幻灯片 4”，“家庭作业”链接到“幻灯片 5”。

18. 单击选择“听听读读”，按住 Shift 键，依次单击选中“古诗背景”、“听唱古诗”和“家庭作业”，右击选择“复制”，定位到第 3、4、5 张幻灯片右击选择“粘贴”，完成链接的创建。若要修改超级链接，右击链接对象，选择“编辑超级链接”，再次打开“编辑超链接”对话框，重新设置；若要删除超级链接，可右击链接对象，选择“取消超链接”。

19. 选择最后一张幻灯片，单击“插入”选项卡下“插图”功能组中的“形状”下拉列表，出现“动作按钮”工具栏，选择“开始”动作按钮，在幻灯片中拖动，弹出“动作设置”对话框，选择“超链接到”中的“第一张幻灯片”，如图 4－57 所示。

图 4－57　动作设置

20. 选中动作按钮，更改“形状样式”为“细微效果 强调颜色 3”，效果如图 4－58 所示。

图 4－58　效果图

21. 单击“Office 按钮”选择“打印”命令中的“打印预览”命令，进入打印预览状态，工具栏如图 4－59 所示，可选择打印内容，设置张张方向，单击“打印”按钮，在打印预览状态下进行“打印”，单击“关闭打印预览”按钮，退出打印预览状态。

22. 单击“Office 按钮”，选择“发布”中的“CD 数据包”，弹出“打包成 CD”对话框，如图 4－60 所示。

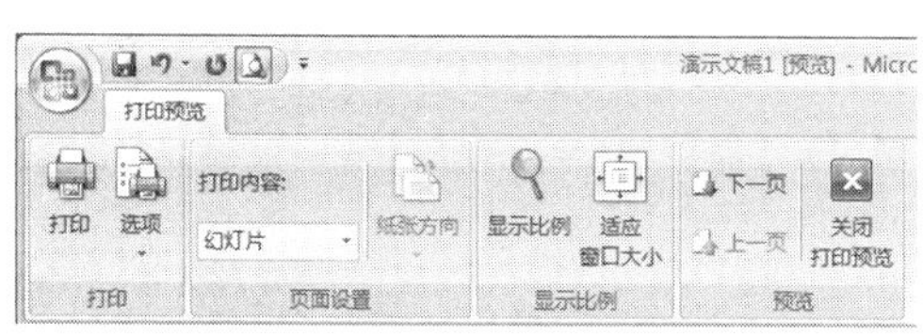

图 4－59　打印预览

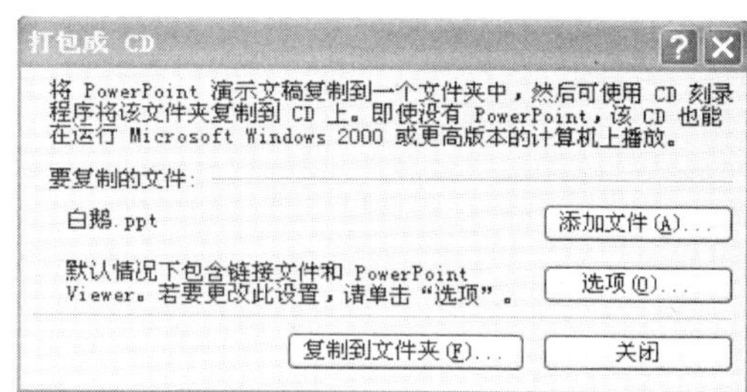

图 4－60　打包成 CD

23. 单击"复制到文件夹"，弹出"复制到文件夹"对话框，选择保存的位置，单击确定，出现"正在将文件复制到文件夹"对话框，如图 4－61 所示。复制完后自动关闭。

图 4－61　复制到文件夹

24. 浏览到所要保存的文件夹，"正在将文件复制到文件夹"，单击"关闭"按钮。

25. 打开打包的文件夹，如图 4－62 所示。

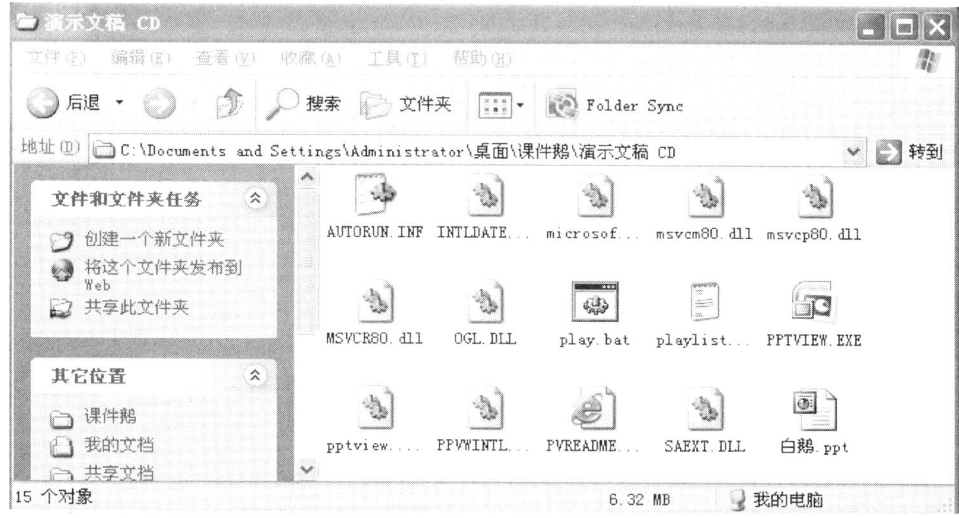

图 4－62　效果图

项目五

Flash CS4绘图功能

Flash CS4 是 Adobe 公司推出的一种优秀的矢量动画制作软件。利用 Flash 制作的课件不仅可以通过文字、图片、视频、声音等综合手段展现动画意图，还可以通过强大的交互功能实现与观看者之间的互动。

本项目包括以下四个任务。

- 任务一　认识 Flash CS4 工作环境
- 任务二　设计公路风景
- 任务三　绘制美丽湖边风景
- 任务四　设计“德州信息工程学校”文本效果

任务一　认识 Flash CS4 工作环境

这个任务是通过打开和测试动画，初步认识 Flash CS4 的工作环境和各种工作面板，掌握动画的发布技巧，效果如图 5－1 所示。

图 5－1　效果图

相关知识

一、Flash CS4 的新增功能

Flash CS4 不是对它以前版本的简单升级，而是功能的大幅度提高与增强，是开发理念的一次根本改革与转变。这次改革使其核心功能的整合得到了极大地增强，并且具有更加强大的编程功能。可以这么说，Flash CS4 的出台是 Web 开发界一个成功范例。

下面介绍一下 Flash CS4 的新增功能。

1. 基于对象的动画

使用基于对象的动画对个别动画属性实现全面控制，它将补间直接应用于对象，不是关键帧。使用贝赛尔手柄轻松更改运动路径，从而精确控制每个单独的动画属性。如图 5-2所示。

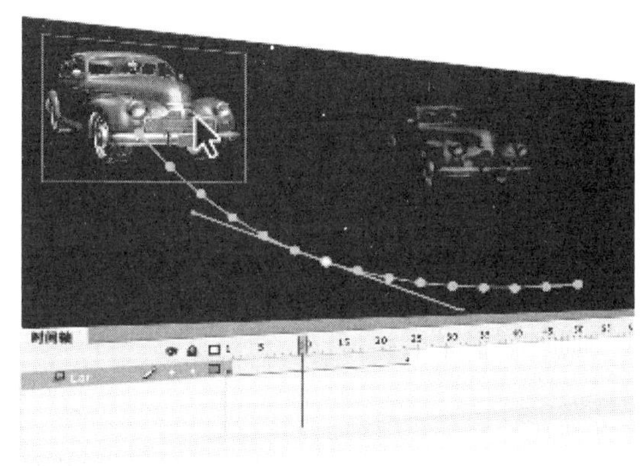

图 5-2　贝赛尔曲线

2. 3D 转换变形

借助令人兴奋的全新 3D 平移和旋转工具，通过 3D 空间为 2D 对象创作动画，用户可以沿 X、Y、Z 轴创作动画，使对象相对于对象本身和舞台旋转。将本地或全局转换应用于任何对象。Flash CS4 允许用户通过在舞台的 3D 空间中移动和旋转影片剪辑来创建 3D 效果。Flash CS4 通过在每个影片剪辑实例的属性中包括 Z 轴来表示 3D 空间。在 3D 术语中，在 3D 空间中移动一个对象称为平移，在 3D 空间中旋转一个对象称为变形。在对影片剪辑应用了其中的任一效果后，Flash 会将其视为 3D 影片剪辑。

3. 反向运动与骨骼工具

使用一系列链接对象创建类似于链的动画效果，或使用全新的骨骼工具扭曲单个对象的形状。反向运动是一种使用骨骼的有关节结构对一个对象或彼此相关的一组对象进行动画处理的方法。使用骨骼，元件实例和形状对象可以按复杂而自然的方式移动，只需做很少的设计工作。例如，通过反向运动可以轻松地创建人物动画，如胳膊、腿和面部表情动画。

4. 使用 Deco

Deco 提供了使用元件进行设计的新方法。Deco 工具和喷涂刷可实现装饰性绘画，将任何元件转变为即时设计工具。用户可以各种方式应用元件：使用 Deco 工具快速创建类似于万花筒的效果并应用填充，或使用喷涂刷在定义区域随机喷涂元件。

5. 动画编辑器面板

用户使用动画编辑器可以实现对关键帧参数的细致控制，这些参数包括旋转、大小、缩放、位置和滤镜等。如图 5－3 所示。

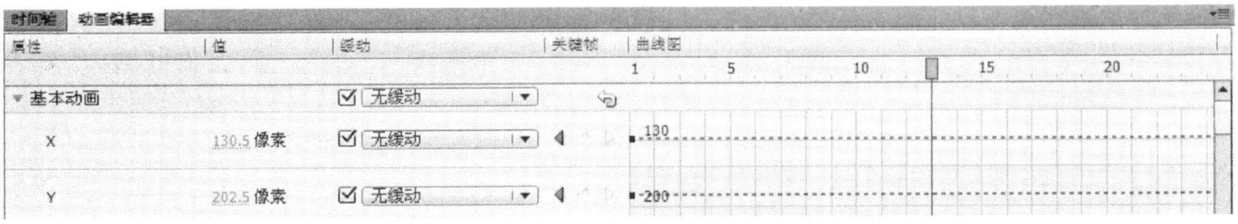

图 5－3　动画编辑器面板

二、Flash CS4 的界面

1. 欢迎界面

运行 Flash CS4，首先映入眼帘的是“欢迎屏幕”。“欢迎屏幕”将常用的任务集中在一个页面中，包括“打开最近项目”、“新建”、“从模板创建”、“扩展”以及对官方资源的快速访问，如图 5－4 所示。

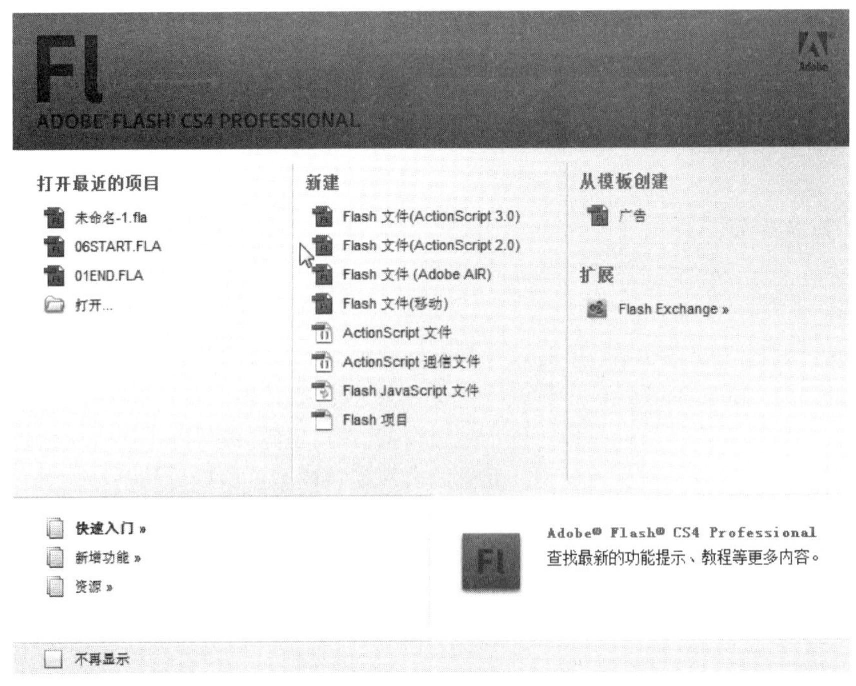

图 5－4　“欢迎屏幕”界面

2. 工作界面

在“欢迎屏幕”，选择“新建”下的“Flash 文件(ActionScript 3.0)”或“Flash 文件(ActionScript 2.0)”，这样就进入到 Flash CS4 的工作界面并新建一个 Flash 文档，如图 5－5所示。

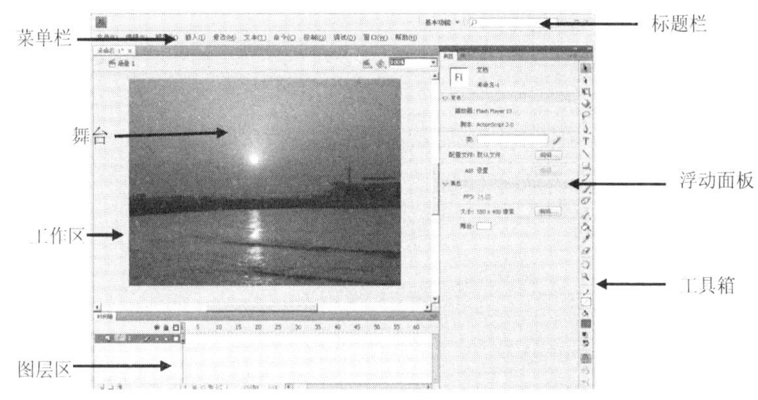

图 5－5　工作界面

进入右上方的工作区管理，用户可以将界面调整为自己习惯或喜欢的界面。预设的几种界面包括：动画、传统、调试、设计人员、开发人员、基本功能。

在视图菜单下，用户可选择标尺、辅助线、网格等选项，也可编辑辅助线、网格，调整其参数。

(3)时间轴面板

时间轴用于组织和控制一定时间内的图层和帧中的文档内容，如图 5－6 所示。与胶片一样，Flash 文档中的图层就像堆叠在一起的多张幻灯胶片一样，每个图层都包含一个或多个显示在舞台中的不同图像。时间轴的主要组件是图层、帧和播放头。

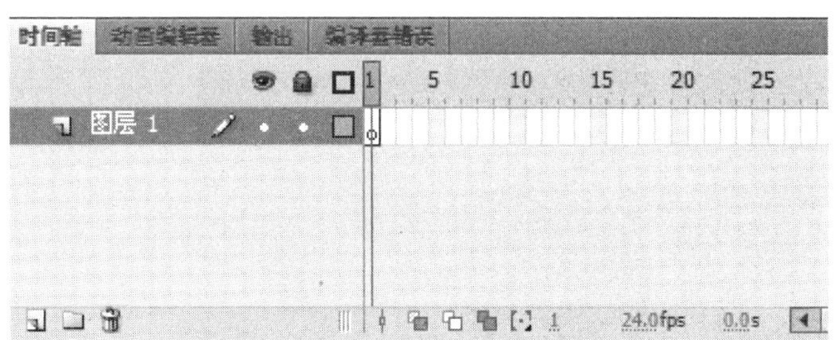

图 5－6　时间轴面板

图层区面板的底部自左至右分别是新建图层、新建文件夹和删除按钮。

文档中的图层列在时间轴左侧的列中，每个图层中包含的帧显示在该图层名左侧的一行中，时间轴顶部的时间轴标题指示帧编号，播放头指示当前在舞台中显示的帧，播放文档时，播放头通过时间轴从左向右移动。

在时间轴底部显示的时间轴状态指示所选的帧编号、当前帧速率以及到当前帧为止的运行时间。

三、认识各种面板

1. 工具面板

Flash CS4 的工具面板，增加了一些工具，使 Flash CS4 在制作中功能得到了很大的增强。用户使用工具面板中的工具可以绘图、上色、选择和修改插图。

(1)工具栏

工具箱工具栏内的工具是用来绘制图形、输入文字和编辑图形，以及用来选择对象的，包含了直线、椭圆、矩形、钢笔等简单几何体绘图工具和文字工具，以及对绘制的图形和文字进行选择和编辑的箭头工具、自由变形和填充工具等。

(2)查看栏

工具箱查看栏内的工具用来调整舞台编辑画面的观察位置和显示比例。包含了移动舞台画面的手形工具和改变舞台画面显示比例的放大镜工具。

(3)颜色栏

工具箱颜色栏的工具是用来确定绘制图形的线条和填充的颜色。

(4)选项栏

工具箱选项栏中放置了用于对当前激活的工具进行设置的一些属性和功能按钮等选项。这些选项随着用户选择的工具而变化，大多数工具都有自己相应的属性设置。在绘图、输入文字或编辑对象时，用户通常在选中绘图或编辑工具后，再对属性和功能进行设置。

2. 常用面板介绍

(1)属性检查器

属性检查器也叫属性面板，在 Flash CS4 中，它被设计到了软件的右边，如图 5－7 所示，并且一些相应的属性设置也变得更加人性化了。

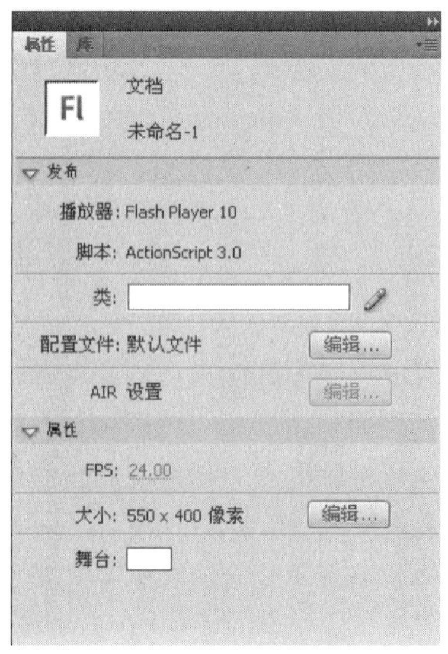

图 5－7　属性检查器

使用属性检查器可以轻松访问舞台或时间轴上当前选中内容的属性，可以在属性检查器中更改对象或文档的属性，这取决于当前选择的内容。

用户可选择“窗口”菜单中的“属性”命令，打开属性面板，也可使用快捷键 Ctrl+F3 打开。使用属性面板可以改变帧频(默认是 24fps)、文档大小和舞台背景。

(2)库面板

库面板在 Flash CS4 中得到了比较好的改进。库面板是存放和组织在 Flash 中创建的各种元件的地方，它还用于存放和组织导入的文件，包括位图、声音文件和视频剪辑。利用库面板，用户可以在文件夹中组织库项目、查看项目在文档中的使用频率以及按照名称、类型、日期、使用次数或 AS 链接标识符对项目进行排序，还可以使用搜索字段在库面板中进行搜索。

用户可选择“窗口”菜单中的“库”命令，打开库面板，也可使用快捷键 Ctrl+L 打开，如图 5－8 所示。

图 5－8　库面板

(3)动作面板

用户使用动作面板可以创建和编辑对象或帧的 ActionScript 代码，选择帧、按钮或影片剪辑实例可以激活动作面板。根据选择的内容，动作面板标题也会变为“动作－帧”、“动作－影片剪辑”、“动作－按钮”。

用户可选择“窗口”菜单中的“动作”命令，打开动作面板，也可使用快捷键 F9 打开，动作窗口如图 5－9 所示。

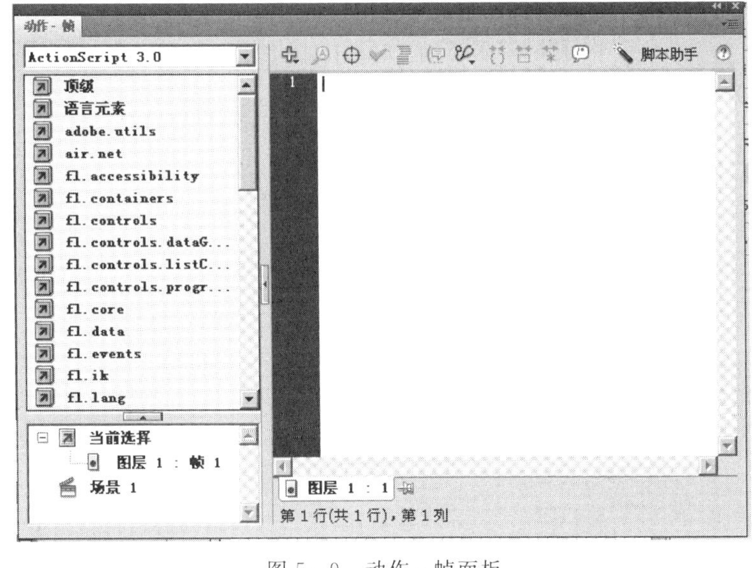

图 5－9　动作－帧面板

图 5－10　颜色面板

(4)颜色面板

用户选择“窗口”菜单中的“颜色”命令或按下“Shift+F9”可打开颜色面板，如图5-10所示。使用颜色面板用户可以创建和编辑纯色及渐变色，调制出大量的颜色以及设置笔触颜色、填充色和透明度等。

四、Flash基本操作

在Flash中用户无论是绘制矢量图形，还是制作动画，首先都必须创建文档，最后保存文档，这样才方便以后的查看与编辑。在制作过程中，利用辅助工具可以更好地完成设计。

1. 管理文件

在Flash中新建与保存文档是最基本的操作，而打开文档是再次编辑文档的基本操作。用户在制作过程中要想返回操作，可以打开“历史记录”面板进行操作。

(1)新建文档

在Flash中执行“文件”菜单中的“新建”命令后，可以创建新的Flash文件，默认情况下该文件是以ActionScript 3.0发布设置的。

当创建空白Flash文件后，文档属性是默认的。要想查看或者修改文档属性，可以执行“修改”菜单中的“文档”命令(快捷键Ctrl+J)，打开如图5-11所示对话框，进行文档的“标题”、“尺寸”、“背景颜色”等选项设置。

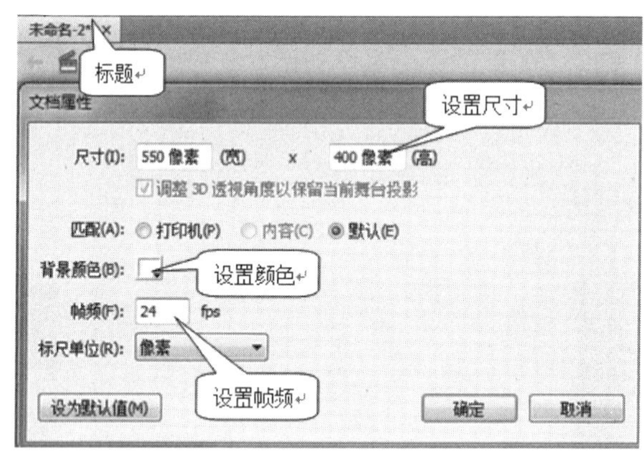

图5-11　文档属性界面

• 在“尺寸”文本框中输入数字，可以设置舞台的宽和高，也就是整个动画画面的大小。Flash中的默认度量单位是像素(px)，最大可设置为2880px×2880px，最小可设置为1px×1px.

•“匹配”选项组。选择“打印机”单选按钮，可以使舞台工作区与打印机相匹配。选择“内容”单选按钮，可以使舞台工作区与影片内容相匹配，并使舞台工作区四周具有相同的距离。

•“背景颜色”按钮。单击它，会打开颜色面板。在颜色列表中选择所需要的当前舞台的背景色。

• 在“帧频”文本框中输入数值，设定动画每秒播放的帧数，24fps 是系统的默认值。

• 点击“标尺单位”的下拉列表箭头，从弹出的下拉列表中选择当前标尺的长度单位，如英寸、厘米、毫米等。Flash 中的默认长度单位是像素。

• “设置默认值”按钮。单击它后，可使文档属性的设置状态成为默认状态。

设置完毕后点击“确定”。如果要将当前修改过的设置作为默认值，可以点击“设为默认值”按钮，这样新建文档就会自动采用默认属性。

(2)保存文档

用户创建并且编辑 Flash 文件后，要想再次使用或者编辑该文件，首先需要保存该文件。方法是执行“文件”菜单中的“保存”命令(快捷键 Ctrl＋S)，将 Flash 文件保存为 FLA 格式文件。

(3)打开文档

执行“文件”菜单中的“打开”命令(快捷键 Ctrl＋O)，可以在 Flash 中打开格式为 FLA 或者 SWF 的文件，打开前者即可开始编辑 Flash 文件。

2. 辅助工具

辅助工具能够帮助用户进行更加方便的操作，Flash 中的辅助工具包括“缩放工具”和“手形工具”。

(1)缩放工具

用户如果想要在屏幕上查看整个舞台，或要以高缩放比率查看绘图的特定区域，可以更改缩放比率级别。在使用“缩放工具”放大舞台的同时要缩小舞台，可以结合 Alt 键，当鼠标变成缩小图标后单击，即可缩小舞台。当然也可以在舞台右侧的缩放文本框中设置。

(2)手形工具

放大舞台以后，可能无法看到整个舞台。如果想要在不更改缩放比率的情况下更改视图，可以使用“手形工具”移动舞台。方法是选择工具箱中的“手形工具”后，在舞台中单击并且拖动即可移动整个舞台。

如果要临时在其他工具和“手形工具”之间切换，可以按住空格键，然后在舞台中单击并且拖动即可移动整个舞台。

双击“手形工具”，可以让舞台在当前界面中以最佳比例显示。

3. 颜色工具

在 Flash 中，无论是绘制图形之前，还是在编辑过程中，均可以随时设置颜色。图形颜色包括两种形式：笔触颜色，填充颜色。

4. 标尺、辅助线和网格

当显示标尺时，标尺显示在文档的左侧和上侧，默认单位为像素。用户可根据需要更改度量单位。

(1)标尺的使用方法

• 显示标尺。选择“视图/标尺”命令，标尺效果如图 5-12 所示。

• 指定文档标尺度量单位。选择“修改/文档”命令，将弹出文档属性对话框，然后在对话框的标尺单位下拉列表中选择一个单位，如图 5-13 所示。

图 5－12　显示标尺

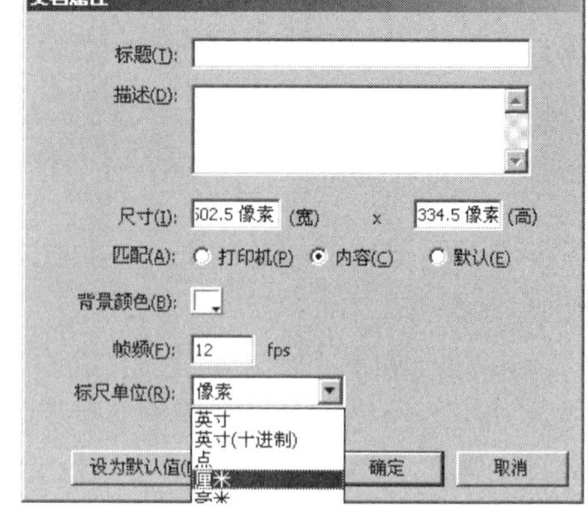

图 5－13　改变标尺单位

（2）辅助线

在显示标尺的情况下，可以使用“选择工具”将水平和垂直辅助线从标尺拖动到舞台上，如图 5－14 所示。根据需要可以对辅助线进行移动、锁定、隐藏和删除操作。

1）显示辅助线。选择“视图/辅助线/显示辅助线”命令，再单击该菜单命令，可清除辅助线。使用“选择工具”拖动辅助线，可以调整辅助线的位置。

2）锁定辅助线。单击“选中视图/辅助线/锁定辅助线”命令，可锁定辅助线。

3）编辑辅助线。选择“视图/辅助线/编辑辅助线”命令，将弹出辅助线对话框，如图 5－15所示，在此对话框中可以对辅助线的相关参数进行设置。

图 5－14　添加辅助线

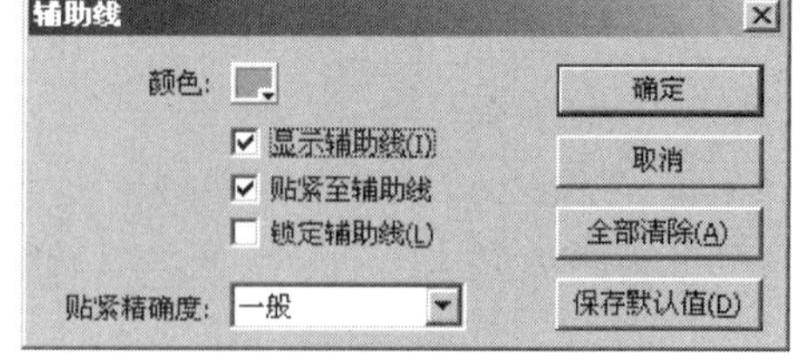

图 5－15　辅助线对话框

辅助线只是便于编辑时对齐对象，在动画实际播放时并不显示。

（3）网格

当在文档中显示网格时，所有场景的插图背后都将显示网格线，用户可以将对象与网格对齐，也可以修改网格大小和网格线的颜色。

1）显示网格。选择“视图/网格/显示网格”命令，效果如图 5－16 所示。

2）设置网格的颜色、大小等属性。选择“视图/网格/编辑网格”命令，将弹出如

图 5－17所示的对话框，在此对话框中可对网格的相关参数进行设置。

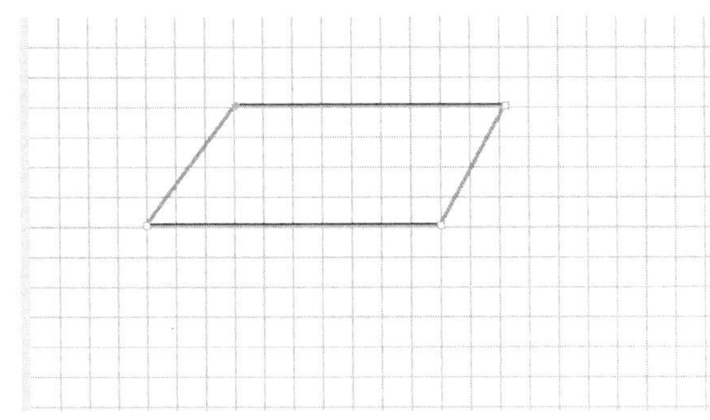

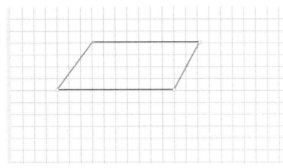

图 5－16　显示网格

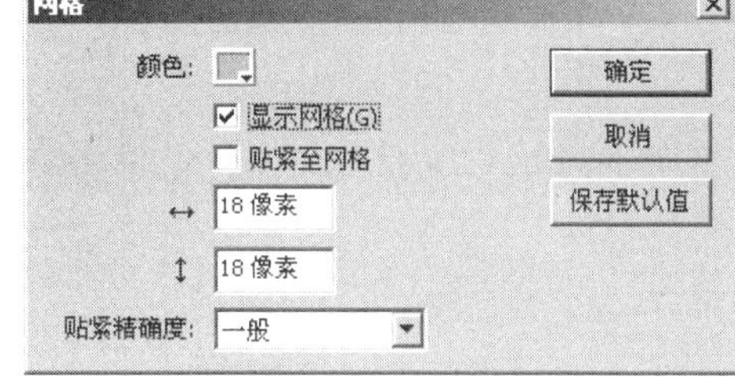

图 5－17　网格对话框

5. **设置场景**

在 Flash 中构成动画的所有元素都被包含在场景中，所以场景在动画制作中是不可缺少的一部分。当一段动画包含多个场景时，播放器会在播放完第一个场景后自动播放下一个场景。

默认情况下，Flash 中只有一个场景。通过执行“窗口”菜单中的“其他面板”中的“场景”命令(快捷键 Shift＋F2)，可以查看场景个数。如果创建第二个场景，只要单击“场景”面板底部的“添加场景”按钮即可直接进入场景 2，如图 5－18 所示。

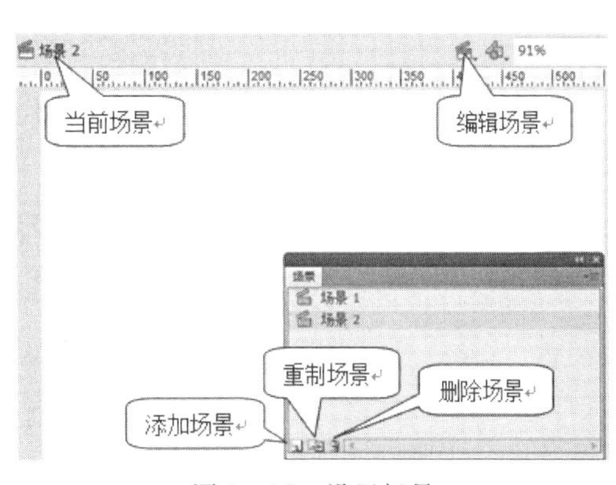

图 5－18　设置场景

当 Flash 中存在两个或者两个以上的场景时，用户就可以在不同的场景中创建或者编辑图像或者动画。从一个场景切换到另外一个场景的方法非常简单，只要单击“场景”面板中的场景名称，或者单击“编辑场景”按钮，选择场景选项即可。

五、导入位图

位图是 Flash 动画创作的重要素材之一，若要使用位图，需要将位图文件导入到 Flash 中来。

导入位图有以下几种方法。

1. **通过库面板导入**

选择“文件/导入/导入到库”命令，将图像导入到库面板中，如图 5－19 所示。如果库面板未显示，可选择“窗口/库”命令，显示库面板。在库面板中用鼠标将图像拖动到舞台窗口中，完成导入操作。

2. **直接导入至舞台**

选择“文件/导入/导入到舞台”命令，在弹出的导入对话框中查找磁盘中的文件夹，选择所需的图像文件，单击打开，即可将该图像导入到舞台窗口中。导入至舞台中的位图自动存储到库中，如图 5－20 所示。

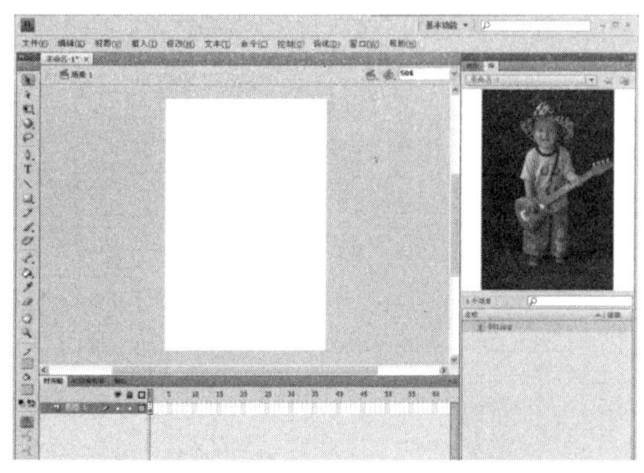
图 5－19　导入到库面板

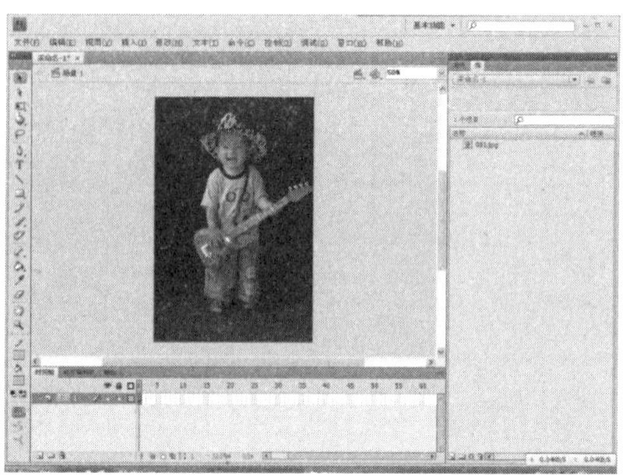
图 5－20　导入到舞台

3. 粘贴图形、图像和文字

首先，在其他应用软件中，使用“复制”或“剪切”命令，将图形、图像和文字等复制到剪贴板中；然后，在 Flash 中单击“编辑/粘贴到中心位置”命令，将剪贴板中的内容粘贴到“库”面板与舞台工作区的中心。如果将 Flash 中的对象复制到剪贴板内，则单击“编辑/粘贴到当前位置”命令，可以将剪贴板中的内容粘贴到舞台工作区中该图像的当前位置。

4. 导入序列文件

在导入到舞台的操作完成后，如果所选图像的文件名是以数字结尾的序列名(例如 pic01. jpg、pic02. jpg、pic03. jpg……)，会弹出一个是否导入序列文件的提示对话框。单击“否”按钮，则只将选定的文件导入；单击“是”按钮，可将一系列文件全部导入。

六、动画测试与发布

1. 测试 Flash 动画

在 Flash 中，通过测试影片，可以将影片完整地播放一次，通过直观地观看影片的效果来检测动画是否达到了设计的要求。

测试方法有以下几种。

(1)使用“控制器”面板播放

选择“窗口/工具栏/控制器”菜单命令，打开控制器面板，如图 5－21 所示。单击“播放”按钮，可在舞台工作区内播放动画；单击“停止”按钮，可使正在播放的动画停止播放；单击“转到第一帧”按钮，可使播放头回到第 1 帧；单击“转到最后一帧”按钮，可使播放头回到最后一帧；单击“后退一帧”按钮，可使播放头后退一帧；单击“前进一帧”，可使播放头前进一帧。

图 5－21　播放控制器

一般简单的动画，如补间动画、逐帧动画等，都可以利用这种方式测试。但是播放控制器的功能太弱了，如果作品中含有“影片剪辑”类型的文件、多个场景或具有动作脚本

时，直接使用编辑界面内的播放控制按钮就不能完全正常地显示动画效果，这时就需要利用“测试影片”命令对动画进行专门的测试。

(2)选择“控制/播放菜单”命令或按 Enter 键，可在舞台窗口内播放动画。

选择“控制/停止”命令或按 Enter 键，可使舞台窗口内播放的动画停止播放，再选择“控制/播放”命令或按 Enter 键，又可从暂停处继续播放。

注意，采用这种播放方式不能够播放影片剪辑实例。

(3)选择“控制/测试影片”命令或按 Ctrl+Enter 键，可在播放窗口内播放动画。

单击播放窗口右上角的关闭按钮，即可关闭播放窗口。这种方法可循环播放各动画。

2. 导出 Flash 作品

选择“文件/导出/导出影片”命令，打开导出影片对话框。在对话框中的“保存类型”下拉列表中选择文件的类型，并在“文件名”文本框中输入文件名后，单击“保存按钮”即可导出影片。

下面对“保存类型”下拉列表框中的常用文件类型做简要介绍。

(1)“SWF 影片(*.swf)”：默认作品的导出格式，这种格式不但可以播放出所有在编辑时设计的动画效果和交互功能，而且文件容量小，可以设置保护。该类型的文件必须在安装了 Flash 播放器后才能播放。

(2)“JPEG 序列(*.jpg)”：静态文件类型，导出一个 JPEG 格式的位图文件序列，动画中的每一帧都会转变为一个单独的 JPEG 文件。JPEG 更适合显示包含连续色调或动作的图像。

(3)“WAV 音频(*.wav)”：声音文件类型，可将当前影片中的声音文件导出生成一个独立的 WAV 文件。

(4)“Windows AVI(*.avi)”：视频文件类型，可将影片导出为 Windows 视频，但是会丢失所有的交互性。Windows AVI 是标准的 Windows 影片格式，它是在视频编辑应用程序中打开 Flash 动画的非常好的格式。由于 AVI 是基于位图的格式，因此影片的数据量会非常大。

3. 发布 Flash 作品

发布是 Flash 影片的一个独特功能。为了 Flash 作品的推广和传播，需要将制作的 Flash 动画文件进行发布，可发布为影片及网页格式。

(1)设置发布格式

Flash 的发布设置菜单命令可以对动画发布格式等进行设置，还能将动画发布为其他的图形文件和视频文件。

(2)预览发布效果

用户对动画的发布格式进行设置后，可以对动画格式进行预览。具体操作步骤如下：

选择“文件/发布预览”命令，弹出子菜单。在该子菜单中选择一种要预览的文件格式，即可在动画预览界面中看到该动画发布后的效果。

利用当前发布设置，Flash 将在同一个位置上创建指定类型的文件，并且该文件将保留在原来的位置上。

(3)发布 Flash 作品

在 Flash CS4 中，发布动画的方法有以下三种。

• 按 Shift+F12 组合键。
• 选择"文件/发布"命令。
• 执行"发布设置"命令，在发布设置完毕后，单击"发布"按钮即可完成动画的发布。

任务实施

1. 启动 Adobe Flash CS4，弹出欢迎界面，如图 5-22 所示。

2. 单击新建区域中的 Flash 文件(ActionScript 3.0)按钮，出现 Adobe Flash CS4 的工作窗口，如图 5-23 所示。

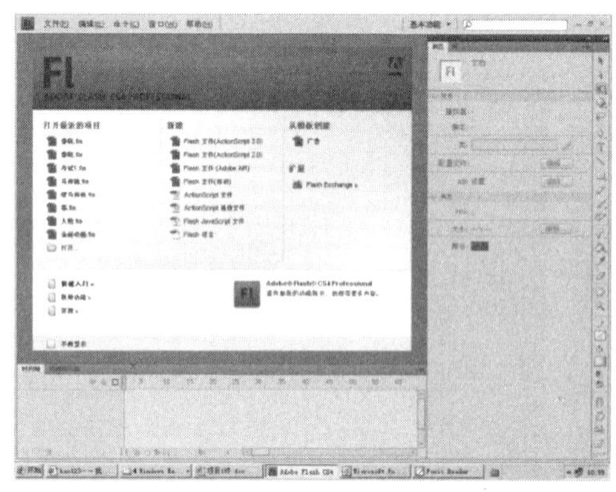

图 5-22　欢迎界面

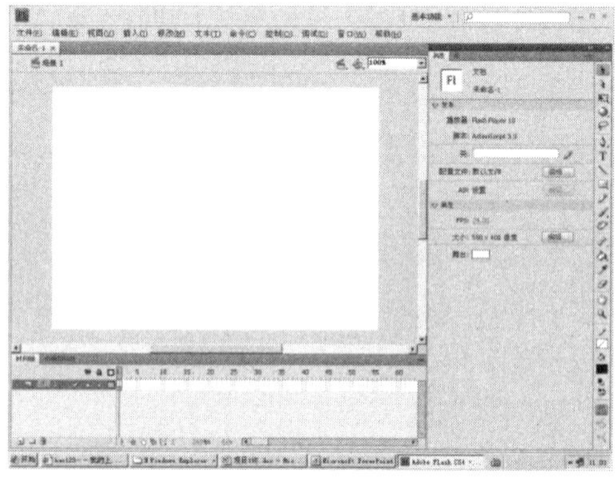

图 5-23　Adobe Flash CS4 工作窗口

3. 当前显示的是"基本功能"工作区布局，单击"基本功能"按钮，在弹出的下拉列表中选择"传统"工作区布局，如图 5-24 所示。这种布局类似于 Flash CS3 的工作布局：时间轴在窗口的上方，工具箱在窗口的左侧。

4. 选择"窗口/工作区"，选择"基本功能"又恢复到原始工作窗口。

5. 选择"文件/打开"命令，弹出"打开"对话框，选择"春晓"文件，单击打开按钮，如图 5-25 所示。

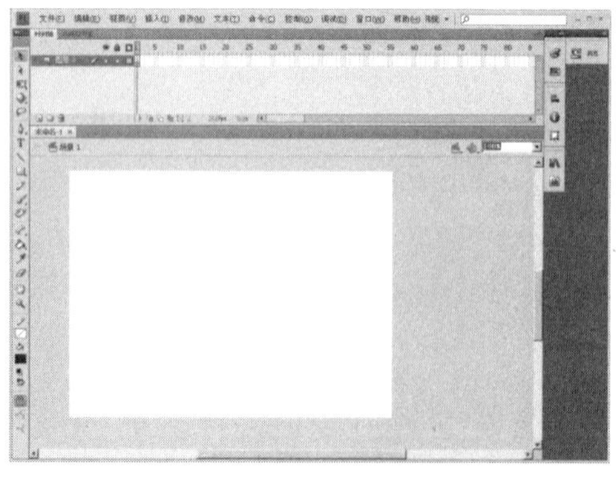

图 5-24　传统布局

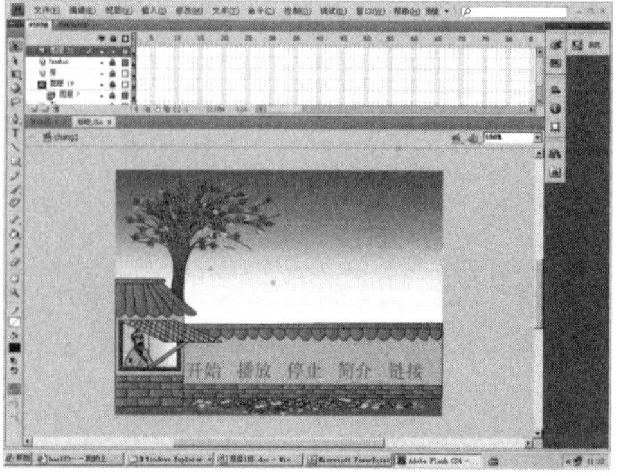

图 5-25　打开文件

6. 选择'文件/另存为"，弹出"另存为"对话框，输入文件名"春晓副本"，保存类型

“Flash CS3 文档(*.fla)”，如图 5-26 所示。这个副本文件可以用低版本的 Flash CS3 打开编辑。

7. 选择“文件/打开”，打开“春晓.swf”，启动 Flash Player 播放器，播放动画，效果如图 5-27 所示。

图 5-26　另存为对话框

图 5-27　播放动画

任务拓展

一、从 Flash 文件中导出图像

1. 选择“文件/打开”命令，打开“春”素材文件。
2. 选取某帧或场景中要导出的图形，本例选择第 1 帧的图像。
3. 选择“文件/导出/导出图像”命令，弹出对话框，如图 5-28 所示。

图 5-28　导出图像对话框

4. 输入文件名和保存类型，单击保存按钮，打开“导出 GIF”对话框，读者可以自行设

置导出位图的尺寸、分辨率等参数，如图 5－29 所示。

5. 在“包含”下拉列表框中选择“完整文档大小”选项，并设置其他参数，如图 5－30 所示。

6. 单击“确定”按钮，即可完成动画图像的导出。此时，在设置的保存路径文件夹中即可打开导出的“春 . gif”文档。

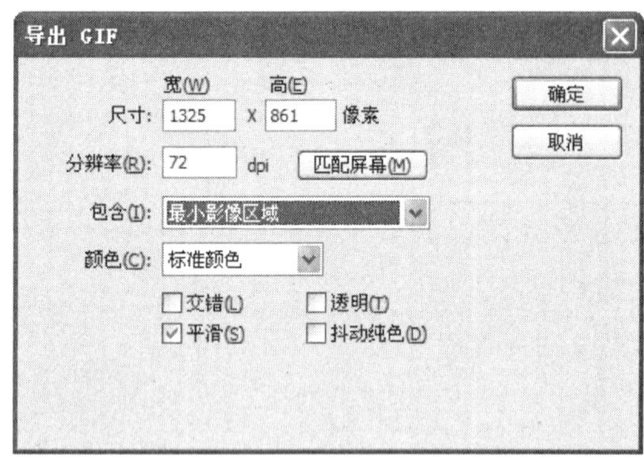

图 5－29　导出 GIF 参数设置

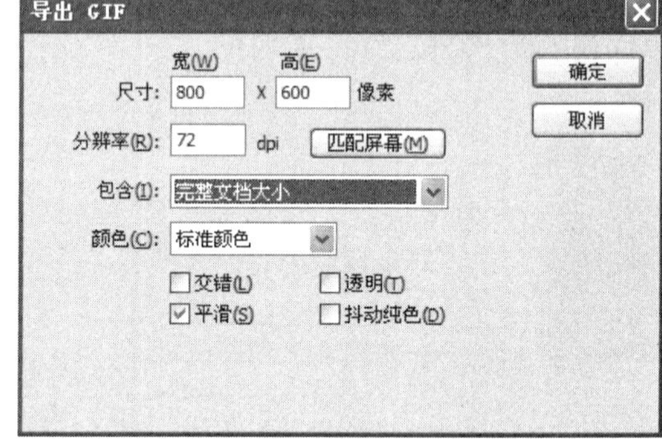

图 5－30　导出 GIF 参数更改

操作说明：将 Flash 图像保存为位图 GIF、JPEG 或 BMP 文件时，图像会丢失其矢量信息，仅以像素信息保存。用户可以在图像编辑器中编辑导出的位图，但是不能再在基于矢量的绘画程序中编辑它们了。

二、从 Flash 文件中导出影片

1. 打开“上学歌”素材文件，选择第 1 帧中的声音文件，如图 5－31 所示。

2. 选择“文件/导出/导出影片”命令，完成命令的选择，打开“导出影片”对话框，如图 5－32 所示，在该对话框中选择保存位置，输入文件名为“上学歌”，保存类型选择“WAV 音频(* . wav)”。

图 5－31　选择声音文件所在的帧

图 5－32　导出影片对话框

3. 单击“保存”按钮，打开“导出 Windows WAV”对话框，如图 5－33 所示。在“声音格式”下拉列表中选择适当的格式类型。

4. 单击“确定”按钮，完成“上学歌”声音文件的导出。

5. 完成文件的导出后，即可以在文件夹中打开 WAV 格式的文件，自动启动播放器播放声音，效果如图 5－34 所示。

图 5－33　导出音频设置

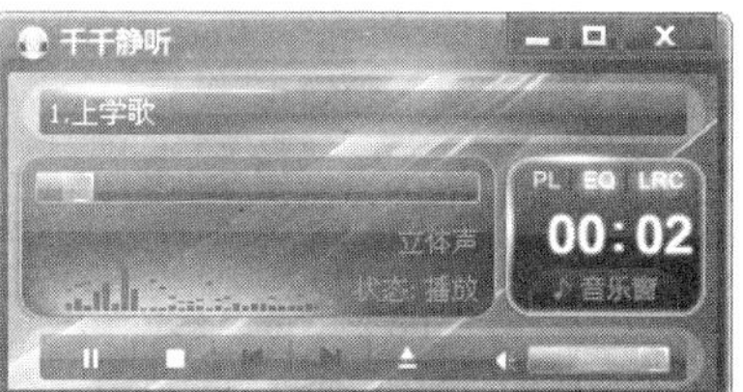

图 5－34　音频播放器

操作说明：AVI 格式是微软定义的标准 Windows 视频文件格式。这种格式是基于位图格式的，所以体积比较庞大，但分辨率很高，图像清晰。导出其他格式的操作步骤与 AVI 格式基本相同，用户可以将动画导出为其他格式。

任务二　设计公路风景

这个任务通过设计公路风景，使用户掌握 Flash CS4 基本绘图工具的使用方法，学会使用基本的颜色填充方法，效果如图 5－35 所示。

图 5－35　效果图

相关知识

一、绘图工具箱

1. 认识绘图工具箱

默认情况下，绘图工具箱位于 Flash CS4 主界面的右侧。通过工具箱中的这些工具，用户可以在 Flash 场景中轻松地绘制出各种动画对象，并且还可以对它们进行编辑和修改。工具箱共分为四个区域：A 选择工具区、B 绘图工具区、C 颜色填充工具区、D 查看工具及选项区，在每个工具区中包含多个操作工具，如图 5－36 所示。

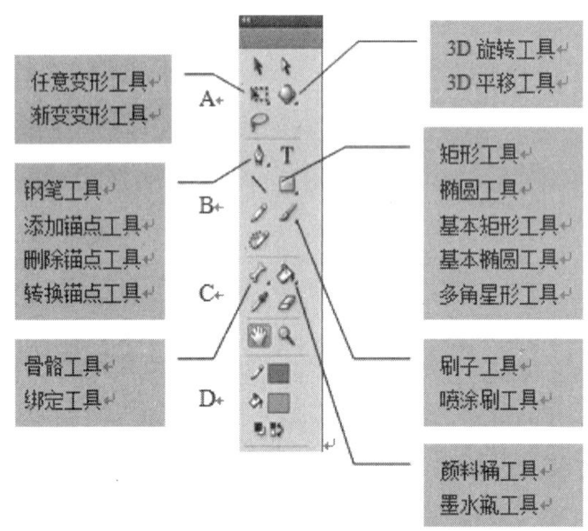

图 5－36　绘图工具箱

在 Flash CS4 中，几乎所有的绘图操作工具都包含在工具箱中。同时，新版本软件对工具箱中的工具进行了细化和增强，使用户操作起来更方便、更快捷。与 Flash CS3 相比较，Flash CS4 新增加了 3D 旋转工具、3D 平移工具、喷涂刷工具、Deco 工具、骨骼工具和绑定工具等。

2. 绘图必备知识

(1)Flash 绘图技巧

在 Flash 中，使用绘图工具绘制的图形为矢量图形，它们主要由填充颜色的色块和由多个点构成的图形轮廓或曲线两部分组成。矢量图形具有独立的分辨率，即使加倍放大图形也不会降低图形的质量。

(2)合并绘制图形

默认情况下，在 Flash 的同一图层上，重叠进行绘图、填充颜色，所绘制的图形对象将会自动合并，对某一图形进行编辑会影响到同一图层的其他图形。

(3)对象绘制图形

使用该方式绘制图形时，可以将多个图形绘制成独立的对象，这些对象在叠加时不会自动合并，这样在分离或重新排列图形时，可以使图形重叠但不改变其外观。而且，

Flash 可以对每个图形对象单独进行处理。

二、基本绘图工具

Flash 中的每幅图形都开始于一种形状。形状由两个部分组成：填充和笔触，前者是形状的里面部分，后者是形状的轮廓线。用户记住这两个组成部分，就可以比较顺利地创建美观、复杂的画面了。

填充和笔触是彼此独立的，因此可以轻松地修改或删除其中一个部分，而不会影响另一个部分。例如，可以利用蓝色填充和红色笔触创建一个矩形，然后再把填充更改为紫色，并完全删除红色笔触，最终得到的是一个没有轮廓线的紫色矩形。

1. 线条工具

“线条工具”用来绘制直线，用户可以通过“属性”面板设置线条(笔触)颜色、粗细、样式等，如图 5－37 所示，从而绘制出具有不同风格的直线，如图 5－38 所示。

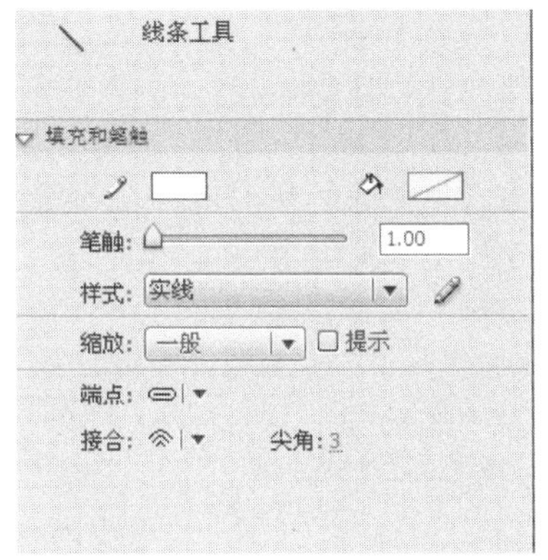

图 5－37　线条工具属性面板

图 5－38　绘制的线条

当使用线条工具在舞台上拖动鼠标绘制直线时，如果按下 Shift 键，可以使直线沿水平、垂直或 45°角方向绘制直线。

2. 铅笔工具

“铅笔工具”用于绘制简单的矢量图形、运动路径等，其使用方法与“线条工具”相似。

3. 椭圆工具和基本椭圆工具

(1)椭圆工具和基本椭圆工具

这两个工具均用于绘制椭圆或者正圆，它们之间的不同之处在于：“基本椭圆工具”将其绘制的图形作为独立的对象，并可以使用“属性”检查器中的控件指定椭圆的起始角度、结束角度和内径，使用起来更加方便。

(2)椭圆工具对应属性面板的参数含义

选择绘制的椭圆，打开属性面板如图 5－39 所示。在“属性”面板中可以对椭圆的大小，在舞台中的位置，边框线的颜色，线型样式、粗细及填充色等进行具体设置。在舞台中移动椭圆时，属性面板的 X、Y 值会自动改变。同样，在属性面板中对椭圆进行设置后，舞台中的图形也将出现相应的变化。

开始角度设置为 90，这时绘制的图形如图 5－40－①所示；结束角度设置为 90，绘制的图形如图 5－40－②所示；内径设置为 50，绘制的图形如图 5－40－③所示。

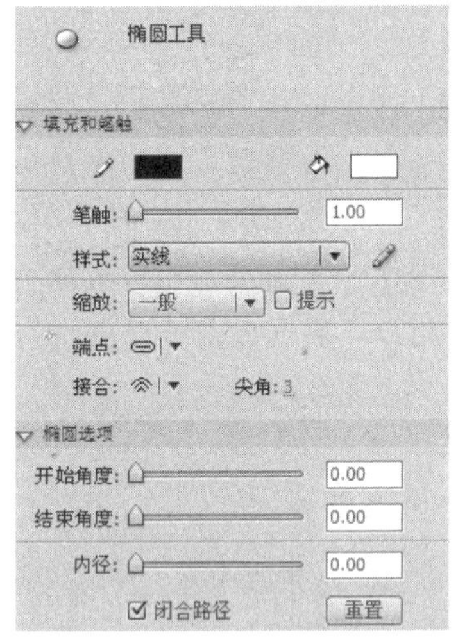

图 5－39　椭圆工具属性面板

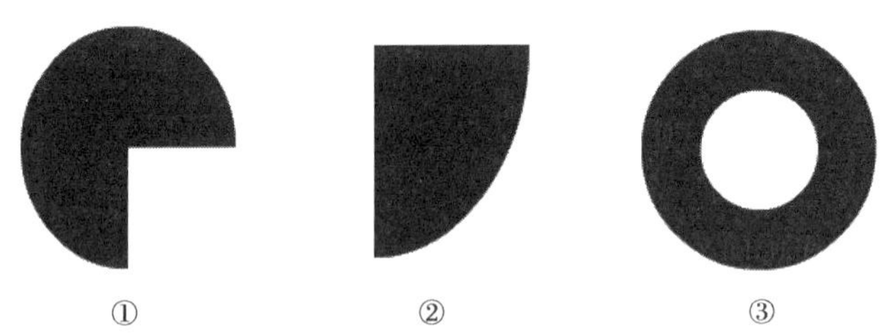

图 5－40　使用椭圆工具绘制的图形

操作技巧：在舞台上绘制椭圆，同时按住 Shift 键并拖动鼠标将绘制出正圆形；同时按住 Alt 键并拖动鼠标将绘制出以鼠标光标落点为中心的圆。

4. 矩形工具和基本矩形工具

矩形工具和基本矩形工具用于绘制矩形，它们之间的不同类似于椭圆工具和基本椭圆工具，其属性面板如图 5－41 所示。

矩形边角半径的值是 20.00 时绘制的矩形如图 5－42－①所示；矩形边角半径的值是－20.00 时绘制的矩形如图 5－42－②所示。

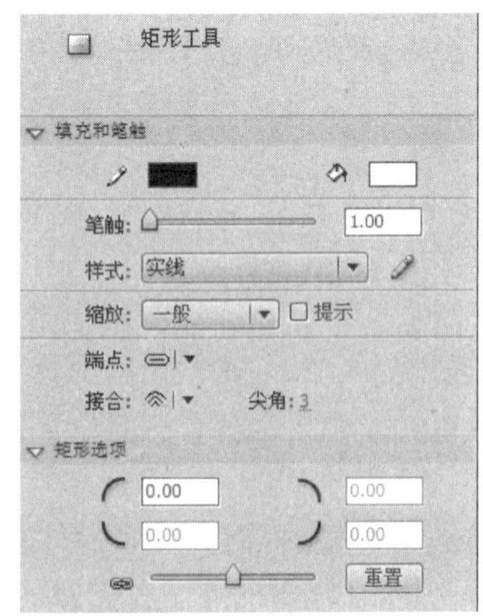

图 5－41　矩形工具属性面板

图 5－42　更改边角半径绘制的图形

5. 多角星形工具

“多角星形工具”用于绘制多边形及星形，该工具使用方法非常简单。单击工具箱中的“多角星形工具”按钮，然后移动鼠标到舞台中单击并拖动，即可绘制出一个多边形。

默认情况下，使用该工具绘制的图形为五边形，用户如果想要绘制其他边数的图形或星形，需要在“工具设置”对话框中定义。方法是单击“属性”检查器中的“选项”按钮，在弹出的工具设置对话框中设置“样式”、“边数”和“星形顶点大小”即可。例如设置“边数”为 3，可以绘制三角形；选择“星形”样式，可以绘制星形对象。

操作技巧：星级顶点大小用于指定星形顶点的深度，数字越接近于 0，创建的顶点就越深(像针一样)。如果是绘制多边形，应保持此设置不变(它不会影响多边形的形状)。

6. 刷子工具

“刷子工具”用于绘制矢量色块或者创建一些特殊效果。在 Flash 中，使用该工具创建的图形实际上是一个填充图形。如果想要调整刷子绘制的线条粗细、形状，则可以在选项区域中的“刷子大小”和“刷子形状”中选择合适的参数。

7. 喷涂刷工具

“喷涂刷工具”是一种修饰性绘图工具，其作用类似于粒子喷射器，可以一次将形状图案“刷”到舞台上。默认情况下，喷涂刷使用当前选定的填充颜色喷射粒子点。

8. Deco 工具

“Deco 工具”也是一种修饰性绘图工具，可以将创建的图形转变为复杂的几何图案，以创建万花筒效果。

三、选取颜色

用户在 Flash 中绘制图形首先必须设置颜色，可以在“调色板”窗口、“颜色”面板和“样本”面板中选择、创建、修改和应用颜色。在通常情况下，“调色板”窗口和“颜色”面板用于选择笔触颜色和填充颜色，以便应用于待创建对象或舞台中现有的对象；而“样本”面板多用于颜色的管理。

1. 调色板

每个 Flash 文件都包含自己的调色板，调色板存储在 Flash 文档中，但不影响文件的大小。Flash 将文件的调色板显示为“填充颜色”控件和“笔触颜色”控件。默认的调色板是 216 色的 Web 安全调色板。要向当前调色板添加颜色，可以使用“颜色”面板。

要通过“调色板”选择颜色，首先单击工具箱中的“填充颜色”控件或“笔触颜色”控件，然后在弹出的颜色选择器中选择颜色，如图 5-43 所示。

在“调色板”中单击右上角的“颜色选择”按钮，打开“颜色”对话框。在该对话框的“基本颜色”选项或“自定义颜色”选项组中可以选取系统自带或自定义的颜色。

2. “颜色”面板

在 Flash CS4 中，通过“颜色”面板可以精确设置颜色，也可以通过该面板改变绘图工具的笔触颜色或填充颜色。在设置填充颜色时，可以设置线性和放射性渐变填充来创建多色渐变。通常，选择“窗口/颜色”选项，打开“颜色”面板。如图 5-44 所示。

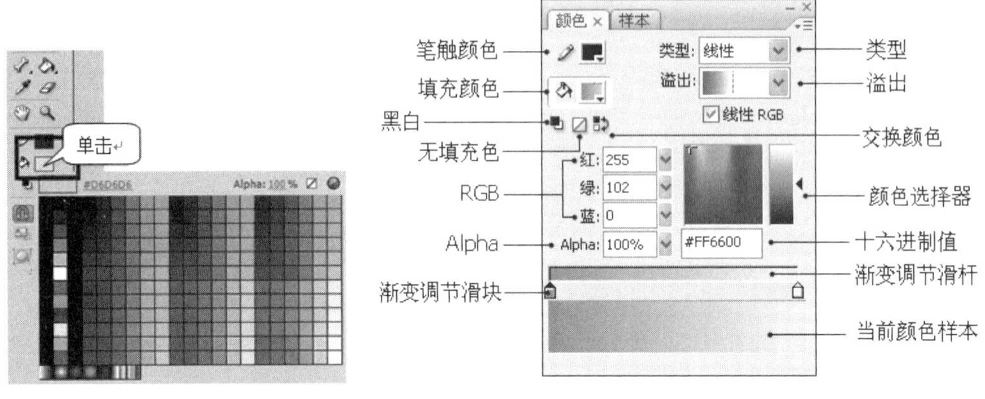

图 5-43　调色板　　　　图 5-44　颜色面板

3.“样本”面板

“样本”面板与调色板中显示的颜色一样，主要用于管理和控制“颜色”面板和“调色板”中的色块。通过该面板快捷菜单中的命令，可以复制、删除调色板中的颜色，以及导入和导出调色板等。

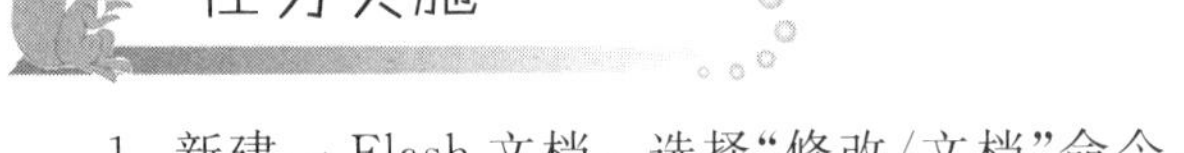

任务实施

1. 新建一 Flash 文档，选择“修改/文档”命令，打开文档属性对话框，设置背景颜色为淡蓝色。

2. 选择“视图/标尺”命令，打开标尺，使用移动工具拖动出如图 5-45 所示的参考线。

3. 在工具箱中选择“矩形工具”，设置笔触颜色为黑色，填充色为淡绿色，矩形选项设定圆角半径为 5，属性面板设置如图 5-46 所示。

图 5-45　拖出参考线

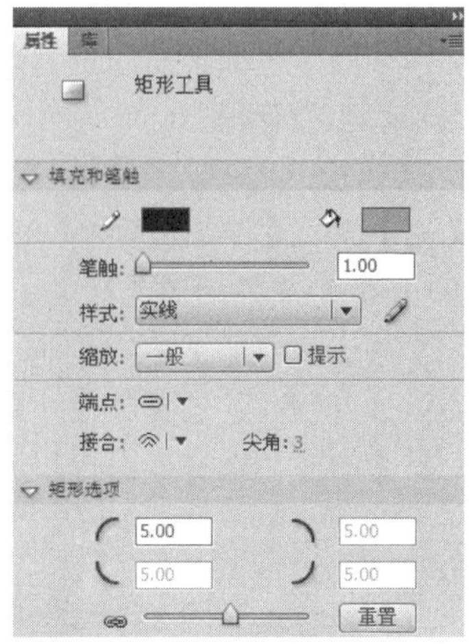

图 5-46　设置矩形属性

4. 将鼠标移到舞台上，绘制一圆角矩形作为大楼的轮廓，绘制效果如图 5－47 所示。

5. 同样选择矩形工具，更改填充颜色为白色。在大楼轮廓的旁边绘制一个小矩形，作为大楼的窗户。将鼠标移至小矩形中间处，双击鼠标，将整个矩形选中，效果如图 5－48所示。

6. 将小矩形移至楼的合适位置。然后按住 ALT 键拖动鼠标，复制出其他几个窗户，使用“选择工具”，拖动出一个矩形框将绘制的整个楼房选中，按下 Ctrl＋G，将图形组合。效果如图 5－49 所示。

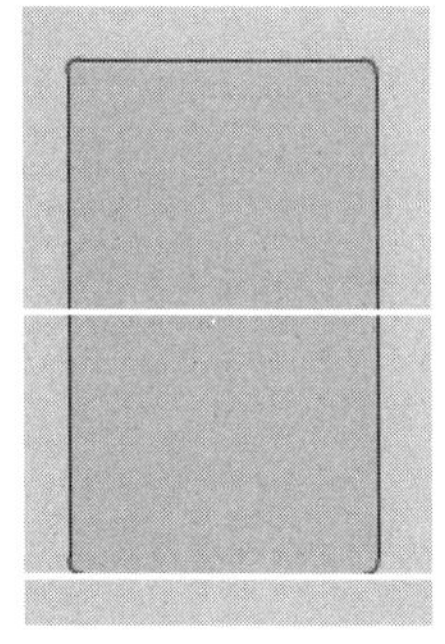

图 5－47　圆角矩形

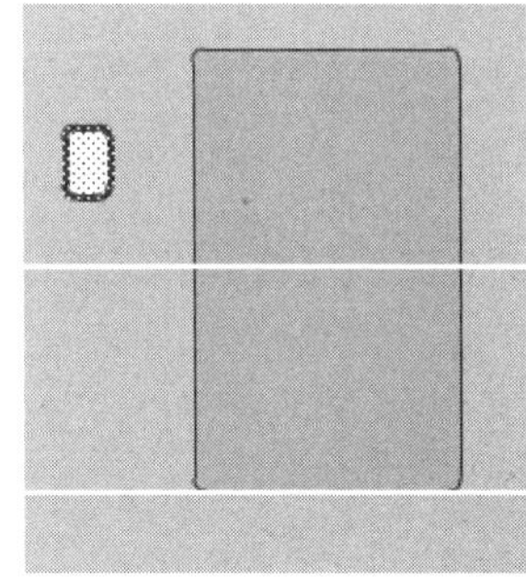

图 5－48　绘制窗户

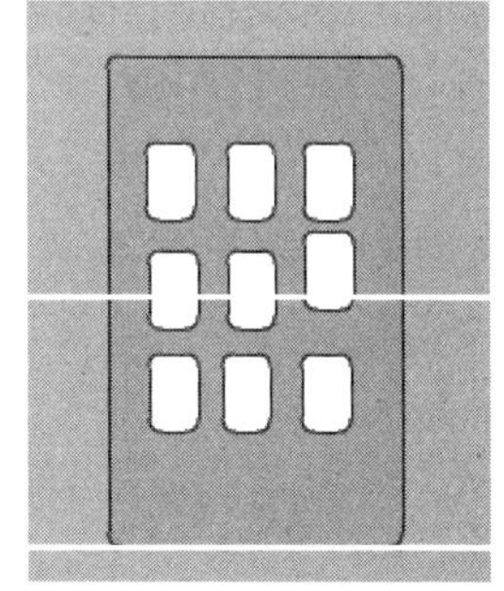

图 5－49　复制多个窗户

7. 选择工具箱中的“线条工具”，绘制如图 5－50 所示的闭合线条区域。

8. 选择“移动工具”将鼠标移至线条的边缘，更改线条的变曲程度，如图 5－51 所示。

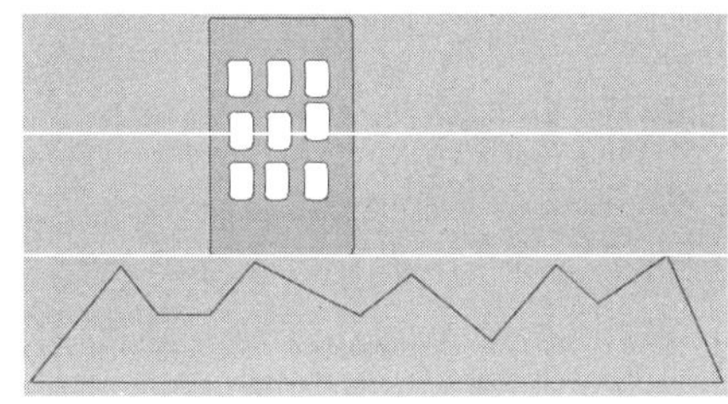

图 5－50　绘制闭合线条

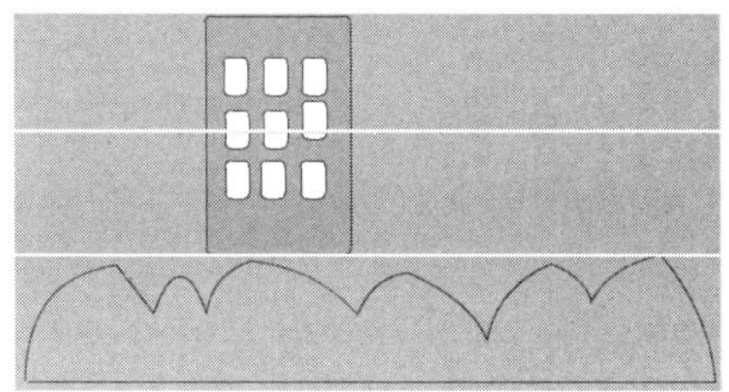

图 5－51　更改形状

9. 使用“选择工具”，按住 Ctrl 键，拖动线条边缘，可拖动出尖角，经过调整曲线并填充深绿色，效果如图 5－52 所示。

10. 选择“矩形工具”设置填充颜色为“无”，笔触颜色为黑色，绘制如图所示的马路，并填充上合适的颜色，效果如图 5－53 所示。

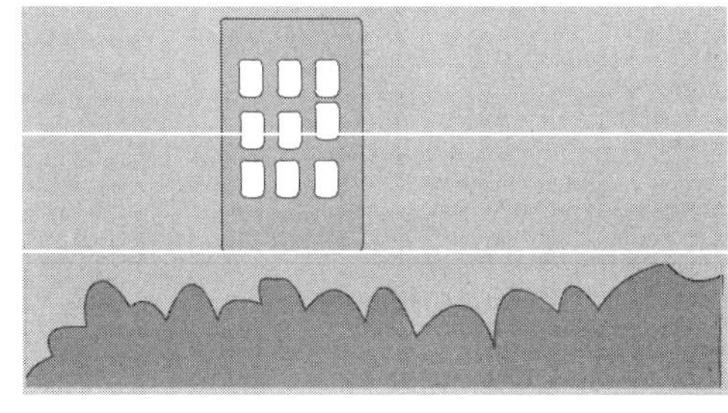

图 5－52　填充颜色

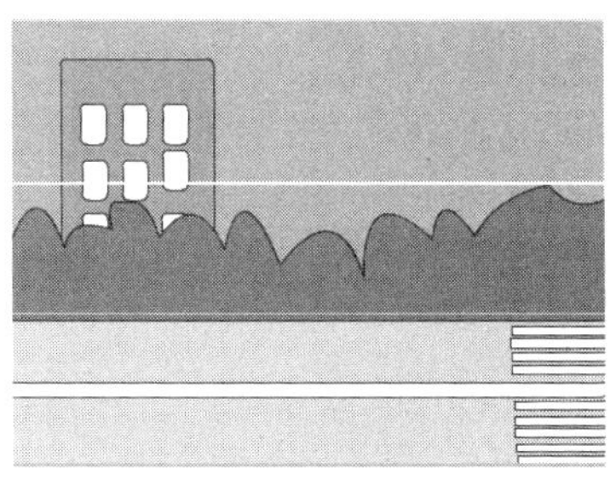

图 5－53　绘制马路

11. 选择“多角星型工具”，属性面板如图 5－54 所示，设置填充颜色为“红色”，单击属性面板上的“选项”按钮，弹出“工具设置”对话框，如图 5－55 示，设定样式为多边形，边数为 4。

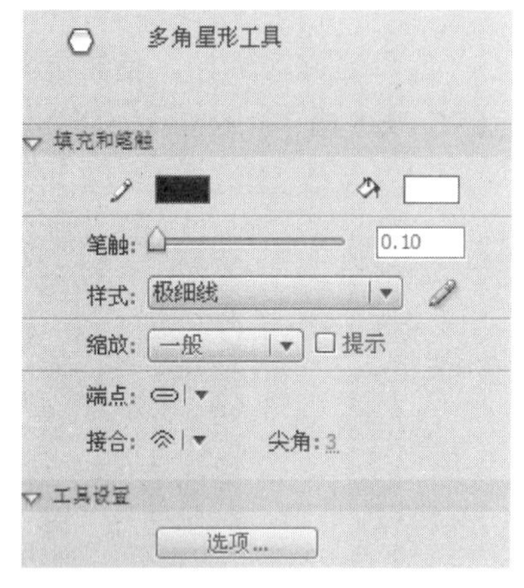

图 5－54　属性面板

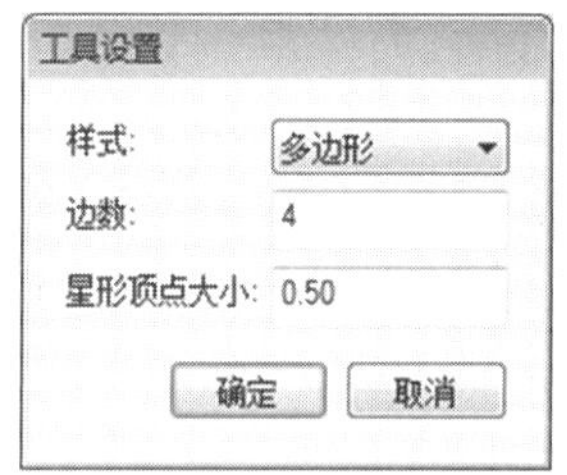

图 5－55　工具设置对话框

12. 绘制一面国旗，效果如图 5－56 示。

13. 使用选择工具，将鼠标移至旗帜的上边线处，将国旗拉出弧度，效果如图 5－57 所示。

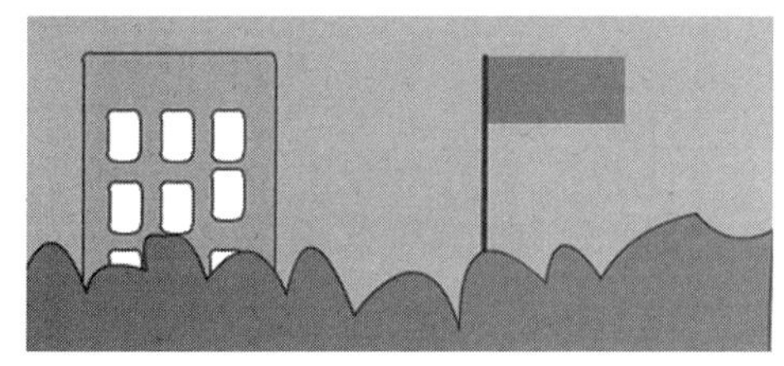

图 5－56　绘制国旗

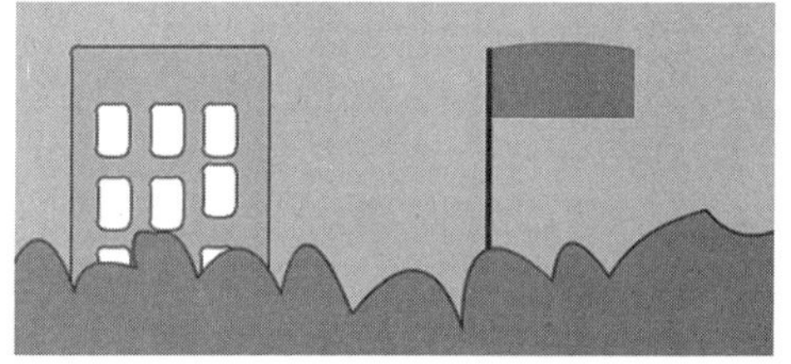

图 5－57　拉长国旗

14. 再次调出多角星型“工具设置”对话框，设置样式为星型，边数为 5，绘制五颗五角星，效果如图 5－58 所示。

15. 选择矩形工具、线条工具和选择工具变形绘制公交车，使用“椭圆工具”在属性面板上设置内径为 30，画出车轮。效果如图 5－59 所示。

图 5－58　绘制五角星

图 5－59　绘制公交车

任务三　绘制美丽湖边风景

这个任务通过绘制美丽的湖边风景，使用户掌握图形填充颜色的方法，同时掌握对已绘制图形的编辑修改，效果如图 5－60 所示。

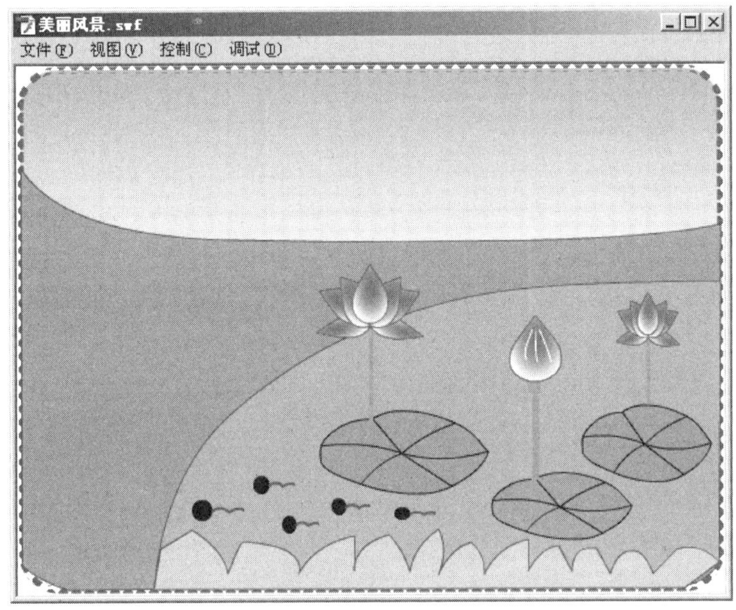

图 5－60　效果图

相关知识

一、填充图形

Flash CS4 填充图形的工具主要包括“墨水瓶工具”、“颜料桶工具”、“滴管工具”和“填充变形工具”。在这些工具中，有的是专门用于填充图形的，有的还包含其他方面的功能，下面来介绍这些工具的使用方法。

1. 墨水瓶工具

使用墨水瓶工具，可以用任何一种纯色对线条进行着色或为一个区域添加封闭的边线，同时可以选择线条的粗细和线型。

2. 颜料桶工具

颜料桶工具主要用于对矢量图的某一区域进行填充。填充的颜色可以是纯色也可以是渐变色，还可以使用位图。

选择工具箱中的颜料桶工具，在工具栏下部的选项部分有两个选项：空隙大小、锁定填充。在空隙大小选项中有“不封闭空隙”、“封闭空隙”、“封闭中等空隙”、“封闭大空隙”四种选项可供选择。如果选择了锁定填充按钮，用户将不能再对图形进行填充颜色的修改，这样可以防止错误操作而使填充色被改变。

颜料桶工具的使用方法：首先在工具栏中选择“颜料桶工具”，然后选择填充颜色和样式。接着单击“空隙大小”按钮，从中选择一个空隙大小选项，最后单击要填充的形状或者封闭区域，即可填充。

> 提示：用户如果要在填充形状之前手动封闭空隙，可选择“不封闭空隙”按钮。对于复杂的图形，手动封闭空隙会更快一些；如果空隙太大，则用户必须手动封闭它们。

3. 滴管工具

在绘图工具箱中，“滴管工具”的作用是拾取工作区中已经存在的颜色及样式属性，并将其应用于其他对象中。该工具没有辅助选项，使用也非常简单，只要将滴管移动到需要取色的线条或图形中单击即可。

4. 渐变变形工具

利用渐变变形工具可以调整填充的色彩变化。下面我们通过创建一个黄色球体来说明一下渐变变形工具的使用方法，具体操作步骤如下。

(1)为了便于观看，执行菜单中的“修改/文档”命令，在弹出的对话框中将背景色调为黑色，单击“确定”按钮。

(2)选择工具箱中的椭圆工具，设置笔触颜色为黄色，填充颜色为“无色”，同时按下Shift键，绘制一个正圆形，如图5-61所示。

(3)执行菜单中的“窗口/颜色”命令，调出颜色面板，然后单击“类型”右侧下拉列表框，此时会弹出所有的填充类型，如图5-62所示。

(4)选择“放射状”，在“混色器”面板上有一颜色条，颜色条的下方有一些定位标志，我们称它们为“色标”，通过对色标颜色值和位置的设置，可定义出各种填充色。单击颜色条左侧色标，然后在其上面设置颜色，再单击颜色条右侧色标，在其上面设置颜色，如图5-63所示。

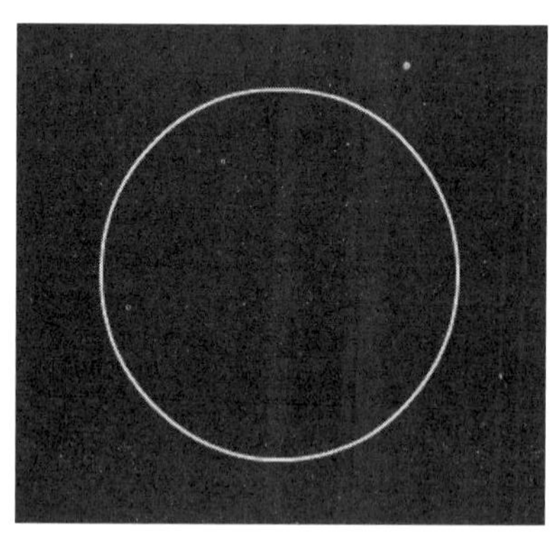

图5-61　绘制正圆

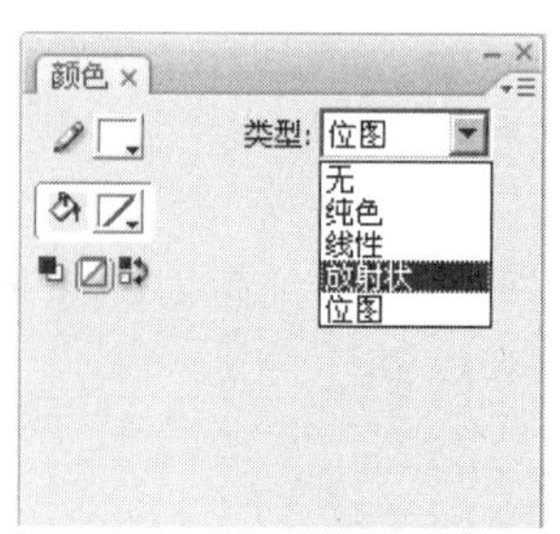

图5-62　选择填充类型

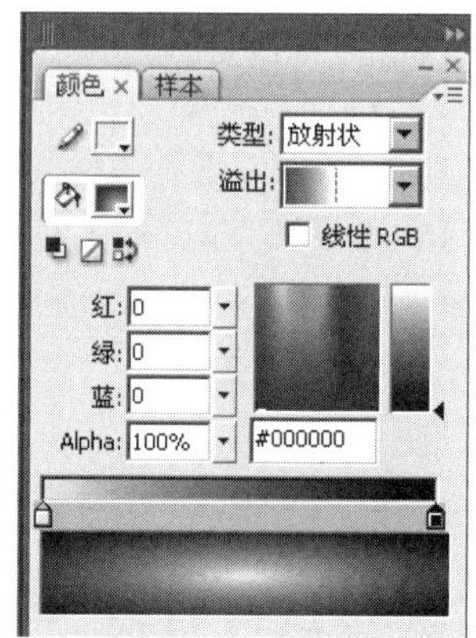

图5-63　调整颜色

(5)选择工具箱中的“颜料桶工具”，对绘制的圆形进行填充，选择边缘的黄色线条，按住 Delete 键删除，结果如图 5－64 所示。

图 5－64　完成球体

5. 使用面板填充图形

在 Flash CS4 中，用户可以选择特定的颜色，还可以自定义颜色，为了获得更多的颜色效果，需要借助“颜色”面板和“样本”面板。

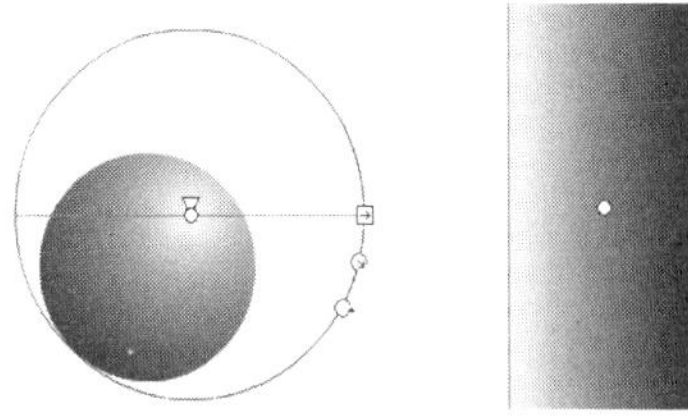

图 5－65　放射状渐变与线性渐变

默认情况下，颜色分为两种，一种是用于笔触颜色的单色调色板，共 252 种颜色；另一种是用于填充颜色、包含单色和渐变色的复合调色板，除了 252 种颜色外，还有 7 种线性渐变和放射状渐变颜色，如图 5－65 所示。

在该调色板内选择一种颜色之后，它将出现在颜色框内，并且在颜色值文本框中显示与之对应的十六进制数值。如果选择了矩形、椭圆等可以绘制填充图形的工具后，在调色板的右上角会出现一个按钮，单击该按钮将绘制无边框或者无填充色的图形，如图 5－66 所示。

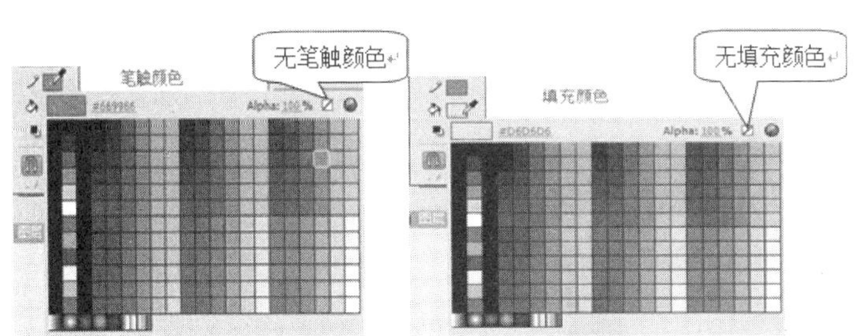

图 5－66　定义笔触和填充颜色

另外，用户还可以在“颜色”面板中调整渐变颜色。渐变色是由起始颜色和目标颜色决定的，拖动代表上述颜色的滑块，可以改变渐变的起始位置和终止位置，从而调整渐变距离，方法是执行“窗口/颜色”命令，打开如图 5－67 所示。

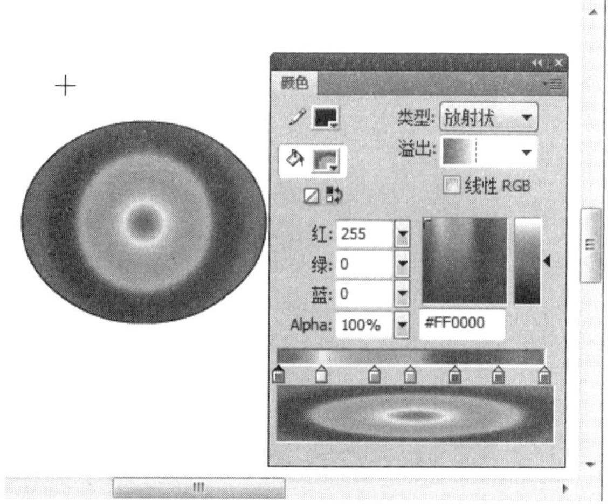

图 5－67 颜色面板中渐变色的调整

二、编辑图形

在 Flash CS4 中，编辑任何一个对象，用户都需要先选择它。也就是说，选取对象是编辑对象的基本操作。利用选取工具，用户可以只选择对象的笔触，也可以只选择其填充，还可以将若干对象组成一组，然后作为一个对象来处理。选择对象或笔触时，Flash CS4 会用选择框来加亮显示它们。

在 Flash CS4 中，用户可以使用不同的选取工具来选择对象。选取工具主要包含四种："选择工具"、"部分选择工具"、"任意变形工具"及"套索工具"。

1. 选择工具

该工具主要用来选取或者调整场景中的图形对象，并能够对各种动画对象进行选择、拖动、改变尺寸等操作。利用该工具选择对象，主要包括以下几种操作方法。

- 单击可以选择某个色块或者某条曲线。
- 双击可以选择整个色块以及与其相连的其他色块和曲线等。
- 如果在选择过程中按住 Shift 键，则可以同时选择多个动画对象，也就是选择多个不同的色块和曲线。
- 在舞台上单击鼠标并拖动区域，可以选择区域中的所有对象。

2. 部分选择工具

此工具是一个与"选择工具"完全不同的选取工具，它没有辅助选项，但具有智能化的矢量提醒。用户在选择矢量图形时，单击对象的轮廓线，即可将其选中，并且会在该对象的四周出现许多节点。

3. 任意变形工具

该工具可用于对图形进行缩放、旋转、倾斜、翻转、透视和封套等操作，其对象既可以是矢量图，也可以是位图、文字等。

Flash CS4 的"任意变形工具"和"渐变变形工具"被安排在一个组中。用户按住"任意变

形工具”按钮不放，可看到下拉列表，如图 5－68 所示。

选择“任意变形工具”后，在工具箱的下方选项区有四个按钮，分别为“旋转与缩放”、“缩放”、“扭曲”和“封套”，如图 5－69 所示。按钮都是灰色显示，只有在舞台中选择了具体对象后才会变成可使用状态。

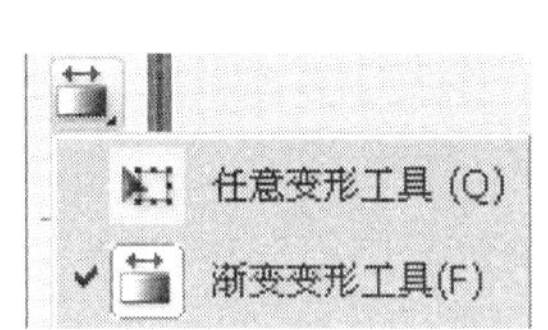

图 5－68　选择任意变形工具

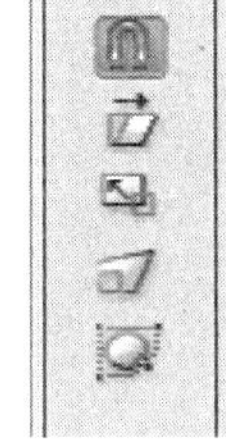

图 5－69　选项面板

(1)缩放

单击该按钮，将光标放在四条边中点处的控制柄上，并且变为双向箭头时，拖动鼠标可以使被编辑对象在水平或垂直方向发生形变；将鼠标放在四个角的控制柄上，光标会变为双向箭头，拖动鼠标可以使被编辑对象按整体比例进行等比缩放。

(2)旋转与倾斜

单击“旋转与变形”按钮，将光标箭头放在四个角的控制柄上，变为回转箭头形状时，拖动鼠标可以使被编辑对象按顺时针或逆时针转动；将光标放在四条边的控制柄上，光标会变为双向箭头形状，表示只能上下拖动鼠标使被编辑的对象发生倾斜。

(3)扭曲和封套

旋转、缩放和倾斜方法对图形对象和元件都适用，而“扭曲”和“封套”不能运用于元件上，除非将元件打散。

对于“扭曲”选项的八个方向控制柄，按住其中的一个拖动可以使图形发生任意的形变，但是图形不会超出直线框范围。选择“封套”选项后，线框上有圆形和方形控制柄，拖动控制柄可以使图形发生任意无规律的形变，但是图形也不会超出曲线框的范围。

4. 套索工具

该工具适合选择对象的局部或者选择舞台中不规则的区域。通常，用户在工具箱中选择该工具后，通过启用选项区域中的“多边形模式”按钮，可以在不规则和直边选择模式之间切换。

任务实施

1. 新建一 Flash 文档，选择“矩形工具”，展开属性面板，如图 5－70 所示，在属性面板中设置笔触宽度为 5，填充颜色为“无”，矩形选项半径为 30，绘制一圆角矩形，效果如图 5－71 所示。

2. 使用“选择工具”在圆角矩形框上双击，将矩形的四条边全部选中。然后在颜色面板的“笔触”类型下拉列表中选择“位图”，会弹出“导入到库”对话框，选择作为线条边缘填充的位图，属性面板如图 5－72 所示，制作的效果如图 5－73 所示。

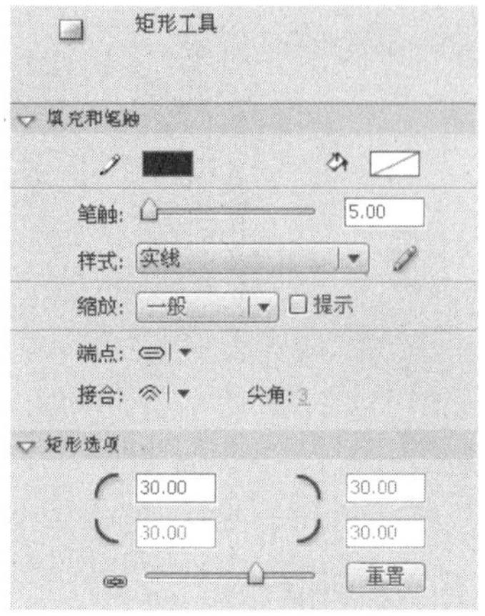

图 5－70　矩形工具面板

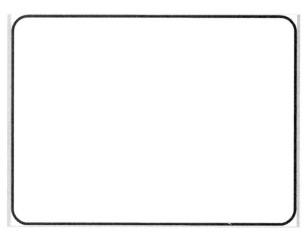

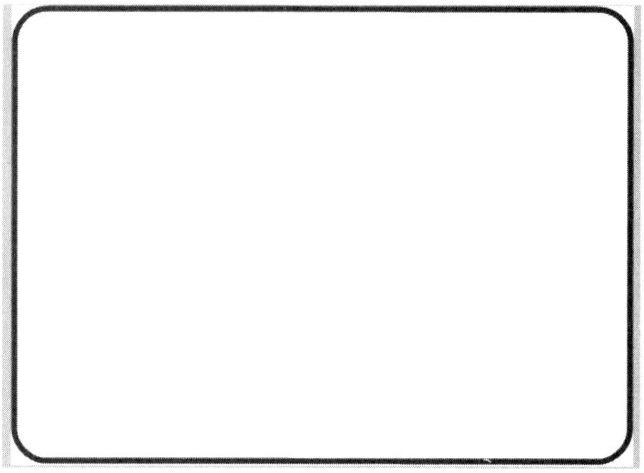

图 5－71　绘制圆角矩形

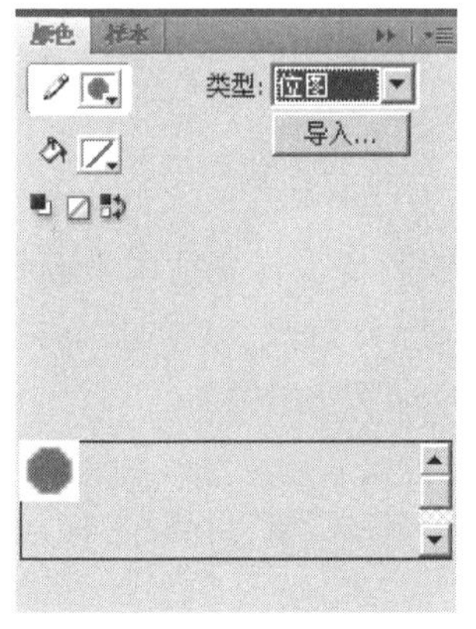

图 5－72　填充位图

图 5－73　笔触填充效果

3. 双击圆角矩形的一条边，将矩形全部选中，然后单击“颜色”面板上的“填充”按钮，在“类型”下拉列表中选择“线性”，更改左侧色标的颜色为天蓝色，属性面板如图 5－74 所示。选择工具箱中的“颜料桶”工具，在矩形区域内单击，将矩形填充由篮到白的渐变色，如图 5－75 所示。

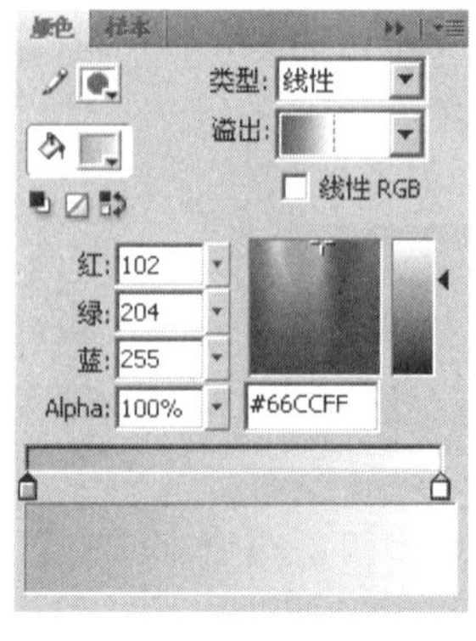

图 5－74　调整线性渐变

图 5－75　颜料筒填充

4. 在工具箱中选择“渐变变形工具”，在矩形区域内单击，可以对渐变进行调整，如图 5 - 76 所示。此时拖动“渐变方向控制点”旋转渐变的角度；拖动渐变长宽控制点，改变渐变的范围；拖动渐变中心控制点，往上移到一段距离，设置如图 5 - 77 所示。

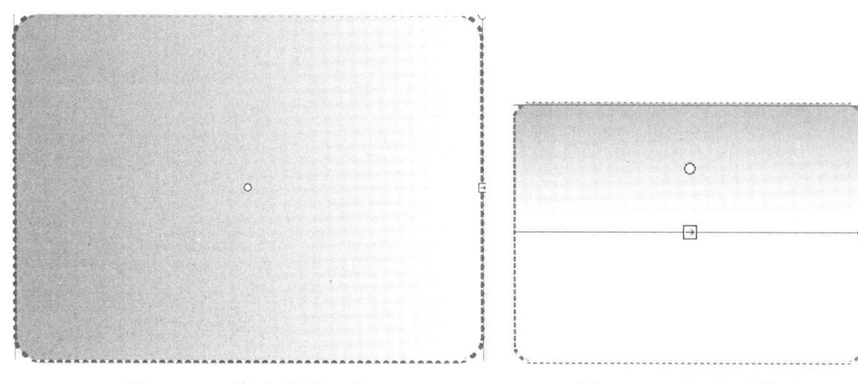

图 5 - 76　渐变变形工具　　图 5 - 77　调整后效果

5. 双击“图层 1”，修改图层名称为“蓝天”，单击图层面板上的“新建图层”按钮，新建一新图层，修改图层名称为“草地”，图层面板如图 5 - 78 所示。

6. 在工具箱中选择“矩形工具”绘制一矩形的绿草地，使用“选择工具”变形到如图 5 - 79所示的效果。

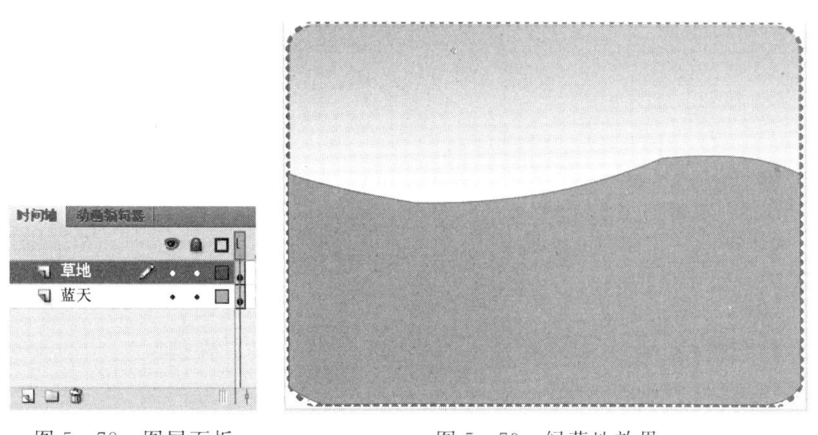

图 5 - 78　图层面板　　图 5 - 79　绿草地效果

7. 新建一图层，图层名称为“湖面”，使用“线条工具”绘制一个湖形轮廓，使用“选择工具”变形，并将填充色填充为湖水的颜色，效果如图 5 - 80 所示。

8. 新建一图层，图层名称为“湖景”。使用“椭圆工具”和“线条工具”绘制并复制出几只蝌蚪和水草，效果如图 5 - 81 所示。

9. 使用“椭圆工具”，绘制一椭圆，作为荷叶。同时使用“选择工具”按住 Ctrl 键，拖动出几个尖角并修改形状，使用线条工具绘制叶脉，效果如图 5 - 82 所示。

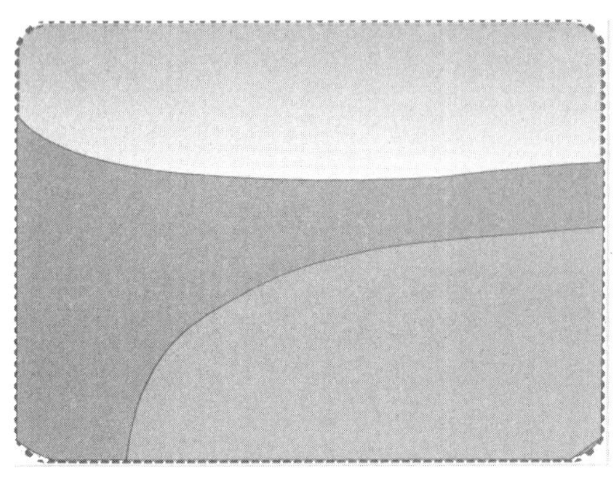

图 5－80　绘制湖面

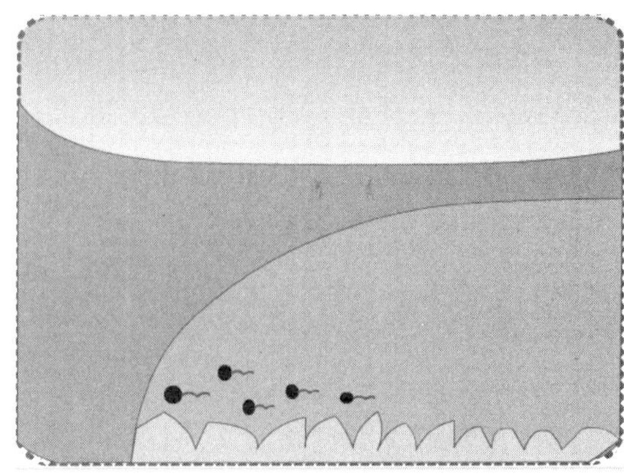

图 5－81　绘制蝌蚪和水草

10. 复制出三个荷叶，如图 5－83 所示。

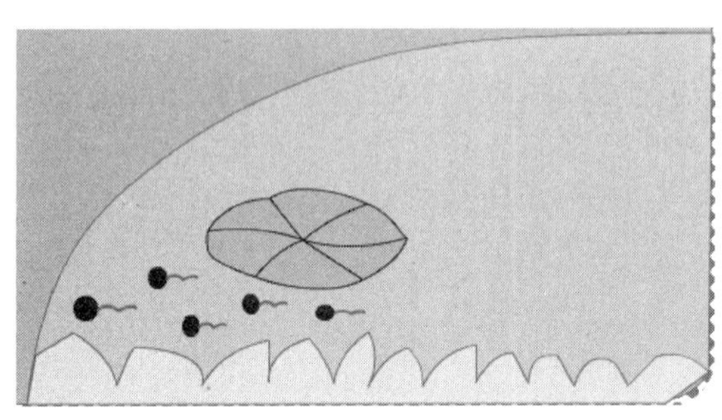

图 5－82　绘制荷叶

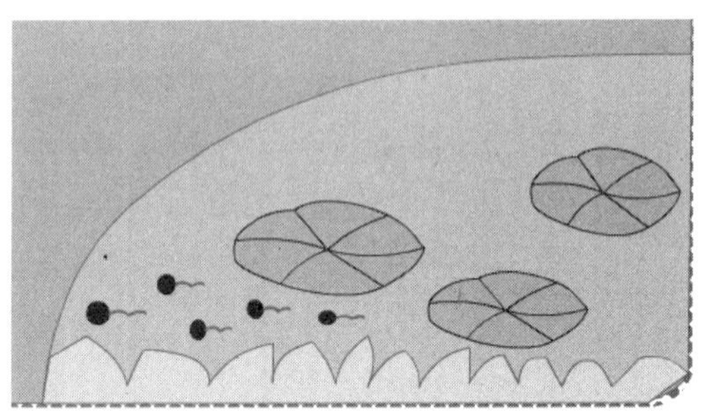

图 5－83　复制荷叶

11. 展开颜色面板，设置笔触颜色为粉红色，填充色为"放射状"渐变，调整颜色为粉红色至白色，颜色面板如图 5－84 所示。使用"椭圆工具"，绘制一圆形，效果如图 5－85 所示。

12. 使用"选择工具"，按下 Ctrl 键拖动圆形的正上方，拖动出一尖角，绘制出荷花瓣，效果如图 5－86 所示。

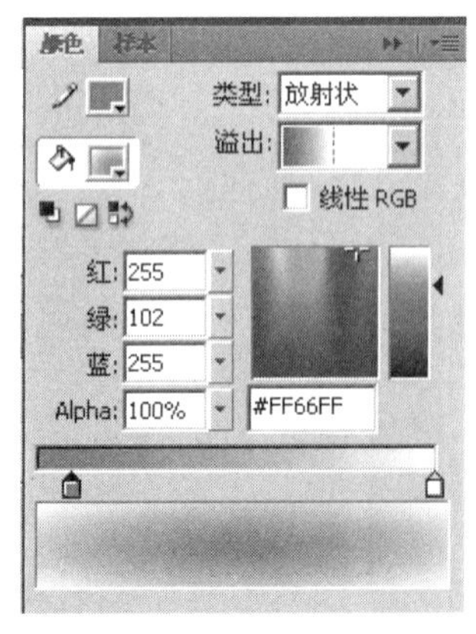

图 5－84　颜色面板

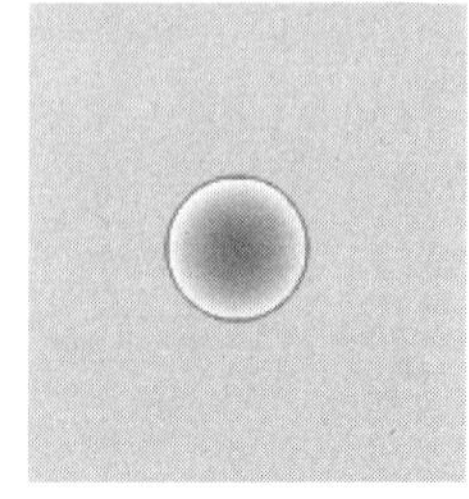

图 5－85　绘制圆形

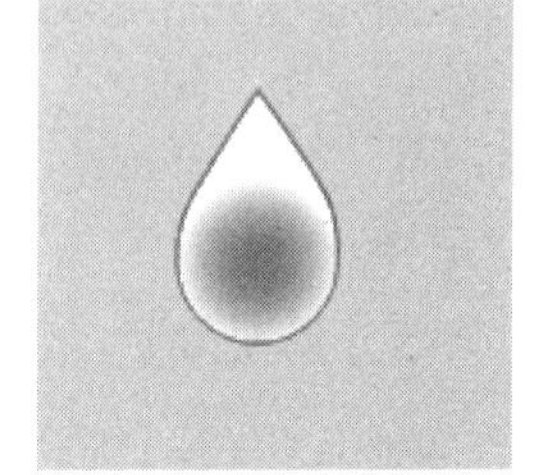

图 5－86　荷花瓣

13. 在工具箱中选择"渐变变形工具"，单击绘制的荷花瓣，调整渐变效果，如图 5－87

所示。将荷花瓣选中，按下 Ctrl+G 键，将荷花瓣组合。

14. 选中花瓣，复制出其他的六朵花瓣，使用“任意变形工具”，调整到合适的角度，将花瓣组合成一朵荷花，如图 5－88 所示。

图 5－87　完成花瓣

图 5－88　组合荷花

15. 使用矩形工具，绘制一荷花茎，效果如图 5－89 所示。

16. 使用选择工具复制出一支荷花，同时再制一只含苞欲放的荷花，效果如图 5－90 所示。

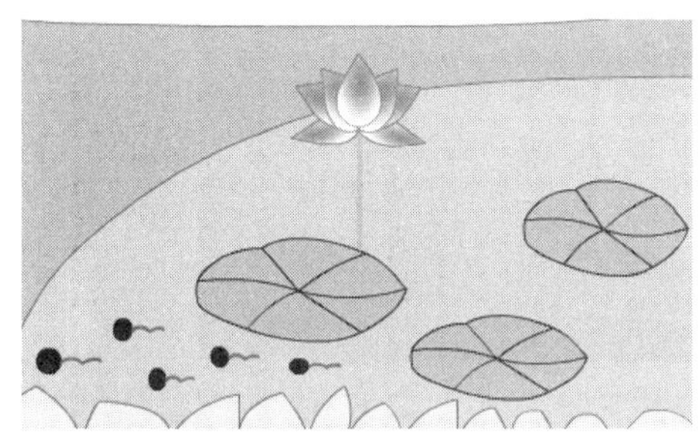

图 5－89 完成荷花

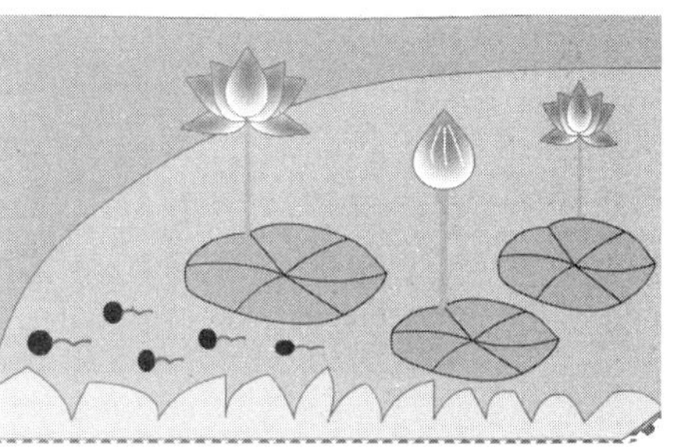

图 5－90　复制荷花

17. 整幅景色图绘制完毕，最终效果如图 5－91 所示。

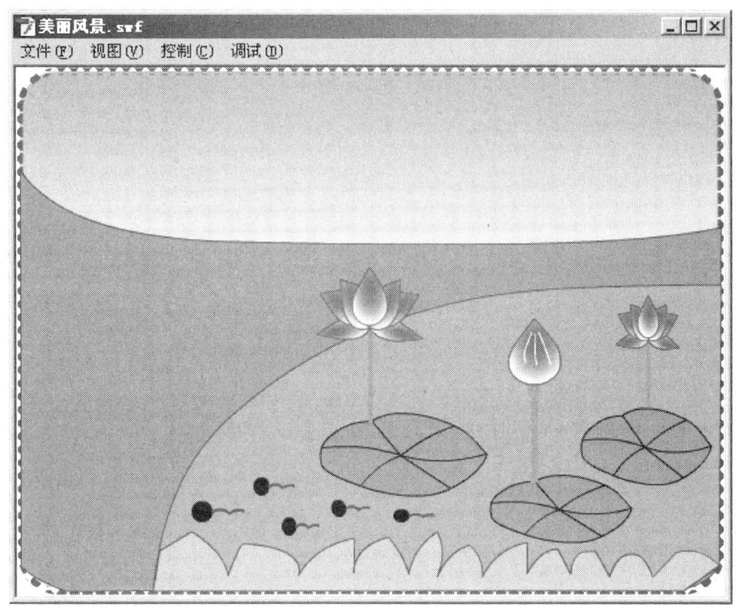

图 5－91　最终效果图

任务四　设计“德州信息工程学校”文本效果

这个任务通过制作“德州信息工程学校”的文本效果，掌握文本工具的使用技巧，效果如图 5－92 所示。

图 5－92　效果图

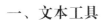

相关知识

一、文本工具

在 Flash CS4 中，使用“文本工具”可以创建三种类型的文本，分别为静态文本、动态文本和输入文本，这三种类型的文本有不同的作用，其含义如下。

1. 静态文本：该文本是最常用的，导出动画后，其内容不能改变。

2. 动态文本：所谓“动态文本”，指的是其中的文字内容可以被后台程序更新的文本对象。文本可以在动画播放过程中，根据用户的动作或根据当前的数据而改变。动态文本可以用于显示一些经常变化的信息，如比赛分数、股市行情和天气预报等。

3. 输入文本：指的是可以在其中由用户输入文字并提交的文本对象。

使用文本工具输入文字后，当需要再修改文字的属性时，可再次选择，打开属性面板进行修改。

二、文本转换为图形

文字转换为图形的方法是：首先选中转换的文本，该文本必须是整个文本框；然后执行“修改”菜单中的“分离”命令（快捷键 Ctrl+B），即可将文本进行分离。如果是两个或者两个以上的字符，则执行两次该操作，一次分离可将它们分解为相互独立的文字；再一次分离可将文字打散，打散后的文字选中后会出现一层小白点。

任务实施

1. 启动 Flash CS4，新建一个 Flash 文档，默认文档大小。选择工具箱中的“文本工具”，在舞台上单击并输入文字“德州信息工程学校”，选中文字，打开属性面板，设置字体为黑体，文字大小为 60，颜色为蓝色，样式为加粗。如图 5-93 所示。

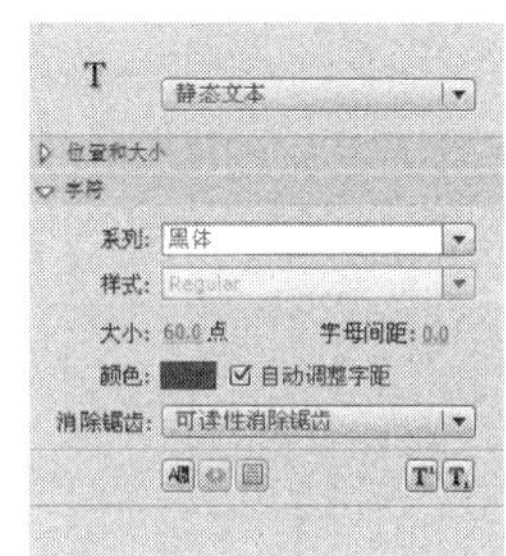

图 5-93 文字属性面板及文字效果

2. 选中“德州信息工程学校”整个文本框，执行“修改/分离(Ctrl+B)”命令，将文字分离，效果如图 5-94 所示，再执行一次分离命令，效果如图 5-95 所示。

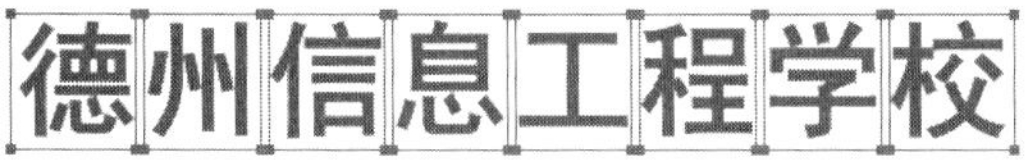

德州信息工程学校

图 5-94 分离成单字

德州信息工程学校

图 5-95 分字分离打散

3. 选择“椭圆工具”，设置线条颜色为“无”，填充色为红色，绘制一椭圆；选择“任意变形工具”，选中椭圆，将椭圆逆时针旋转一定的角度，如图 5-96 所示。

4. 选中椭圆，按住 Ctrl 键拖动鼠标，复制出一椭圆，执行“修改/变形/水平翻转”命令，将复制出的椭圆翻转，效果如图 5-97 所示。

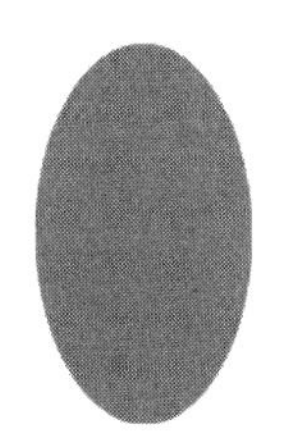

图 5-96 绘制图形并旋转

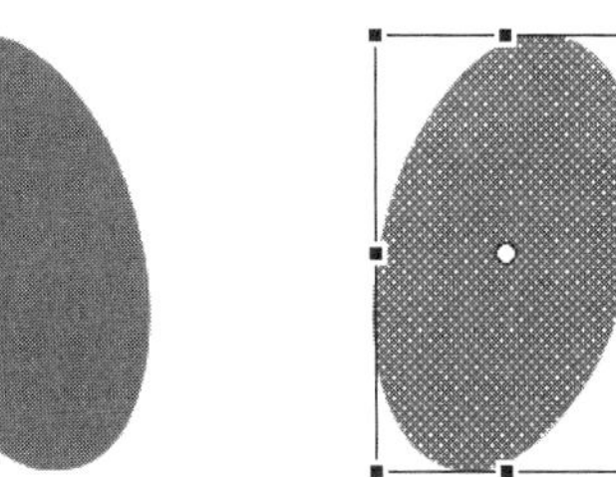

图 5-97 复制并水平翻转

5. 使用“选择工具”，选中右侧椭圆，将椭圆移动到合适的位置，这时心的形状就形成了；使用“选择工具”选中心型，再使用“任意变形工具”在垂直方向上修改心的形状，使其更逼真，如图 5－98 所示。

6. 使用“选择工具”，选中“德”字下面的部首“心”，如下图，按 Delete 键将其删除，如图 5－99 所示。

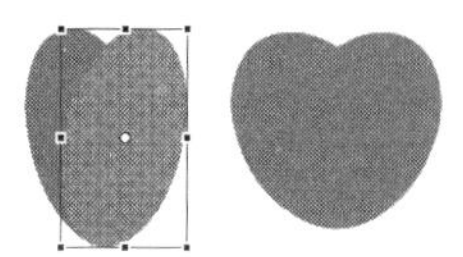

图 5－98　完成红心绘制

图 5－99　删除“德”字部首

7. 使用“任意变形工具”调整心型至合适的大小后，移至“德”字下面的“心”的位置，如图 5－100 所示。

8. 使用“选择工具”将光标移至“德”字右上角位置，拖动鼠标，可改变笔画的形状，如图 5－101 所示效果；使用“选择工具”将光标移至拖出长线的上边线，当鼠标变成“(”时，改变线的形状，如图 5－102 所示。再选择下边线，更改形状，最后再使用选择工具，改变长线的长度和角度，如图 5－103 和图 5－104 所示。

9. 使用同样的方法，拖动“校”字右下角的笔画，修改至如图 5－105 所示的形状。

图 5－100　放置红心

图 5－101　文字变形

图 5－102　拖出圆弧

图 5－103　再次修改

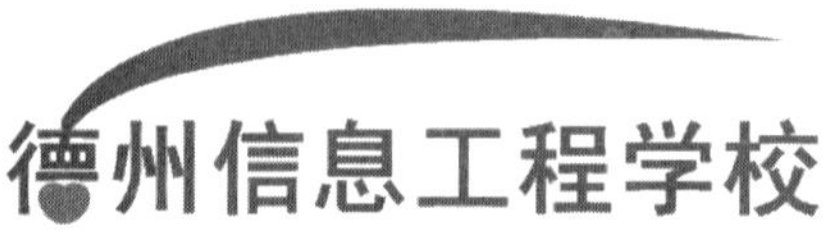

图 5－104　完成“德”字变形

图 5－105　完成“校”字变形

10. 在工具箱中选择“墨水瓶”工具，打开属性面板，设定笔触颜色为“黄色”，笔触高度为 2。使用墨水瓶工具在绘制的图形边缘单击多处，将文字添加一黄色的轮廓，效果如图 5－106 所示。

11. 修改图层 1 名称为“学校名称”，单击“插入图层”按钮，新建一图层，修改名称为“背景”，将图层拖至底层，图层面板如图 5－107 所示。

图 5-106　添加笔触

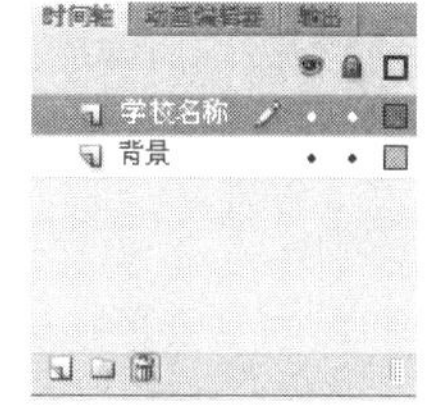

图 5-107　图层面板

12. 选中背景图层的第一帧，执行“文件/导入/导入到舞台”命令，将学校图片导入至舞台；选中导入的图片，在属性面板中设置大小为 550×400 像素与舞台大小一致。

13. 调整文字大小，移动至合适的位置，此任务就完成了，最终效果如图 5-108 所示。

图 5-108　最终效果图

项目六

课件中的动画设计

Flash CS4 制作的课件具有丰富的动画效果。添加丰富的动画内容，是 Flash CS4 的强大功能的体现。这个项目通过两个任务来学习 Flash CS4 中的图形元件、影片剪辑元件、按钮元件的使用，以及关键帧、空白关键帧和普通帧的使用方法，同时掌握帧动画、传统补间和补间动画的设计技巧。

本项目包括以下两个任务。

- 任务一　中班数学《1—5 的认识》课件设计
- 任务二　小班数学《认识数字宝宝：1、2、3》课件设计

任务一　中班数学《1—5 的认识》课件设计

这个任务通过设计制作中班数学课件《1—5 的认识》，掌握帧、元件、库的使用方法和补间动画的操作方法，同时简单使用到了脚本语言，效果如图 6-1 所示。

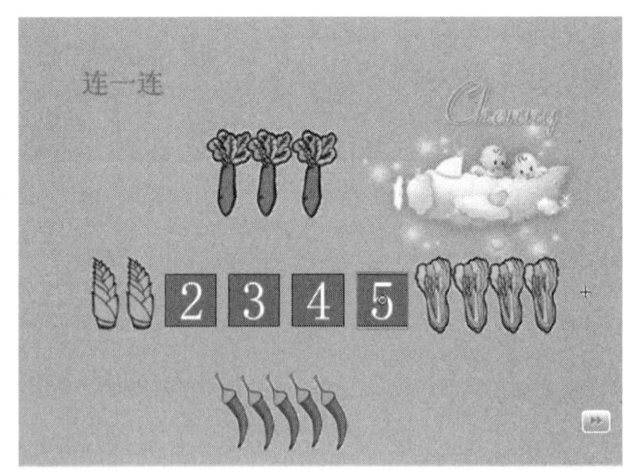

图 6-1　效果图

一、元件和库的使用

1. 认识元件

元件是 Flash CS4 中一种比较独特的、可以重复使用的对象。在创建电影动画时，利用元件可以更容易地编辑动画及创建复杂的交互。如果要更改动画中的重复元素，只需对该元素所在的那个元件进行更改，Flash CS4 就会自动更新所有实例。

在 Flash CS4 中，一共有三种类型的元件，它们的功能如下。

(1)影片剪辑

该元件用于创建可重用的动画片段。影片剪辑拥有各自独立于主时间轴的多帧时间轴。用户可以将多帧时间轴看作是嵌套在主时间轴内，它们可以包含交互式控件、声音甚至影片剪辑实例，也可以将影片剪辑实例放在按钮元件的时间轴内，以创建动画按钮。此外，用户可以使用 ActionScript 对影片剪辑进行改编。

(2)图形元件

该元件可用于创建链接到主时间轴的可重用动画片段。图形元件与主时间轴同步运行。另外，交互式控件和声音在图形元件的动画序列中不起作用。

(3)按钮

该元件用于响应鼠标单击、滑过或其他动作的交互式按钮，可以定义与各种状态关联的图形，然后将动作指定给按钮实例。

2. 创建元件

要创建元件，可以执行“插入/新建元件”命令，(快捷键 Ctrl+F8)，打开“创建新元件”对话框，如图 6－2 所示。

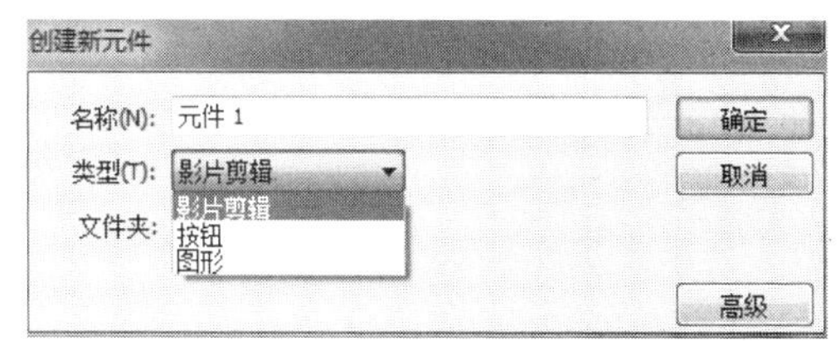

图 6－2　创建新元件对话框

(1)创建影片剪辑

影片剪辑元件就是平时常说的 MC(Movie Clip)。通常，用户可以把舞台上任何可以看到的对象，甚至整个“时间轴”内容创建为一个影片剪辑，而且可以将这个影片剪辑放置到另一个影片剪辑中，还可以将一段动画(如逐帧动画)转换为影片剪辑元件。

在 Flash CS4 中，创建影片剪辑元件可以通过两种方式。一种是执行“新建元件”命令，打开“创建新元件”对话框，在“名称”文本框中输入元件名称，在“类型”下拉列表中选择“影片剪辑”选项，即可创建影片剪辑元件，然后进入绘图环境，用工具箱中的工具来创建内容。另一种是选择相关对象，执行“修改”菜单中的“转换为元件”命令(快捷键 F8)，打开“转换为元件”对话框，在“名称”文本框中输入元件名称，在“类型”下拉列表中选择“影片剪辑”选项，即可将该对象转换为影片剪辑元件。

(2)创建图形元件

创建图形元件的对象可以是导入的位图图像、矢量图像、文本对象以及用 Flash 工具创建的线条、色块等。创建图形元件的方法与创建影片剪辑的相似，不同的是在“创建新元件”或“转换为元件”对话框中，在“类型”下拉列表中选择“图形”选项即可。

(3)创建按钮元件

创建按钮元件，可以在打开的“创建新元件”或“转换为元件”对话框中，选择“类型”下拉列表中的“按钮”选项，进入按钮元件的编辑环境。

按钮元件具有四个状态帧：“弹起”、“指针经过”、“按下”和“点击”，它们各自功能如下。

- 弹起。该帧代表指针没有经过按钮时该按钮的状态。
- 指针经过。该帧代表党指针滑过按钮时，该按钮的外观。
- 按下。该帧代表单击按钮时，该按钮的外观。
- 点击。该帧用于定义响应鼠标单击的区域，此区域在 SWF 文件中是不可见的。

创建按钮的过程不同于前两种，在按钮元件的编辑环境中，可以使用绘图工具、导入一副图形或在舞台上放置另一个元件的实例，以创建弹起、指针经过、按下和点击等状态下的图形效果，如图 6-3 所示。

图 6-3　按钮的状态

创建好按钮元件后，将该按钮元件放置在场景中，执行“控制/测试影片”命令，即可通过鼠标的指向与单击查看按钮的不同状态效果。

注意：用户可以在按钮中使用图形或影片剪辑元件，但不能在按钮中使用另一个按钮，如果要把按钮制作成动画按钮，可以使用影片剪辑元件。

3. 使用元件实例

创建元件后，可以在文档中的任何位置使用该元件的实例。当修改元件时，Flash CS4 会自动更新该元件的所有实例。在创建了元件实例后，可以使用“属性”检查器来制定颜色效果、动作，以及设置图形的显示模式和更改实例的类型。

(1)创建元件实例

通常将一个元件应用到舞台时，即创建一个实例，在时间轴上只需一个关键帧就可以包含元件的所有内容，例如按钮元件实例、动画片段实例及静态图片实例。

想要创建元件的实例，首先在时间轴上选择一帧，然后将该元件从“库”面板中拖动到舞台上。如果已经创建了图形元件的实例，可以执行“插入/时间轴/帧”命令(快捷键 F5)，来添加一定数量的帧，这些帧将会包含该图形元件。

在创建元件实例时，用户如果想要完全引入动态图片元件的内容，就必须将组件中的

帧全部添加到舞台的时间轴上。同样的内容使用影片剪辑实例要比使用图形元件实例占据的空间小得多，但影片剪辑实例的内容会在播放动画的同时不停地循环播放，而图形元件的内容只会在时间轴上播放一次。

（2）设置实例属性

每个元件实例都具有属于该元件的独立属性。用户可以更改实例的色调、透明度和亮度，可以重新定义实例的类型，可以设置动画在图形元件实例内的播放形式，还可以倾斜、旋转和缩放实例。此外，用户可以给影片剪辑或按钮实例命名，这样就可以使用动作脚本更改元件的属性。

要编辑实例的属性，可以通过“属性”检查器，如图6－4所示。如果编辑元件或将实例重新链接到不同的元件，则任何已经改变的实例属性仍然适用于该实例。

图6－4　实例检查器

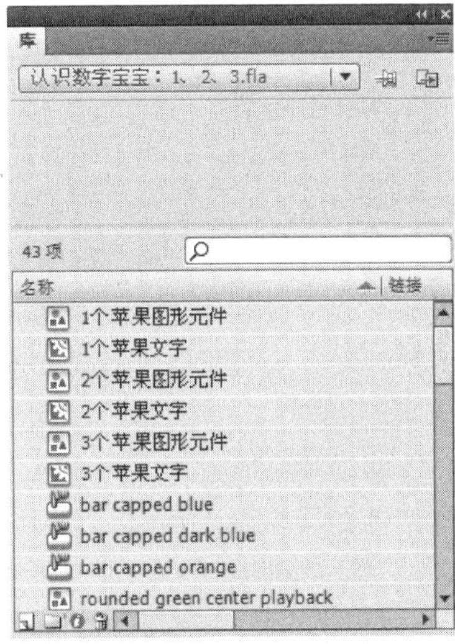

图6－5　公用库面板

通过该“属性”检查器，用户可以改变实例的元件类型、给实例制定自定义名称、为实例制定新的元件、设置图形实例的动画、改变实例的颜色和透明度、使用混合模式改变实例颜色。

（3）分离实例

用户如果要断开实例与元件之间的链接，并把实例放入未组合形状和线条的集合中，可以分离该实例。在分离实例之后，修改该元件不会影响该实例。

选择舞台上要分离的实例，执行“修改/分离”命令（快捷键 Ctrl+B），就会把实例分离成几个组件图形元素。

4. 使用库

每个 Flash CS4 文档都有用于存放动画元素的库，可以存放元件、位图、声音以及视频文件等。利用“库”可以方便地查看和组织这些内容。例如，选择“库”中的一个文件项目时，在“库”顶部的预览框中可以预览该元件的内容。如果所选择项目为动画、声音或者视频文件，预览框中将出现控制按钮，可以单击播放按钮预览。

打开“库”面板的快捷键为 F11，重复按 F11 键可以快速切换“库”面板的“打开”和“关闭”状态。

(1)使用公用库

在 Flash CS4 中，执行“窗口”菜单中的“公用库”命令下的子菜单，选择其中之一，将会弹出一个相应的“公用库”面板，如图 6－5 所示。Flash CS4 提供了三种类型的“公用库”，在打开的每一个“公用库”面板中，都包含有几十个文件夹，进入文件夹中可以看到几十个常用的元件。该面板与“库”面板完全一样，用户可以从“公共元件库”中把元件拖入当前文档或“库”面板内。

(2)共享元件库

在 Flash CS4 中，共享元件库是一个可以为任何 Flash CS4 文档使用的库，即该库中的元件资源可以被多个 Flash CS4 文档重复使用而元件库只供该库中存在的 Flash CS4 文档使用，不是共享的。

二、帧的类型

1. 认识动画

Flash CS4 是一种交互式动画设计工具，可以将音乐、声效、动画以及富有新意的界面融合在一起，以制作出高品质的动画效果。动画是利用人的“视觉惰性”的特性，连续播放一系列画面，给视觉造成连续变化的图画。它的基本原理与电影、电视一样，都是利用了视觉原理。

传统动画片是通过画笔画出一张张图像，并将具有细微变化的连续图像，经过摄影机或者摄像机进行拍摄，然后以每秒 24 格的速度连续播放。此时，静止的画面就在银幕上活动起来；计算机动画的原理与传统动画基本相同，只是在传统动画的基础上将计算机技术用于动画的处理和应用，采用数字处理方式，动画的运动效果、画面色调、纹理、光影效果等可以不断改变，达到传统动画无法实现的效果。

2. 使用帧

帧是形成动画的基本时间单位。制作动画其实就是改变连续帧的内容的过程，它显示在时间轴中，不同的帧对应不同的时刻，画面随着时间的推移逐个出现，就形成了动画。在逐帧动画中，需要在每一帧上创建一个不同的画面，连续的帧组合成连续变化的画面；而补间动画只需要确定动画起始帧和结束帧的画面，中间部分的动画内容则由 Flash CS4 自动生成。

Flash CS4 中，帧包括关键帧、普通帧、过渡帧三种，如图 6－6 所示。

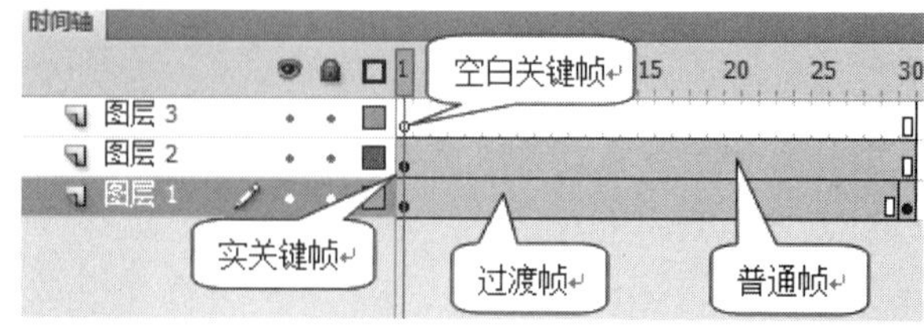

图 6－6　各种类型帧

(1)关键帧

制作动画过程中，在某一时刻需要定义对象的某种新状态，这个时刻所对应的帧称为关键帧。关键帧是变化的关键点，如补间动画的起始帧和结束帧以及逐帧动画的每一帧都是关键帧。

关键帧是特殊的帧，补间动画在动画的重要时间点上创建关键帧，再由 Flash CS4 创建关键帧之间的内容。实心圆点表示有内容的关键帧，即实关键帧；空心圆点表示无内容的关键帧，即空白关键帧。用户可以在空白关键帧上创建内容，一旦创建了内容，空白关键帧将转变为实关键帧。

(2)普通帧

普通帧也称为静态帧，在时间轴中显示为一个矩形单元格。无内容的普通帧显示为空白单元格，有内容的普通帧显示出一定的颜色。例如，实关键帧后面的普通帧显示为灰色。

在实关键帧后面插入普通帧，则所有的普通帧将继承该关键帧中的内容。也就是说，后面的普通帧与关键帧中的内容相同。

(3)过渡帧

过渡帧实际上也是普通帧，它包括了许多帧，但其中至少要有两个帧：起始关键帧和结束关键帧。

三、创建逐帧动画

制作逐帧动画的基本思想是把一系列相差甚微的图形或其他对象放置在一系列的关键帧中，播放起来就像是连续变化的动画。逐帧动画的每一帧都是独立的，它可以创作出依靠 Flash CS4 的补间无法实现的动画，因此在许多优秀的动画设计中也用到逐帧动画。

1. 逐帧动画的特点

(1)逐帧动画会占用较大的内存，因此文件很大。

(2)逐帧动画由许多单个的关键帧组合而成，每个关键帧都可独立编辑，且相邻关键帧中的对象变化不大。

(3)逐帧动画中的每一帧都是关键帧，每个帧的内容都要进行手动编辑，工作量很大，如果不是特别需要，不建议采用逐帧动画的方式。

2. 创建逐帧动画的实例

下面通过制作俏皮笑脸的实例说明逐帧动画的制作过程。

(1)新建一 Flash CS4 文档，第一帧默认为关键帧，因为该帧中无内容，因此为空白关键帧，如图 6－7 所示。

(2)选中第一帧，绘制一笑脸的形象。当帧中有内容时，空白关键帧变为关键帧。如图 6－8 所示。

(3)按下 Ctrl 键，选中图层的第 5 帧、第 10 帧、第 15 帧、第 20 帧，右击选择“插入关键帧”此时将第 1 帧的笑脸复制后面插入的关键帧上，如图 6－9 所示。

图 6－7　空白关键帧　　　　图 6－8　关键帧

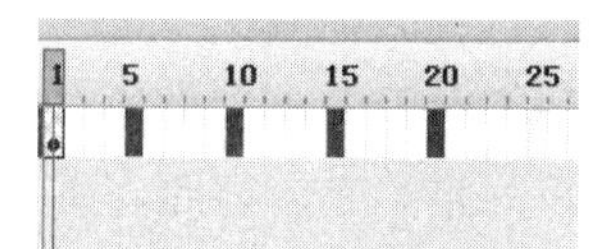

图 6－9　插入关键帧

(4)依次选中后面插入的各关键帧，调整笑脸的形状如图 6－10 所示。

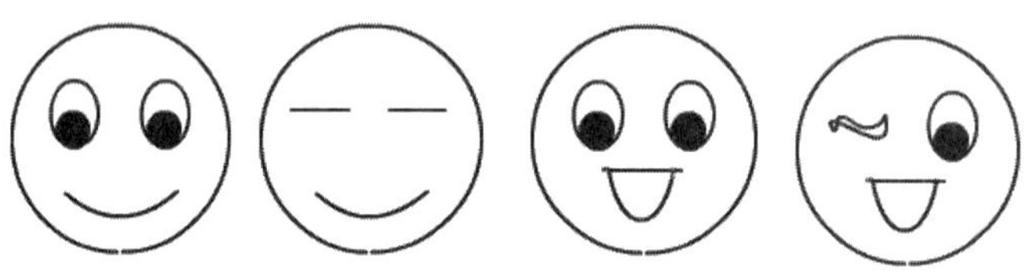

图 6－10

> 操作技巧：当修改各帧内容时，若有相同的内容，可选中那一部分内容，然后按下 Ctrl＋C 复制，在目标位置选择“Ctrl＋Shift＋V”原坐标位置粘贴内容。

(5)选中第 25 帧，右键单击该帧，在快捷菜单中选择“插入帧”，将第 20 帧的时间延长。

(6)完成各帧的编辑后，按下 Ctrl＋Enter 快捷键测试影片。

四、形状补间动画

1. 创建起始帧的状态

(1)新建一个 Flash CS4 文档。

(2)在工具箱中选择“椭圆工具”，在属性面板中设置笔触颜色为无，填充颜色为红色，选中第 1 帧，在舞台中央按住 Shift 键绘制一个正圆。效果如图 6－11 所示。

> 操作技巧：在绘制好正圆以后，当使用选择工具选中该圆时该圆用小白点覆盖，说明这时的圆是打散的状态。当绘制图形时，若选项面板上的“对象绘制”按钮被按下，则绘制的图形为组合的图形。若是组合的图形需要选择“修改/分离”命令将圆分离。

2. 创建结束帧的状态

(1)选中时间轴的第 10 帧，按下 F7 键插入一空白关键帧。

(2)在工具箱中选择"矩形工具"打开属性面板，设置笔触颜色为无，填充色为蓝色，按下 Shift 键在舞台中央绘制一正方形，效果如图 6-12 所示。

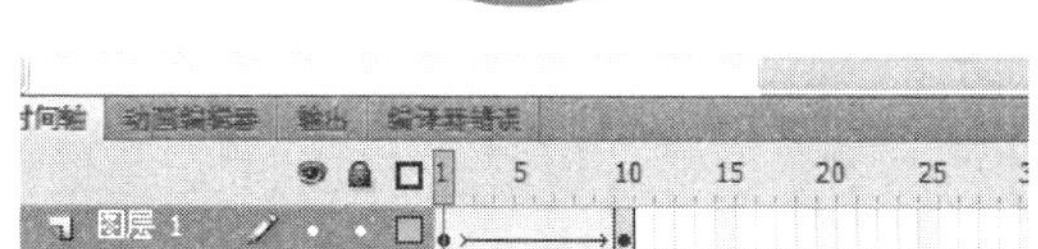

图 6-11　帧及圆形

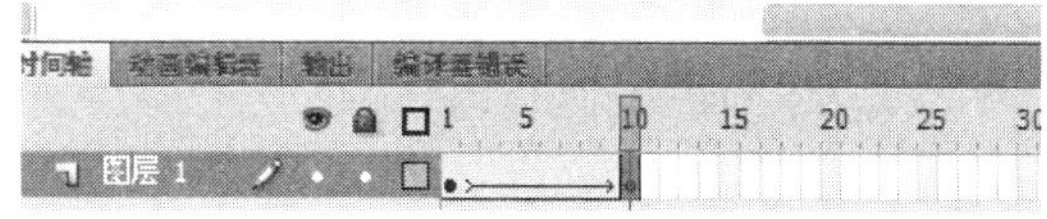

图 6-12　帧及正方形

(3)选中第 1 帧绘制的正圆与第 10 帧绘制的正方形，调整至舞台中央。选择"窗口/对齐"命令，打开对齐面板，如图 6-13 所示。在对齐面板中选中右侧的"相对于舞台"按钮，单击分布区中的"水平居中分布"与"垂直居中分布"按钮，将对象移动至舞台中央。

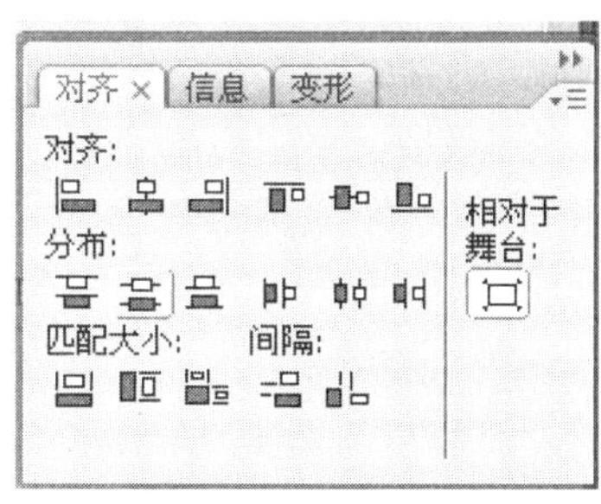

图 6-13

3. 创建形状补间动画

(1)选择第 1 帧至第 10 帧中的任意一帧，在属性面板的补间下拉列表框中选择"形状"选项。这时第 1 帧至第 10 帧之间会出现一个绿色箭头表示的形状补间。

(2)选择时间轴上发生形变动画的任意一帧，打开属性面板。此时补间选项下方还有缓动和混合两个选项。

• 缓动。对动画的运动速度变化进行设置(加速度)，正数表示动画的变化过程先快后慢，负数表示动画的变化过程先慢后快，零表示匀速变化。

• 混合。在混合模式的下拉列表框中有"角形"和"分布式"两个选项，如果选择"角形"，那么动画的变化过程将呈锯齿形变化；如果选择"分布式"，那么动画的变化过程将呈平滑变化。

(3)此时形状补间动画制作完成，可以按 Ctrl＋Enter 来测试影片。

> 操作技巧：用户在创建形状补间动画的时候，可以在属性面板中通过选择“形状”选项来创建补间动画，也可以通过在时间轴上的两个关键帧之间单击鼠标右键，并在弹出的快捷菜单中选择“创建补间形状画”命令来创建。

五、传统补间动画与补间动画

1. 传统补间动画

传统补间动画需要制作若干关键帧画面，由 Flash CS4 计算生成各关键帧之间的各帧画面，使画面从一个关键帧过渡到另一个关键帧。传统补间所具有的某些类型的动画控制功能是补间动画所不具备的。

传统补间动画在时间轴中显示为深蓝色背景。带有黑色箭头和蓝色背景的起始关键帧处的黑色圆点表示传统补间。虚线表示传统补间是断开或不完整的，例如，在最后的关键帧已丢失时，如图 6－14 和图 6－15 所示。

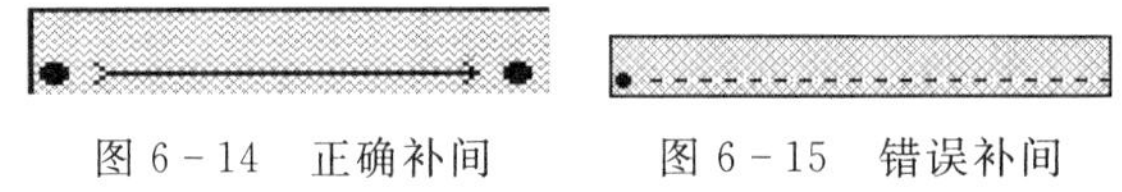

图 6－14　正确补间　　　图 6－15　错误补间

2. 传统补间动画举例

(1)首先新建一个 Flash CS4 文档，然后选择右侧工具栏中的椭圆工具，在舞台右上角拖动鼠标的同时，按快捷键 Shift 绘制出一个正圆图形。

(2)拖动鼠标选中刚刚绘制出的圆形，单击右键选择“转换为元件”选项，或者按快捷键 F8，弹出“转换为元件”编辑窗口，将该圆形转换为图形元件，并将元件名命名为“circle”。

(3)在时间轴上选中第 50 帧，按快捷键 F6 插入一个关键帧。

(4)在时间轴上选中第 50 帧，然后在场景中拖动该帧上的圆形至舞台右下角。

(5)右键单击第 1 帧，选择弹出菜单中的“创建传统补间”项。

(6)单击绘图纸外观按钮，在“修改绘图纸标记”选项中选择“所有绘图纸”，选取第一帧，单击工具栏的缩放按钮，在舞台上将第一帧的圆形实例缩小，这时实例的中间帧会相应变化。

(7)在“属性”面板的颜色下拉列表框中选择 Alpha 项，将第 1 帧透明度调至 20％，属性面板如图 6－16 所示。

(8)动画制作完毕，按 Enter 键，演示动画效果，效果如图 6－17 所示。

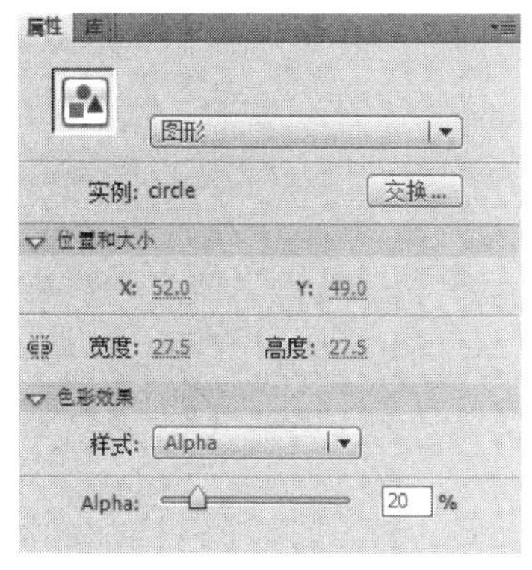

图 6－16　库面板

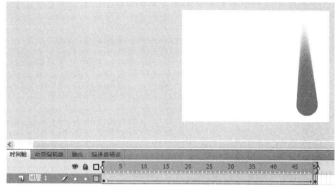

图 6－17　效果图

传统补间动画所编辑的对象是元件，因此我们在使用传统补间创建动画时，需要事先将编辑对象转换为元件。在 Flash CS4 中，对未转换成元件的编辑对象使用传统补间动画时，该软件会自动将该编辑对象转换为元件，并可以在库中查找到。

3. 补间动画

补间动画是通过为一个帧中的对象属性指定一个值并为另一个帧中的该对象相同属性指定另一个值创建的动画。Flash CS4 自动计算这两个帧之间该属性的值。动作补间是根据同一对象在两个关键帧中大小、位置、旋转、倾斜、透明度等属性的差别计算生成的，主要用于组、图形元件、按钮、影片剪辑以及位图等，但不能用于矢量图形。

选择补间动画两关键帧间的任意一帧，即可在“属性”面板对补间动画进行更加细致的设置，该面板如图 6－18 所示。

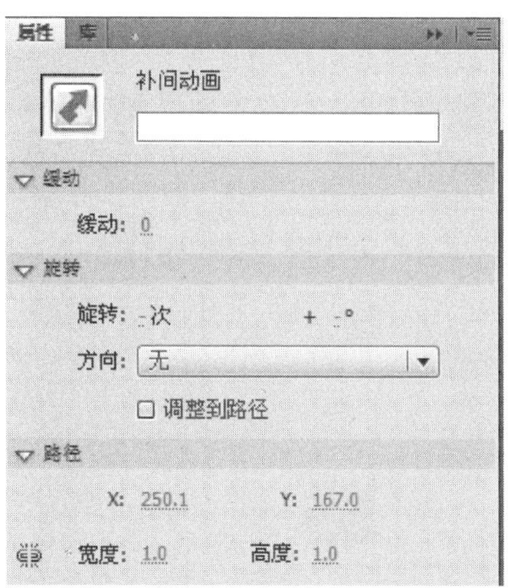

图 6－18　补间动画属性面板

一段具有蓝色背景的帧表示补间动画。第一帧中的黑点表示补间范围分配有目标对象。黑色菱形表示最后一个帧和任何其他属性关键帧。属性关键帧是包含由用户显式定义的属性更改的帧。第一帧中的空心点表示补间动画的目标对象已删除。补间范围仍包含其属性关键帧，并可应用新的目标对象。各种帧的状态如图 6－19 所示。

图 6－19　帧的状态

4. 补间动画举例

(1)使用“椭圆工具”按住 Shift 键在舞台上绘制一个正圆，填充由红至黑的放射状渐变颜色，无线条颜色，如图 6－20 所示。

(2)使用“选择工具”单击将该圆选中，按下 F8 键弹出“转换为元件”对话框，输入名称为“球”，类型为图形元件，如图 6－21 所示。

(3)选中“球”实例，右击在弹出的快捷菜单中选择“创建补间动画”，时间轴面板如图 6－22所示。如果未将图形转化为元件，则弹出对话框，提示未转换为元件的图形无法创建补间动画，单击“确定”可转化为影片剪辑元件。

图 6－20　绘制图

图 6－21　转换为元件对话框

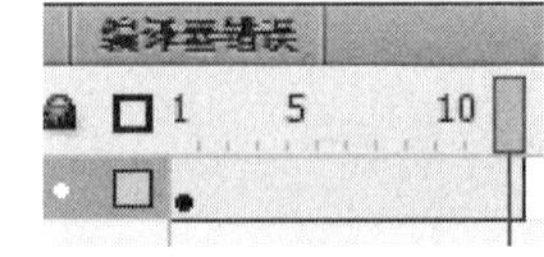

图 6－22　补间动画时间轴面板

操作说明：如果添加补间动画的对象只在 1 个关键帧内存在，则补间范围的长度等于一秒的持续时间，假设帧频为 12，即补间长度为 12 帧。拖动补间范围的任一端，可以调整补间范围的长短。

(4)拖动补间范围的右端，将补间范围加长至 50 帧处。鼠标单击第 25 帧，将小球移动到舞台中间。这时第 25 帧处自动插入一个属性关键帧，同时小球两位置之间添加了一条路径线。鼠标单击第 50 帧，将小球移动到舞台的右侧位置，此时又添加了一个属性关键帧和路径线，如图 6－23 所示。

(5)使用选择工具，将光标移动至路径边缘，调整形状为曲线，如图 6－24 所示。

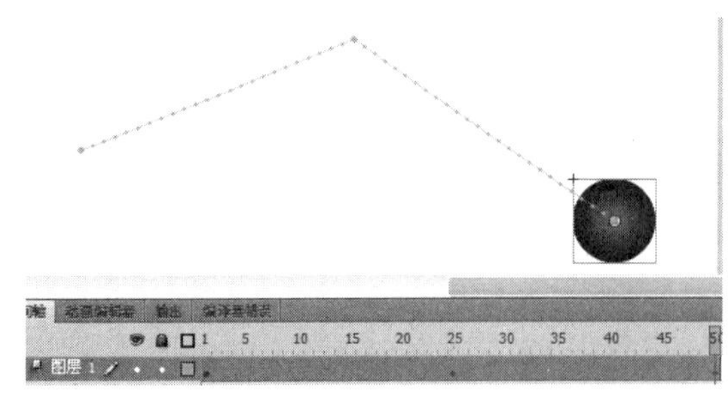

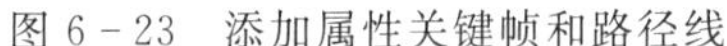

图 6－23　添加属性关键帧和路径线

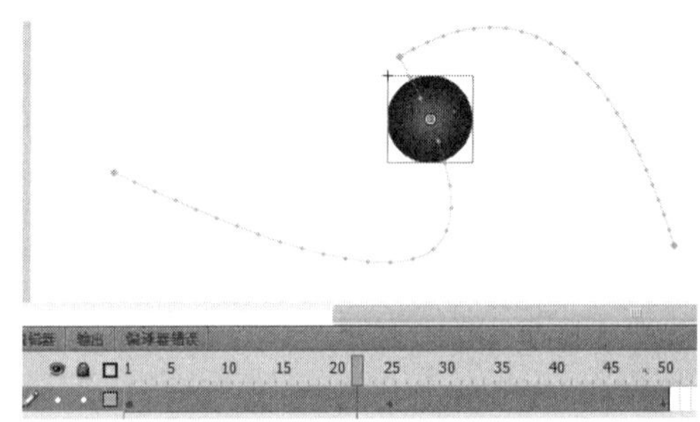

图 6－24　调整形状

(6)测试动画会发现小球运动由快到慢，这是什么原因呢？因为帧频不变，前 25 帧路径长必定速度要快，后 25 帧路径短必定速度要慢。在路径上右击执行“运动路径/将关键帧转为浮动”命令，此时测试，小球变为匀速运动。

5. 传统补间动画和补间动画之间的差异

(1)传统补间动画使用关键帧，补间动画使用属性关键帧。传统补间动画中的关键帧是指传统补间动画中的起点、终点和各转折画面所对应的帧，属性关键帧是指在补间动画中对象属性值初始定义和发生变化的帧。

(2)传统补间动画是针对画面的变化而产生的动画，补间动画是针对对象属性的变化而产生的变化。

(3)传统补间动画是在创建补间时将关键帧画面中的所有对象转换为图形元件实例。补间动画是在创建补间时将所有不允许的对象转换为影片剪辑元件实例。

(4)补间动画会将文本视为可补间的类型，不需要将文本转换为图形元件或影片剪辑元件。

(5)传统补间动画的关键帧可以添加脚本，而补间动画的关键帧不允许添加脚本。

(6)传统补间动画由关键帧和关键帧之间的过渡帧组成，过渡帧是可以分别选择的独立帧。补间动画由属性关键帧和补间范围组成，可以视为单个对象。

(7)只有补间动画可以创建3D对象动画，只有补间动画才能保存为动画预设。

六、动画编辑器

选中时间轴中的补间范围或者舞台工作区内的补间对象，选择“编辑/动画编辑器”命令，即可打开动画编辑器面板，如图6－25所示。通过动画编辑器面板，可以查看所有补间属性及其属性关键帧。

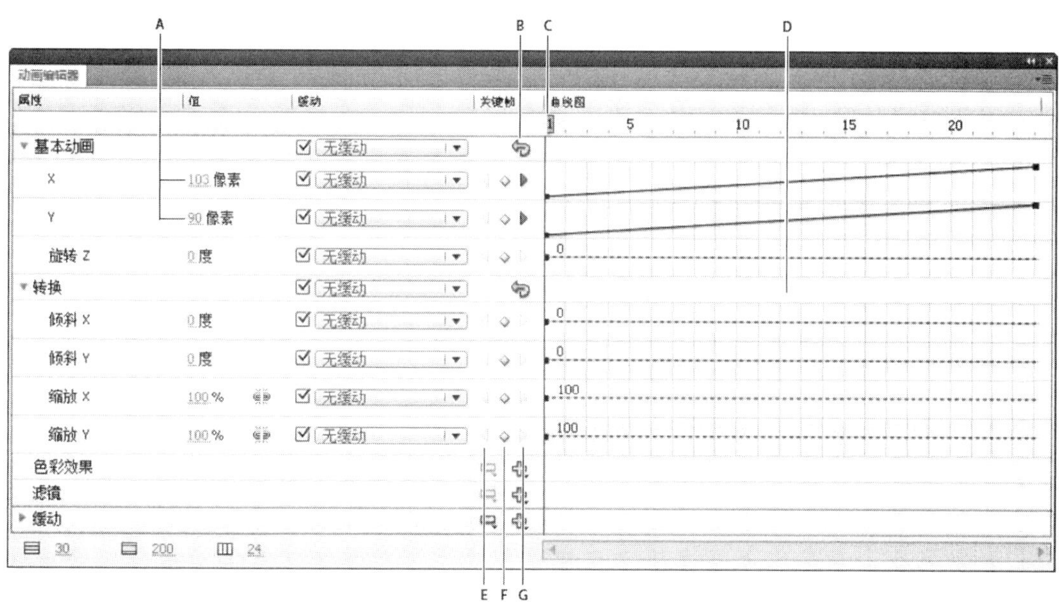

A. 属性值　B. “重置值”按钮　C. 播放头　D. 属性曲线区域　E. “上一关键帧”按钮
F. “添加或删除关键帧”按钮　G. “下一关键帧”按钮

图6－25　动画编辑器面板

用户通过动画编辑器面板可以精确地调整动画的属性值。该面板有五个栏目，分别是基本动画、转换、色彩效果、滤镜及缓动。

下面我们通过说明基本动画类别的X、Y及旋转Z属性设置，来简单了解动画编辑器面板的使用方法。

1. X、Y属性

在关键帧一栏中，有两个方向相反的小三角形，它可以用来跳转到另一个关键帧，中间的菱形可添加和删除关键帧，如图6－26所示。

定位到关键帧后，将光标放到前面蓝色的数字上，光标会出现双箭头，这时可左右拖动这个数字，此时舞台上的小球会随着移动，这说明这里可以调整对象的X属性。点击这个蓝色数值，用户可以输入一个数值，精确定位X属性。

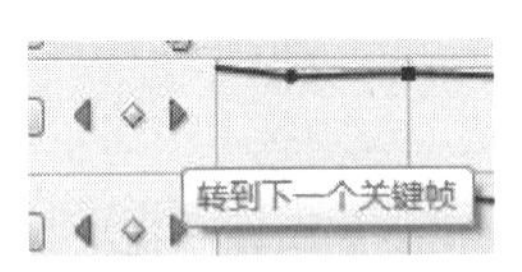

图6－26　添加删除关键帧

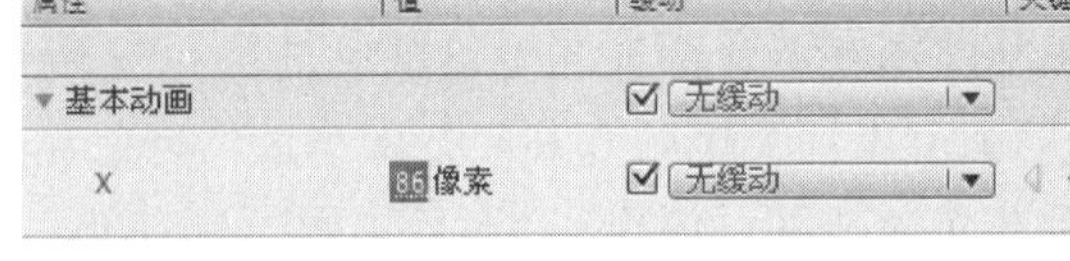

图6－27　缓动设置

在面板的右边是该属性的曲线，用户可以调整这个曲线来更改对象的X属性。我们定位到一个关键帧上，然后上下拖动这根曲线的锚点，可以看到小球也会随着左右移动，同时前面的蓝色数字也会发生变化。可能你会注意到在面板中还有缓动一栏，如图6－27所示。这里可以为相应属性设置缓动效果。要使用缓动效果，请先在面板下部的缓动栏内添加缓动。点击右上角的"＋"号，弹出的菜单中有很多内置的缓动效果，可以进行选择，如图6－28所示，面板如图6－29所示。

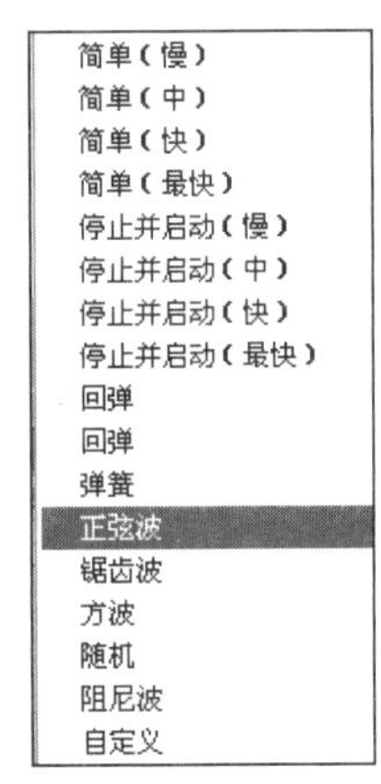

图6－28　选择缓动效果

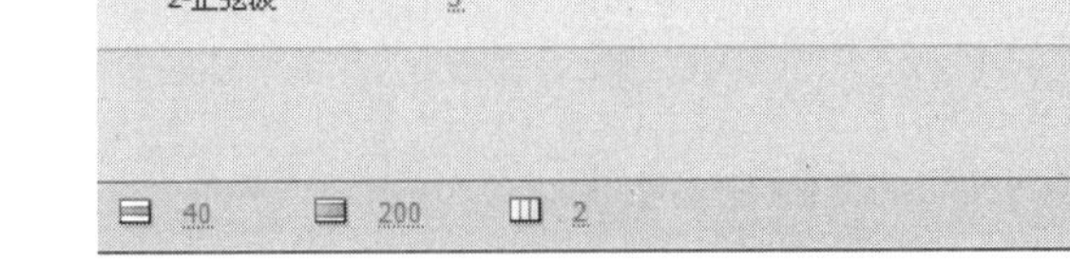

图6－29　缓动面板

添加缓动效果后，回到基本动画栏，点击X属性的缓动旁边的倒三角，在弹出的菜单中，就有了刚添加的缓动效果，点击要用的缓动就将缓动效果用到X属性上了，如图6－30所示。

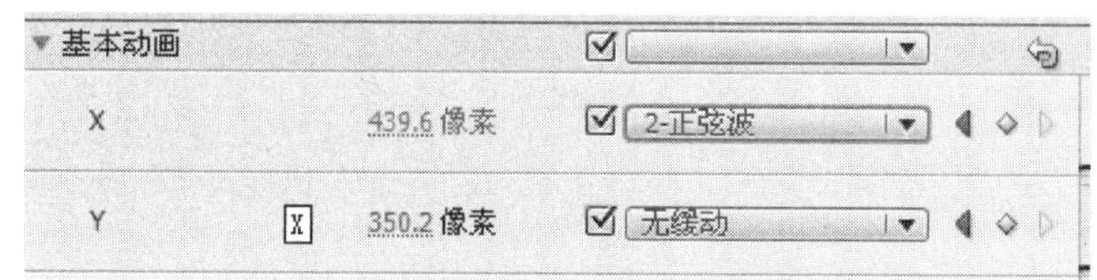

图 6－30 返回基本动画面板

Y 属性的设置方法跟 X 属性的设置方法相同。

2. Z 属性

假设第 1 个属性关键帧设置旋转 Z 属性为 0 度，最后 1 个属性关键帧设置的旋转 Z 属性为 360 度，可设置对象旋转。

转换类别中可设置缩放和倾斜属性。在缩放属性中有一个连接 X，Y 属性按钮，可以约束缩放的宽度和高度比例不变。接下来的色彩和滤镜的用法跟缓动一样，通过点击“＋”号来添加相应效果，并设置其属性值。

任务实施

1. 新建一个“550×400 像素”的 Flash CS4 文件，双击“图层 1”的名称，将其重命名为“标题背景”。单击“图层 1”的第 1 帧，执行“文件/导入/导入到舞台”命令，导入“背景图片 1.jpg”到舞台上来。

2. 选中“背景图片 1.jpg”，执行“窗口/对齐”命令，打开“对齐”面板。依次单击按钮“相对于舞台”、“匹配宽度”、“匹配高度”、“水平居中对齐”、“垂直居中对齐”等按钮。

3. 执行“插入/新建元件”命令，在打开的“创建新元件”对话框中进行设置如图 6－31 所示，单击“确定”按钮。

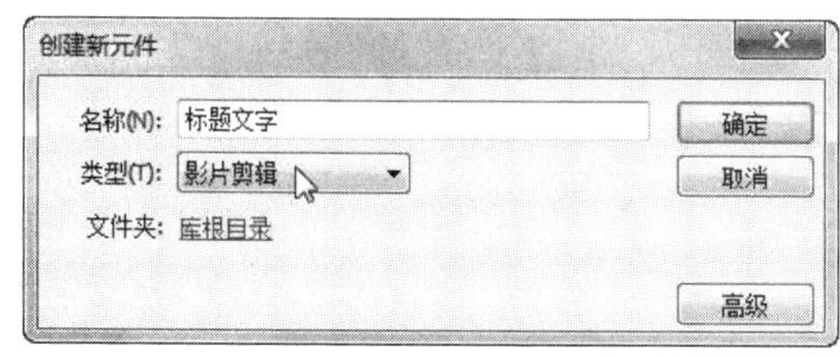

图 6－31 创建影片元件对话框

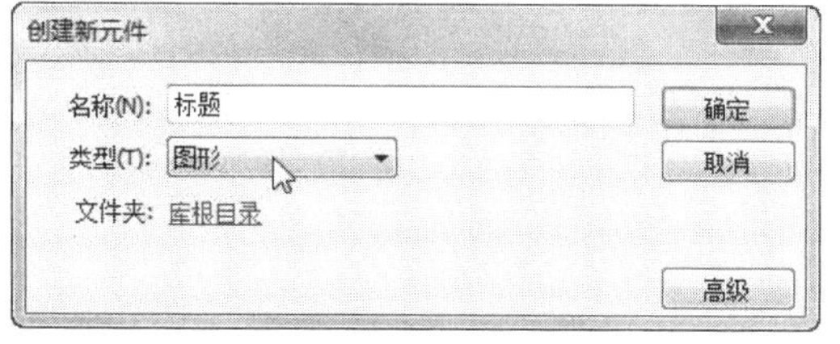

图 6－32 创建图形元件对话框

4. 在“标题文字”影片剪辑窗口中，对“图层 1”的第 1 帧执行“文件/导入/导入到舞台”命令，将图片“标题 .png”导入到舞台。

5. 选中“标题 .png”，单击工具箱中的“任意变形工具”，利用鼠标拖动“标题 .png”图片任意一点的控制点，将其调整到合适的大小。

6. 右击图片“标题 .png”，选择“转换为元件”命令，进行如图 6－32 所示设置，将其转换为图形元件。

7. 在该图层的第 10 帧，按 F6 插入关键帧，将 10 帧位置处的“标题”图形元件向上移动一定的距离。在第 1 至 10 帧任意位置右击，选择“创建传统补间动画”，时间轴面板如

图 6－33 所示。

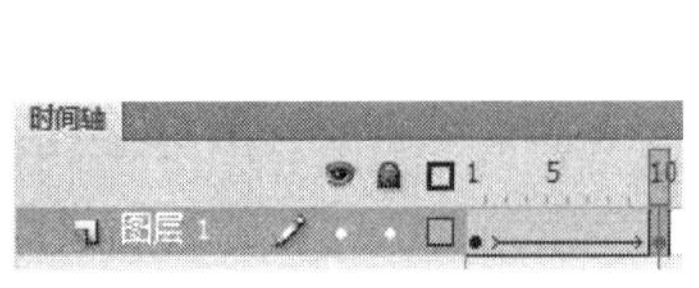

图 6－33 时间轴面板

图 6－34 动作－帧窗口

8. 右击第 10 帧，选择“动作”命令，在打开的“动作－帧”窗口中输入“stop();”或者从左侧函数窗口进行选择，“动作－帧”窗口此时效果如图 6－34 所示。

9. 此时“标题文字”影片剪辑窗口时间轴效果如图 6－35 所示。

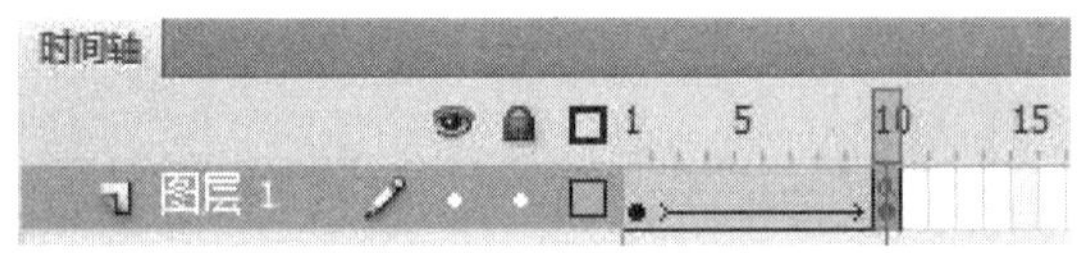

图 6－35 影片剪辑窗口

10. 回至场景 1，将“标题文字”影片剪辑拖动到的舞台下方。此时设置效果如图 6－36 所示。

11. 新建“图层 2”，双击“图层 2”名称，将其改名为“观察”。

12. 在“观察”图层的第 2 帧处，按 F6 插入关键帧。执行“文件/导入/导入到舞台”命令，导入“背景图片 2.jpg”到舞台上来，适当调整其高度，并利用“对齐”面板将其“相对于舞台，匹配宽度，水平居中、垂直靠上”于舞台，如图 6－37 所示。

图 6－36 效果图

图 6－37 效果图

13. 执行“插入/新建元件”命令，在打开的“创建新元件”对话框中进行设置，如图 6－38所示，单击“确定”按钮。

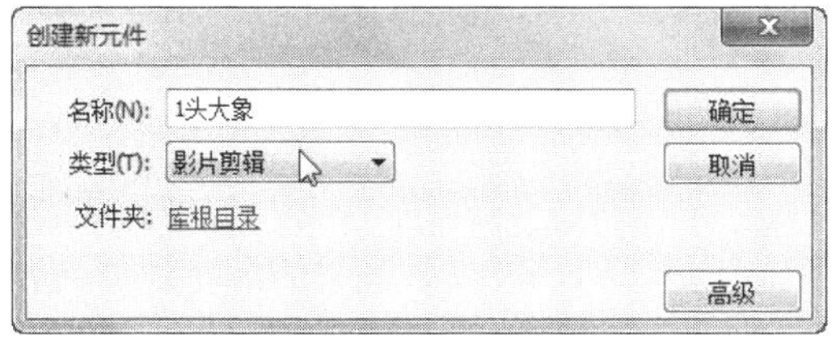

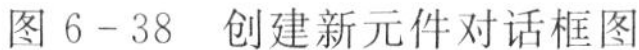
图 6－38　创建新元件对话框图

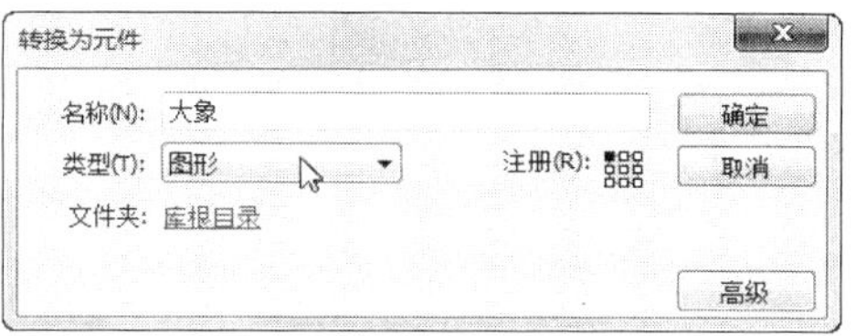

图 6－39　转换为元件对话框

14. 在“1 头大象”影片剪辑窗口中，对“图层 1”的第 1 帧执行“文件/导入/导入到舞台”命令，将图片“大象 . png”导入到舞台。

15. 右击图片“大象 . png”，选择“转换为元件”命令，将其转换为图形元件，如图 6－39 所示。

16. 在该图层的第 10 帧，按 F6 插入关键帧，将第 10 帧位置处的大象向上移动一定的距离。

17. 在第 1 帧至第 10 帧的任意位置右击，选择“创建传统补间”命令。

18. 右击第 10 帧，选择“动作”命令，在打开的“动作－帧”窗口中输入“stop();”或者从左侧函数窗口进行选择。

19. 回至场景 1，在“观察”图层的上方新建一个图层，双击图层名称，将其改为“1 头大象”。

20. 在“1 头大象”图层的第 3 帧，按 F6 插入关键帧。将“1 头大象”影片剪辑拖动到舞台的下方。

21. 同理，按照步骤 13—18 的方法，分别创建影片剪辑元件“2 头犀牛”、“3 只小鹿”、“4 个蘑菇”、“5 只小鸟”。

22. 在“1 头大象”图层上方新建 4 个图层，分别将图层名称由下自上命名“2 头犀牛”、“3 只小鹿”、“4 个蘑菇”、“5 只小鸟”。

23. 分别在“2 头犀牛”图层的第 4 帧、“3 只小鹿”图层的第 5 帧、“4 个蘑菇”图层的第 6 帧、“5 只小鸟”图层的第 7 帧，按 F6 创建关键帧，将影片剪辑元件“2 头犀牛”、“3 只小鹿”、“4 个蘑菇”、“5 只小鸟”分别拖动到对应图层对应帧的舞台下方，调整影片剪辑元件的大小和位置。

24. 选中“观察”图层、“1 头大象”图层、“2 头犀牛”图层、“3 只小鹿”图层、“4 个蘑菇”图层的第 7 帧，按 F5 插入普通帧。此时时间轴面板如图 6－40 所示。

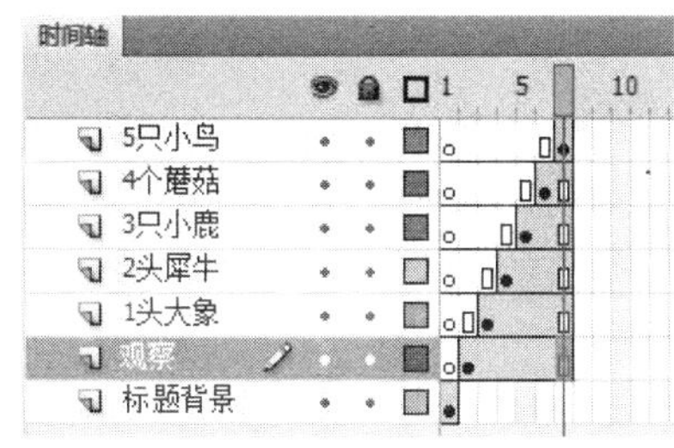

图 6－40　时间轴面板

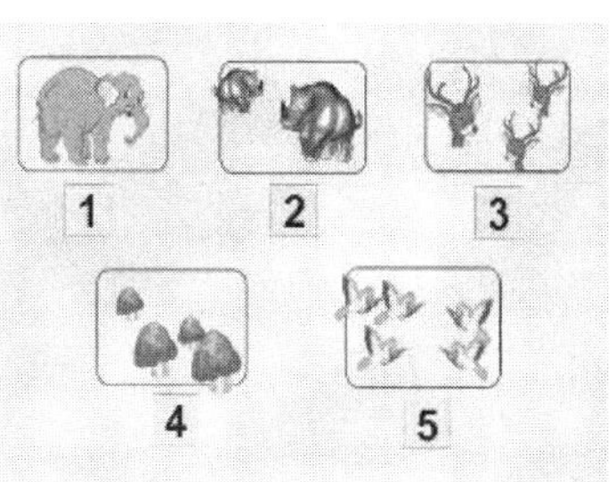

图 6－41　效果图

25. 在"5 只小鸟"图层上方新建一个图层，双击图层名称，将其改为"数字图片"。

26. 在"数字图片"图层的第 8 帧，按 F6 创建关键帧，执行"文件/导入/导入到舞台"命令，导入"数字图片 .jpg"到舞台上来。

27. 执行"窗口/对齐"命令，打开"对齐"面板。依次单击"相对于舞台"、"匹配宽度"、"匹配高度"、"水平居中对齐"、"垂直居中对齐"等按钮。效果如图 6-42 所示。

28. 在"数字图片"图层的上方，新建一个图层，双击图层名称，将其改名为"数一数"。在该层的第 9 帧，按 F6 创建关键帧，执行"文件/导入/导入到舞台"命令，导入"数一数 .jpg"到舞台上来。

29. 选中图片"数一数 .jpg"，执行"窗口/对齐"命令，打开"对齐"面板。依次单击"相对于舞台"、"匹配宽度"、"水平居中对齐"按钮。适当调整图片的高度，再选中图片，单击"对齐"面板上的"垂直底对齐"按钮。

30. 使用"文本工具"输入文字，效果如图 6-42 所示。

图 6-42　文本效果

图 6-43　文本效果

31. 在"数一数"图层的上方，新建一个图层，双击图层名称，将其改名为"说一说"。在该层的第 10 帧，按 F6 创建关键帧，执行"文件/导入/导入到舞台"命令，导入"说一说 .jpg"到舞台上来。

32. 选中图片"说一说 .jpg"，执行"窗口/对齐"命令，打开"对齐"面板。依次单击"相对于舞台"、"匹配宽度"、"匹配高度"、"水平居中对齐"、"垂直居中对齐"等按钮。

33. 使用"文本工具"输入文字，效果如图 6-43 所示。

34. 在"说一说"图层的上方新建一个图层，双击图层名称，将其改名为"连一连"。

35. 在"连一连"图层的第 11 帧，按 F6 创建关键帧，执行"文件/导入/导入到舞台"命令，导入图片"连一连 .jpg"到舞台上来。

36. 选中"连一连 .jpg"，执行"窗口/对齐"命令，打开"对齐"面板。依次单击"相对于舞台"、"匹配宽度"、"匹配高度"、"水平居中对齐"、"垂直居中对齐"等按钮。使用"文本工具"输入文字，效果如图 6-44 所示。

37. 建立"方框 2"图形元件。方法：执行"插入/新建元件"命令，在打开的"创建新元件"对话框中进行设置，如图 6-45 所示，单击"确定"按钮。

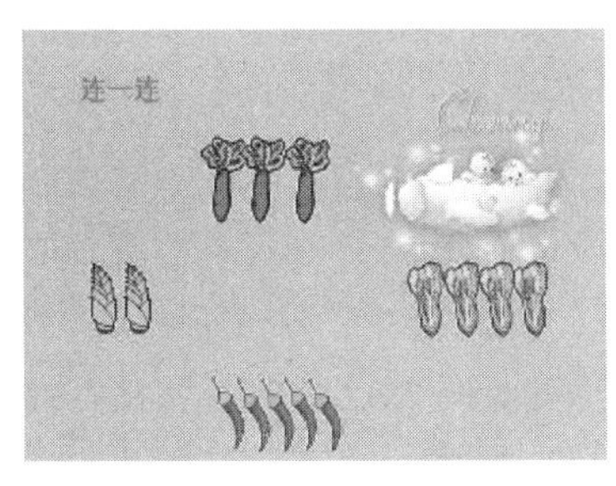

图 6－44　效果图

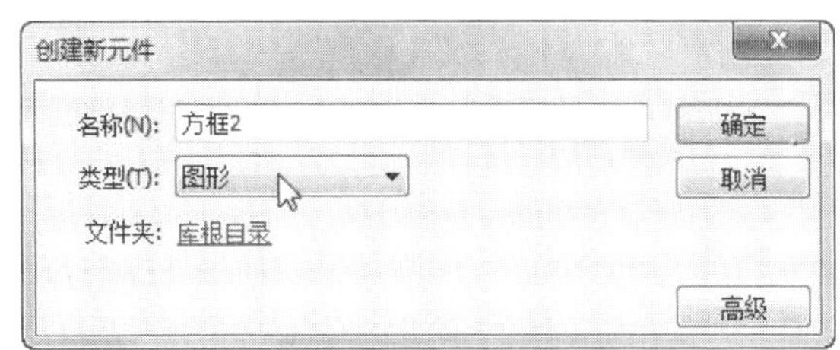

图 6－45　创建新元件对话框

38. 在“方框 2”图形元件的第 1 帧，选择工具箱中的“矩形工具”，再单击工具箱中的“对象绘制”模式按钮，填充颜色，按住 Shift 键绘制一个正方形；然后再使用“文本工具”输入文字“2”，填充颜色设置为白色。效果如图 6－46 所示。

39. 建立“方框 2 移动”影片剪辑元件。方法：执行“插入/新建元件”命令，在打开的“创建新元件”对话框中进行设置，如图 6－47 所示，单击“确定”按钮。

图 6－46　效果图

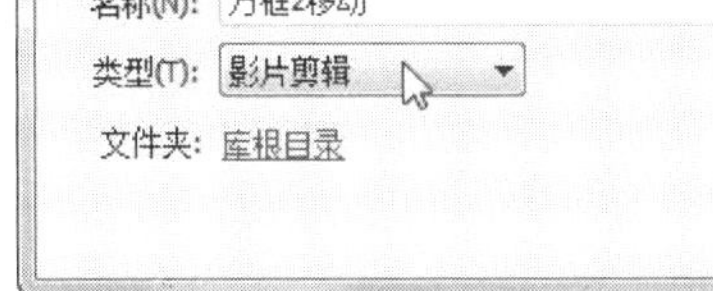

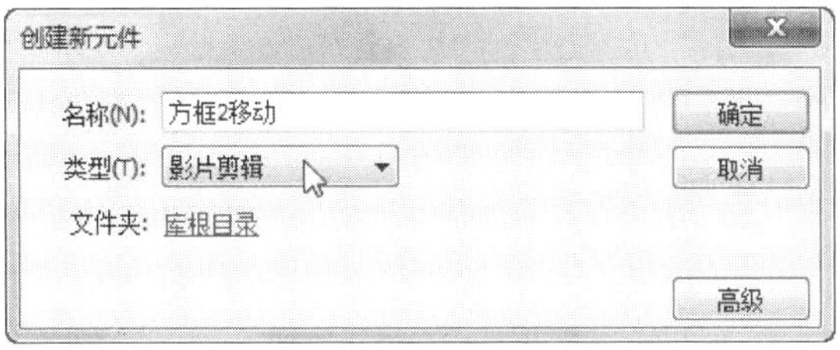

图 6－47　创建新元件对话框

40. 在“方框 2 移动”影片剪辑元件窗口中，将“方框 2”图形元件从库面板中拖动到页面中。

41. 选中“图层 1”的第 1 帧右击，选择“创建补间动画”命令，效果如图 6－48 所示。

42. 选择第 12 帧，按 F6 创建关键帧，将当前帧定位到第 12 帧，按住 Shift 键将“方框 2”图形元件向上移动一段距离。

43. 选择第 24 帧，按 F6 创建关键帧，将当前帧定位在第 24 帧，按住 Shift 键将“方框 2”图形元件的位置向左移动，效果如图 6－49 所示。

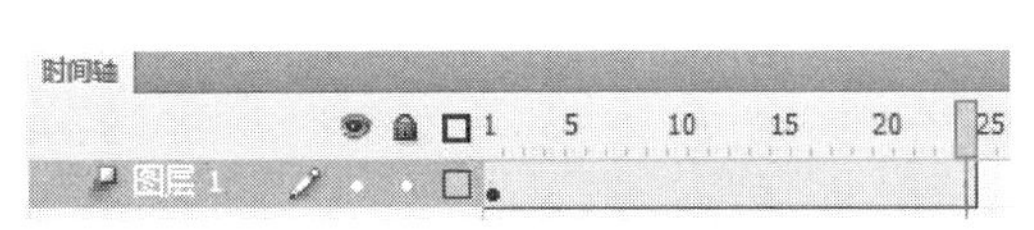
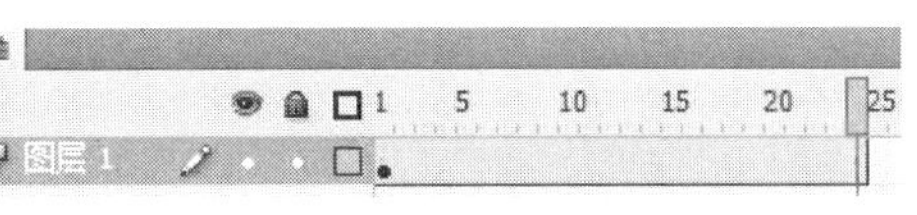

图 6－48　补间动画面板

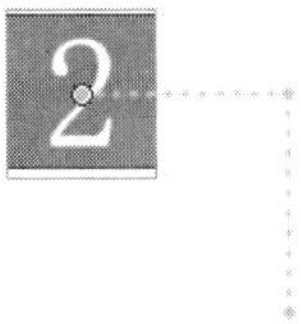

图 6－49　效果图

44. 在“方框 2 移动”影片剪辑元件窗口中“图层 1”的上方新建图层 2，在 24 帧处按 F6 创建关键帧，右击该帧，选择“动作”命令，在打开的“动作－帧”窗口中输入“stop();”或者从左侧函数窗口进行选择，此时时间轴面板如图 6－50 所示。

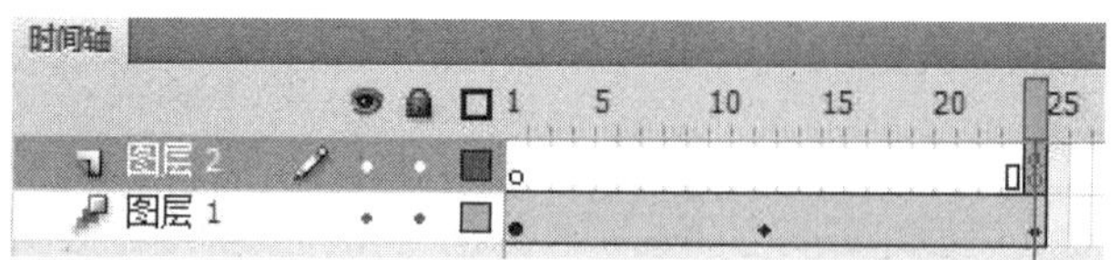

图 6－50　时间轴面板

45. 同理，按照步骤 38-44 的方法，分别创建影片剪辑元件“方框 3 移动”、“方框 4 移动”、“方框 5 移动”。各影片剪辑元件窗口效果如图 6－51 所示。

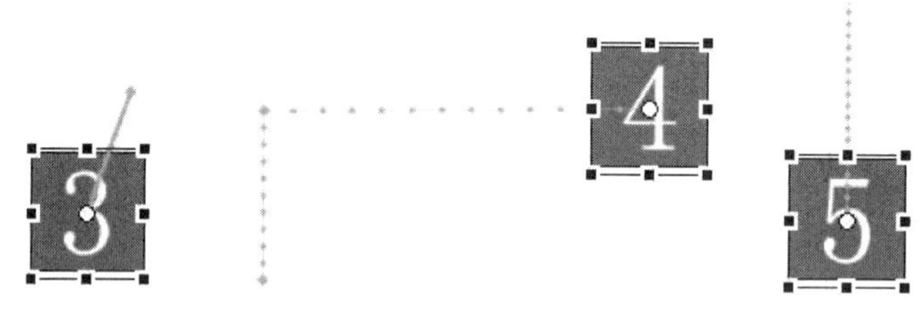

图 6－51　效果图

46. 在“连一连”图层的上方新建 4 个图层，由下向上分别命名为“方框 2”、“方框 3”、“方框 4”、“方框 5”。

47. 分别在“方框 2”图层的第 12 帧、“方框 3”图层的第 13 帧、“方框 4”图层的第 14 帧、“方框 5”图层的第 15 帧，按 F6 创建关键帧，将影片剪辑元件“方框 2 移动”、“方框 3 移动”、“方框 4 移动”，“方框 5 移动”分别拖动到对应图层对应帧的舞台上，调整影片剪辑元件的大小和位置，如图 6－52 所示。

48. 选中“连一连”图层、“方框 2”图层、“方框 3”图层、“方框 4”图层的第 15 帧，按 F5 插入普通帧。

49. 选择“标题背景”图层的第 1 帧，执行“窗口/公用库/按钮”命令，打开按钮库面板，选择如图 6－53 所示的按钮，将其拖动到舞台上，根据需要可调整按钮的大小。

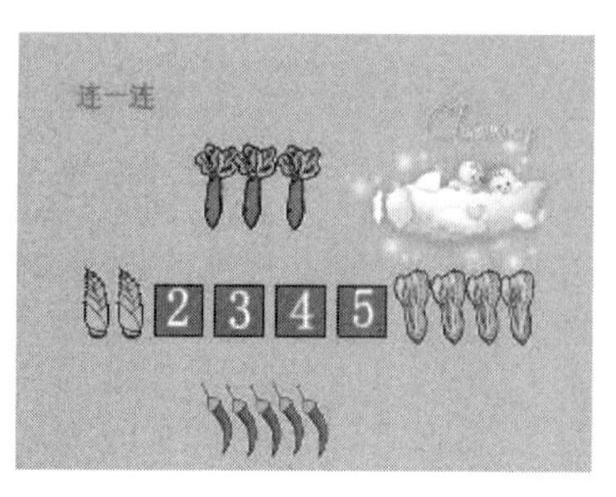

图 6－52　调整影片剪辑大小和位置

图 6－53　库面板

50. 在按钮上右击，选择“动作”命令，在打开的“动作－帧”窗口中输入如图6－54所示的脚本。

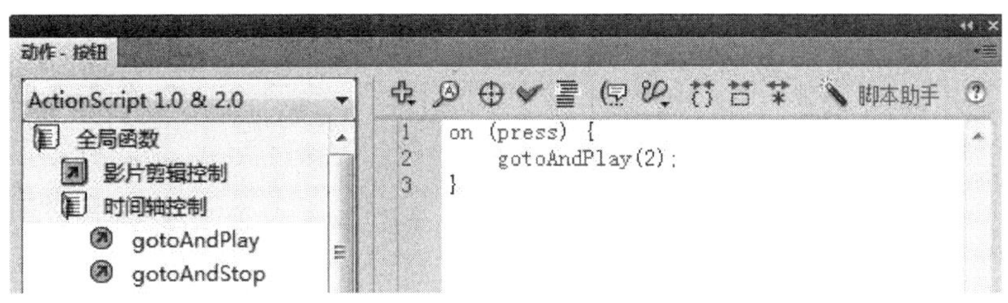

图6－54　动作－帧面板

51. 将此按钮通过执行“编辑/复制”，“编辑/粘贴到当前位置”命令分别复制到其他图层的关键帧上，并修改按钮对应跳转的帧位置数。

52. 在“方框5”图层上新建一个图层，改名为“AS”，在第1帧至第15帧分别添加帧动作“stop();”，至此，课件制作完毕，此时时间轴最终面板如图6－55所示。

53. 按Ctrl＋Enter键，测试影片，效要如图6－56所示。

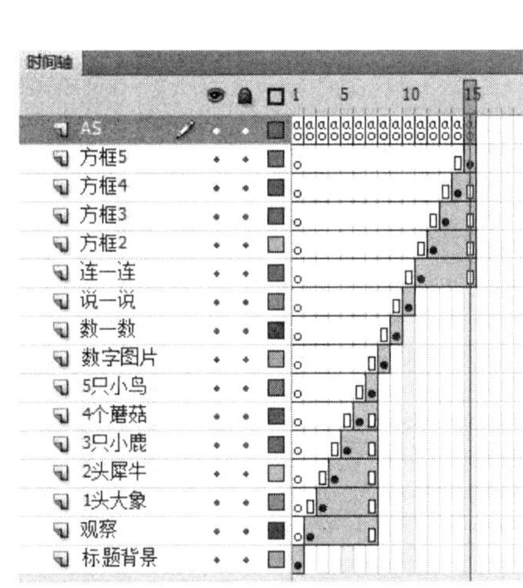

图6－55　时间轴面板

图6－56　效果图

任务二　小班数学《认识数字宝宝：1、2、3》课件设计

这个任务通过设计制作小班数学《认识数字宝宝：1、2、3》课件，让用户初步认识Action Script语言的使用，掌握按钮元件、时间轴控制函数和影片剪辑控制函数的使用方法，效果如图6－57所示。

图 6－57 效果图

一、Action Script 的编辑环境

用户可以将 Sctions Cript 附加到关键帧、按钮以及影片剪辑中。Flash CS4 提供了一个专门用来编写动作脚本的开发环境，这就是“动作－帧”面板。

首选选择对象或关键帧，按“F9”键或选择“窗口/动作”菜单即可打开“动作”面板，如图 6－58 所示。

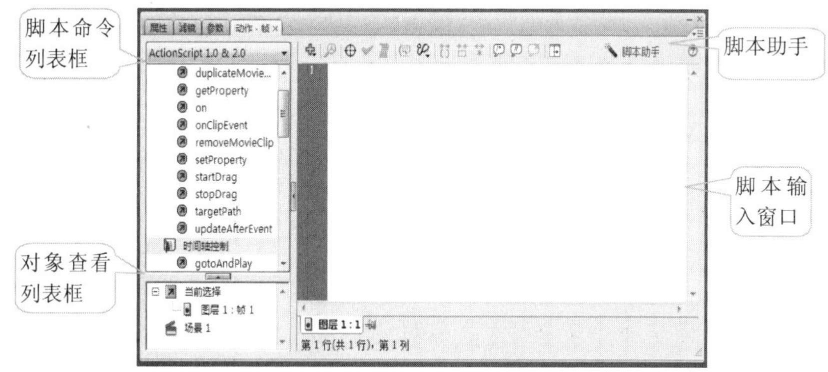

图 6－58 动作面板

1. 交互式动画原理

交互式动画是由触发动作的事件、事件的目标和触发事件的动作三个因素组成的。例

如单击按钮后，影片开始播放这一事件。其中，单击是触发动作的事件，按钮是事件的目标，影片开始播放是触发事件的动作。换句话说，事件、目标和动作构成了一个交互式动画。

在 Flash CS4 中，事件包括鼠标事件、键盘事件和帧事件三种。目标包括时间轴、按钮元件和影片剪辑元件三种。而动作就是指控制影片的一系列脚本语言，所以说脚本语言的编写也就是各种动作的编写。

2. 脚本编辑区的构成

脚本编辑窗口如图 6－59 所示，从中我们可以看到各部分的名称。

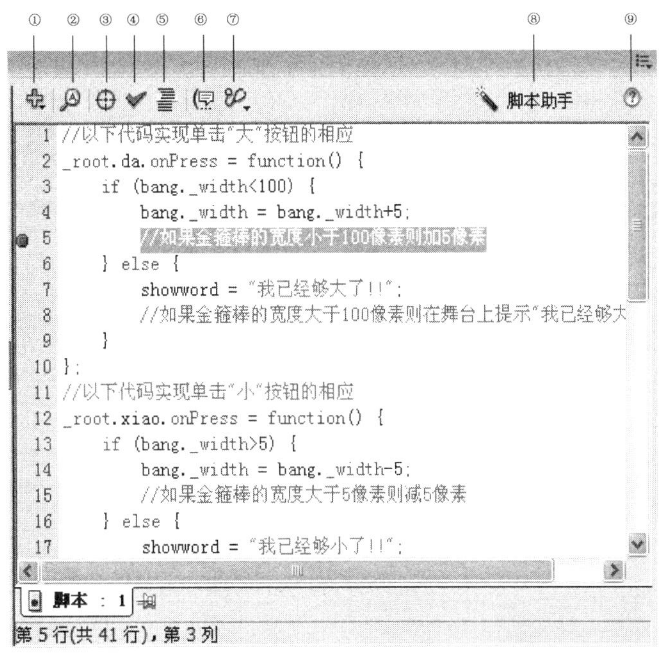

图 6－59　脚本编辑窗口

①添加动作按钮：单击此按钮添加脚本语言。功能与动作工具栏相同，可以将它理解为动作工具栏的快捷方式。

②查找替换按钮：单击此按钮，弹出“查找”对话框，用于在脚本编辑区中查找指定的脚本语言，单击“替换”对话框，用于在脚本编辑区中查找并替换指定的脚本语言。

③指定目标路径按钮：单击此按钮，弹出“插入目标路径”对话框，用于设置影片剪辑实例和按钮实例的目标路径。

④语法检查按钮：用于检查当前脚本语言中的错误。如果脚本语言中有错误，错误报告将显示在“输出”窗口中。

⑤自动套用格式按钮：该按钮用于调整当前脚本语言的格式，使它标准化。

⑥显示代码提示按钮：该按钮控制是否显示代码提示。通过显示代码目录，用户可快速查找到需要的脚本语言。

⑦调试选项弹出菜单：单击此按钮，弹出调试选项弹出菜单，用户可在脚本中设置和删除用于调试的断点，可以检查动作脚本的语法错误。

⑧脚本助手：单击此按钮，可以在动作面板中显示出当前脚本命令的使用说明。

⑨帮助：单击此按钮，弹出帮助菜单。

3. 语言的编写方式

用户在编写脚本语言时，既可以直接在脚本编辑窗口中输入字符进行编写，又可以在动作工具栏中选择项目进行编写。

单击动作工具栏中的项目文件夹，可展开或收缩文件夹，在展开的项目文件夹中包含多个脚本项目，用户可通过双击进行选择。此外，用户还可以通过添加动作按钮，将新项目添加到脚本中。

4. 脚本元素

根据元素性质和作用的不同，Flash CS4 将脚本元素分为 12 大类，并分别归类整理为 12 个项目文件夹，如图 6-60 所示。在项目文件夹中有全局函数、全局属性、运算符、语句、ActionScript 2.0 类、编译器指令、常数、类型、否决的、数据组件、组件、屏幕和索引，其中“索引”元素是所有脚本项目的集合，可按照字母顺序将所有的脚本项目显示出来。

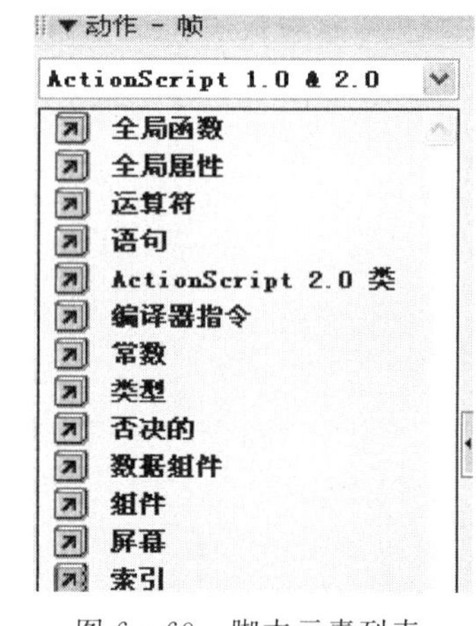

图 6-60　脚本元素列表

5. 脚本的作用对象

(1)关键帧

在帧中设置的动作在该帧被播放时执行。例如，在动画的第 20 帧处通过 Actions Cript 脚本程序设置了动作，那么就必须等影片播放到第 20 帧时才会执行相应的动作。因此，这种动作必须在特定的时机执行，与播放时间或影片内容有极大的关系。

(2)按钮

这类动作比较容易理解，通常这些动作都是当按钮发生某些特定事件时才会执行，例如按钮被按下、释放或鼠标经过该按钮时。使用按钮并为按钮添加 Actions Cript 脚本程序很容易完成互动式程序界面的设计。用户还可以将多个按钮组成按钮式菜单，菜单中的每一个按钮实例都可以有自己的动作，即使是同一元件的实例也不会相互影响。

on 事件处理函数的用法

用户在按钮实例上添加动作脚本命令语句时，必须先为其添加 on 事件处理函数，on 事件处理函数的语法格式为：

```
on(鼠标事件){
此处是语句，用来响应鼠标事件
}
```

• press：表示在按钮上单击鼠标左键时触发动作(即执行什么命令语句)。

• release：在该按钮上按下鼠标左键，接着松开鼠标时触发动作。

• releaseOutside：在按钮上按下鼠标左键，接着将鼠标移至按钮外，松开鼠标时触发动作。

• rollOver：鼠标光标放在按钮上时触发动作。

• rollOut：鼠标光标从按钮上滑出时触发动作。

• dragOver：按着鼠标左键不松手，光标滑入按钮时触发动作。注意 rollOver 是没有按下鼠标，这里是按下鼠标。

• dragOut：按着鼠标左键不松手，光标滑出按钮时触发动作。

• keyPress：其后的文本框处于可编辑状态，在其中按下相应的键输入键名，以后当按下该键时可触发动作。

(3)影片剪辑

这类动作通常是在播放该影片剪辑时被载入。同样，同一影片剪辑的不同实例也可以有不同的动作。这类动作虽然相对较少使用，但如果能够灵活运用，将会简化许多工作流程。

onClipEvent 事件处理函数的用法

用户在影片剪辑实例上添加动作脚本命令语句时，必须先为其添加 onClipEvent 事件处理函数。onClipEvent 函数的语法格式如下。

onClipEvent(系统事件){
(此处是语句，用来响应事件)
}

• Load：载入影片剪辑时，触发此大括号里的动作。

• unload：在时间轴中删除影片剪辑实例之后，触发大括号里的动作。

• enterFrame：只要影片剪辑在播放，便会不断地触发大括号里的动作。

• mouseMove：每次移动鼠标时触发动作。

• mouseDown：当按下鼠标左键时触发动作。

• mouseUp：当释放鼠标时触发动作。

• keyDown：当按下某个键时触发动作。

• keyUp：当释放某个键时触发动作。

二、按钮元件

1. 按钮元件的四个状态

在 Flash 影片中经常用到按钮，按钮是元件的一种。当鼠标指针移到按钮之上或单击按钮时，即产生交互事件。要使一个按钮在影片中具有交互性，需要为按钮实例设计对交互事件产生的动作。按钮的时间轴被限制为四帧，这些帧被称为“状态”。这四个状态分别为弹起、指针经过、按下和点击。

(1)“弹起”(即 Up)状态：鼠标不在按钮上或鼠标离开按钮时呈现的状态。

(2)“指针经过”(即 Over)状态：鼠标移动到按钮上时的状态。

(3)“按下”(即 Down)状态：鼠标单击按钮时的状态。

(4)“点击”(即 Hit)状态：鼠标的响应区，这个关键帧中的图形将决定按钮的有效范围。在播放时该帧上的对象是不可见的。

2. 创建按钮

单击“插入/新建元件”菜单命令，调出“创建新元件”对话框。在该对话框内，选择“按钮”复选框，在“名称”文本框中输入元件的名字(例如：“按钮 1”)。单击“确定”按钮，切换到按钮元件的编辑状态，如图 6－61 所示。

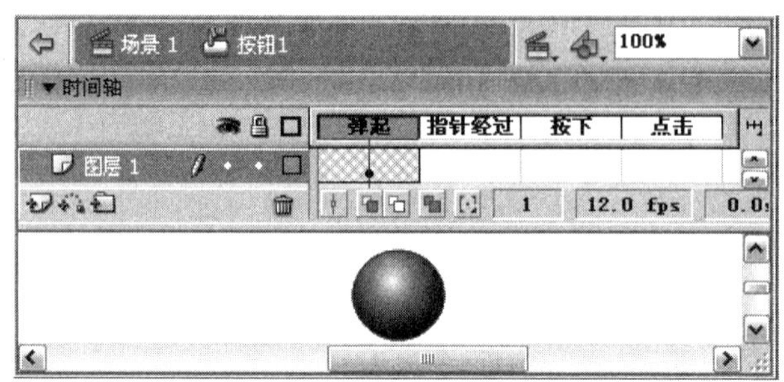

图 6－61　按钮元件编辑状态

3. 测试按钮

测试按钮就是将鼠标指针移到按钮之上和单击按钮，观察它的动画效果(应该像播放影片时一样按照指定的方式响应鼠标事件)。

三、时间轴控制函数

“时间轴控制”函数可以在“全局函数/时间轴控制”目录下找到。

1. stop 函数

“格式”：stop()

“功能”：暂停当前动画的播放，使播放头停止在当前帧。

在默认情况下，动画从第 1 帧开始播放，直到最后。该语句是 Flash CS4 中最简单的脚本语言，使用时不需要附加设置。若希望将动画停止在某一帧处且不再向后继续播放，就可为停止位置对应的帧添加 stop 命令。

例如：当鼠标移到按钮上，动画开始播放，再单击，动画停止，格式如下：

```
On(rollover){
Play();
}
On(release){
Stop();
}
```

2. play 函数

“格式”：play()

“功能”：如果当前动画暂停播放，则从播放头暂停处继续播放动画。

例如：表示单击按钮时，动画开始播放。

```
On(release){
```

```
Play();
}
```

3. gotoAndPlay 函数

“格式”：gotoAndPlay([scene,]frame)

“功能”：使播放头跳转到指定场景内的指定帧，并开始播放动画，参数 scene 是设置开始播放的场景，如果省略 scene 参数，则默认当前场景；参数 frame 是指定播放的帧号。帧号可以是帧的序号，也可以是帧的标签(即帧的“属性”面板内的“帧标签”文本框中的名称)。

例如：当鼠标光标移动到按钮上方时出现跳动的球，而鼠标离开按钮后出现旋转的星星。

```
On(rollover){
Gotoandplay("ball");
}
On(rollout)
Gotoandplay("star");
}
```

4. gotoAndStop 函数

“格式”：gotoAndStop([scene,]frame)

“功能”：使播放头跳转到指定场景(scene)内的指定帧(frame)，并停止在该帧上。

5. nextFrame 函数

“格式”：nextFrame()

“功能”：使播放头跳转到当前帧的下一帧，并停在该帧。

例如：单击按钮时，画面会自动停在从当前帧往下第 20 帧处。

```
On(release){
nextfram(20);
}
```

6. prevFrame 函数

“格式”：prevFrame()

“功能”：使播放头跳转到当前帧的前一帧，并停在该帧。

7. nextScene 函数

“格式”：nextScene()

“功能”：使播放头跳转到当前场景的下一个场景的第 1 帧，并停在该帧。

8. prevScene 函数

“格式”：prevScene()

“功能”：使播放头跳转到当前场景的前一个场景的第 1 帧，并停在该帧。

9. stopAllSounds 函数

“格式”：stopAllSounds()

“功能”：关闭目前播放的 Flash 动画(无论播放几个 Flash 动画)内所有正在播放的声音。

四、影片剪辑控制函数

"影片剪辑控制"函数可以在"全局函数/影片剪辑控制"目录下找到。

1. duplicateMovieClip 函数

"格式"：duplicateMovieClip(target, newname, depth)

"功能"：复制一个影片剪辑实例对象到舞台工作区指定层，并给它赋予一个新的名称。

"参数"：target 给出要复制的影片剪辑元件的目标路径。newname 给出新的影片剪辑实例的名称。depth 给出新的影片剪辑元件所在层的号码。

> 操作说明：在复制之前，舞台上必须要有一个初始的 MovieClip，初始的 MovieClip 永远在 stage 的第 0 层上。并且复制后的一个新的 MovieClip 必须被放在不同的层级，否则原有层级的 MovieClip 就会被置换成新的 MovieClip；播放影片剪辑时，一旦删除初始的 MovieClip，则所有已经复制的 MovieClip 就会同时全部从 stage 上删除；MovieClip 对象上的变量值无法使用 duplicateMovieClip 复制到新的对象上。

例如：复制名为"sun"的影片剪辑；

```
On(release){
duplicatemovieclip("sun","sun"add i,i);
}
```

2. removeMovieClip 函数

"格式"：removeMovieClip(target)

"功能"：该函数用于删除指定的对象，其中参数 target 是对象的目标地址路径。

3. on 函数

"格式"：on(mouseEvent)

"功能"：用来设置鼠标和按键事件处理程序。mouseEvent 参数是鼠标和按键事件的名称。

4. startDrag 函数

"格式 1"：startDrag(target);

"格式 2"：startDrag(target, [lock]);

"格式 3"：startDrag(target[, lock[, left, top, right, bottom]]);

"功能"：该函数用来设置鼠标可以拖曳舞台工作区的影片剪辑实例。

"参数"：target 是要拖曳的对象，lock 是指是否以锁定中心拖曳，参数 left(左边)、top(顶部)、right(右边)和 bottom(底部)是拖曳的范围。在[]中的参数是可选项。

5. stopDrag 函数

"格式"：stopDrag()

"功能"：stopDrag 函数没有参数，其功能是用来停止鼠标拖曳影片剪辑实例。

6. getProperty 函数

"格式"：getProperty(my _ mc, property);

“功能”：用来得到影片剪辑实例属性的值。

“参数”：括号内的参数 my _ mc 是舞台工作区中的影片剪辑实例的名称，参数 property 是影片剪辑实例的属性名称，参看表 6－1。

表 6－1　影片剪辑实例的属性表

属性名称	定　　义
_ alpha	透明度，以百分比的形式表示，100％为不透明，0％为透明
_ currentframe	当前影片剪辑实例所播放的帧号
_ droptarget	返回最后一次拖曳影片剪辑实例的名称
_ focusrect	当使用 Tab 键切换焦点时，按钮实例是否显示黄色的外框。默认显示是黄色外框，当设置为 0 时，将以按钮元件的“弹起”状态来显示
_ framesloaded	返回通过网络下载完成的帧的数目。在预下载时使用它
_ height	影片剪辑实例的高度，以像素为单位
_ highquality	影片的视觉质量设置：1 为低，2 为高，3 为最好
_ name	返回影片剪辑实例的名称
_ quality	返回当前影片的播放质量
_ rotation	影片剪辑实例相对于垂直方向旋转的角度。会出现微小的大小变化
_ soundbuftime	Flash 中的声音在播放之前要经过预下载然后播放，该属性说明预下载的时间
_ target	用于指定影片剪辑实例精确的字符串。在使用 TellTarget 时常用到
_ totalframes	返回影片或者影片剪辑实例在时间轴上所有帧的数量
_ url	返回该 . swf 文件的完整路径名称
_ visible	设置影片剪辑实例是否显示：true 为显示，false 为隐藏
_ width	影片剪辑实例的宽度，以像素为单位
_ x	影片剪辑实例的中心点与其所在舞台的左上角之间的水平距离。影片剪辑实例在移动的时候，会动态地改变这个值，单位是像素。需要配合“信息”面板来使用
_ xmouse	返回鼠标指针相对于舞台水平的位置
_ xscale	影片剪辑元件实例相对于其父类实际宽度的百分比
_ y	影片剪辑实例的中心点与其所在舞台的左上角之间的垂直距离。影片剪辑实例在移动的时候，会动态地改变这个值，单位是像素。需要配合“信息”面板来使用
_ ymouse	返回鼠标指针相对于舞台垂直的位置
_ yscale	影片剪辑实例相对于其父类实际高度的百分比

7. setProperty 函数

“格式”：setProperty(target, property, value/expression)

“功能”：用来设置影片剪辑实例(target)的属性。

“参数”：target 给出了影片剪辑实例在舞台中的路径和名称；Property 是影片剪辑实例的属性，参看表 6－1；value 是影片剪辑实例属性的值；expression 是一个表达式，其值是影片剪辑实例属性的值。

8. onClipEvent 函数

“格式”：on(ClipEvent)

“功能”：用来设置影片剪辑事件处理程序。参数 ClipEvent 是影片剪辑事件的名称。

任务实施

1. 新建一个“550×400 像素”的 Flash CS4 文档。双击“图层 1”的名称，将其重命名为“标题”。单击“图层 1”的第 1 帧，执行“文件/导入/导入到舞台”命令，导入“背景图片 1. png”和“题目文字 . png”到舞台上来。

2. 选中“背景图片 1. png”，执行“窗口/对齐”命令，打开“对齐”面板。依次单击“相对于舞台”、“匹配宽度”、“匹配高度”、“水平居中对齐”、“垂直居中对齐”等按钮。适当调整图片“题目文字 . png”的大小和位置。设置效果如图 6 - 62 所示。

图 6 - 62　效果图

3. 执行“窗口/公用库/按钮”命令，找到如图 6 - 63 所示的按钮，依次将其拖动到“标题”层的第 1 帧。

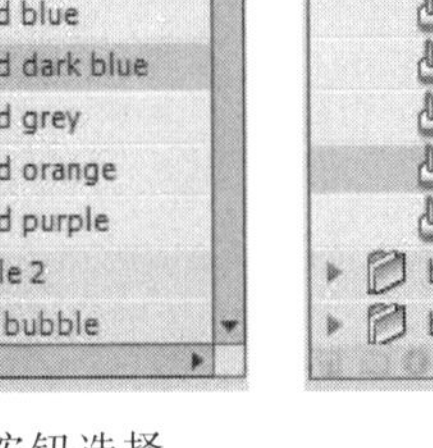

图 6 - 63　按钮选择

4. 依次选中每个按钮，在属性面板中，如图 6－64 所示设置按钮的大小。

5. 在“库”面板中依次双击每个按钮进入按钮元件窗口，选中“text”图层，将按钮上的文字更改为“活动目标”、“活动准备”、“活动过程”。回到场景 1，效果如图 6－65 所示。

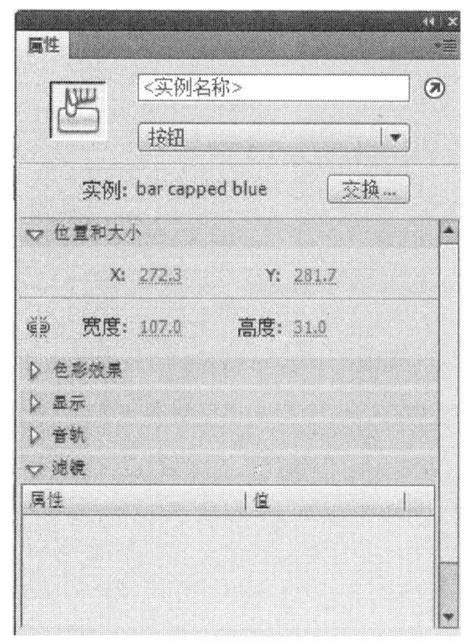

图 6－64　按钮属性面板

图 6－65　效果图

6. 新建“图层 2”，双击“图层 2”名称，将其改名为“活动目标”。

7. 在“活动目标”图层的第 2 帧处，按 F6 插入关键帧。执行“文件/导入/导入到舞台”命令，导入“背景图片 2.jpg”到舞台上来，并利用“对齐”面板将其相对于舞台，匹配宽度，匹配高度，水平垂直居中于舞台。使用“文本工具”在“活动目标”图层的第 2 帧处，输入“活动目标”等文字内容，适当调整文字颜色、大小和位置，效果如图 6－66 所示。

8. 新建“图层 3”，双击“图层 3”名称，将其改名为“活动准备”。

9. 在“活动准备”图层的第 3 帧处，按 F6 插入关键帧。执行“文件/导入/导入到舞台”命令，导入“背景图片 3.jpg”到舞台上来，并利用“对齐”面板将其相对于舞台，匹配宽度，匹配高度，水平垂直居中于舞台。使用“文本工具”在“活动准备”图层的第 3 帧处，输入“活动准备”等文字内容，适当调整文字颜色、大小和位置，效果如图 6－67 所示。

图 6－66　效果图

图 6－67　效果图

10. 新建图层 4，双击图层 4 名称，将其改名为“活动过程”。

11. 在“活动过程”图层的第 4 帧处，按 F6 插入关键帧。采用前面的方法，在第 4 帧导入“背景图片 4.jpg”到舞台上来，设置对齐，并利用“文本工具”输入“活动过程”等文字内容，适当调整文字颜色、大小和位置，效果如图 6－68 所示。

12. 分别在“活动过程”图层的第 5、6、7 帧处，按 F7 插入 3 个空白关键帧。采用前面的方法分别在这三帧处依次导入图片“背景图片 5.jpg”、“背景图片 6.jpg”、“背景图片 7.jpg”到舞台上来，设置对齐，时间轴面板如图 6－69 所示。

图 6－68　效果图

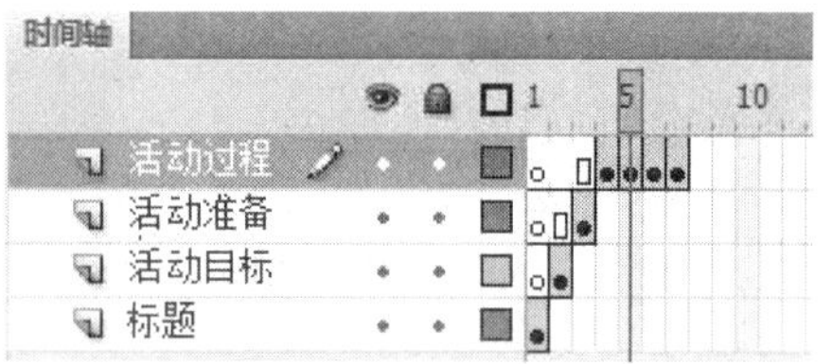

图 6－69　时间轴面板

13. 分别在“活动过程”图层的第 8、9、10、11、12 帧处，按 F7 插入 5 个空白关键帧。采用前面的方法分别在这 5 帧处依次导入图片“背景图片 8.jpg”、“背景图片 9.jpg”、“背景图片 10.jpg”、“背景图片 11.jpg”、“背景图片 12.jpg”到舞台上来，设置对齐。并利用“文本工具”在这几帧中输入相应的文字内容，适当调整文字颜色、大小和位置，如图 6－70、6－71、6－72、6－73、6－74 所示。

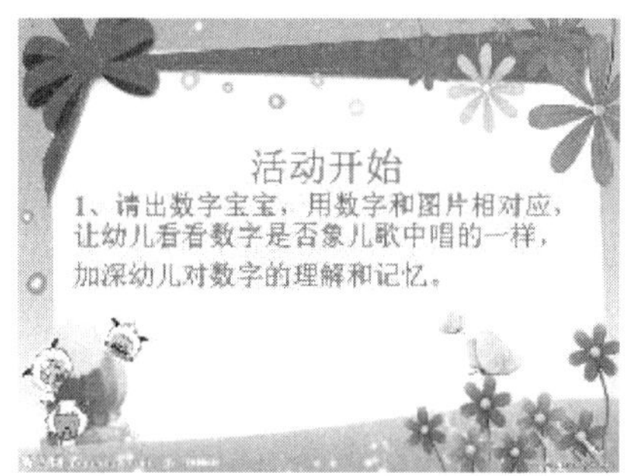

图 6－70　效果图

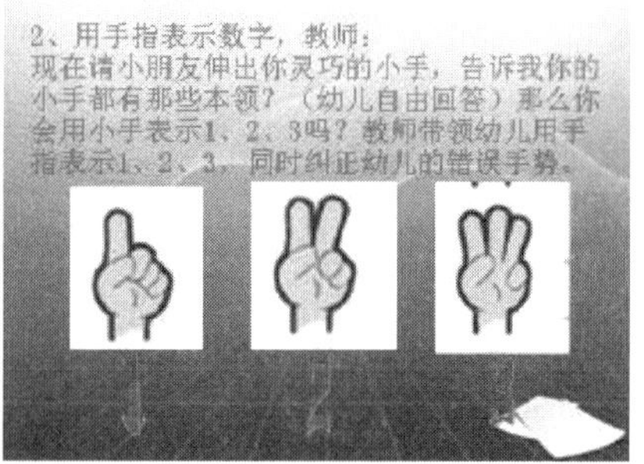

图 6－71　效果图

图 6－72　效果图

图 6－73　效果图

图 6－74　效果图

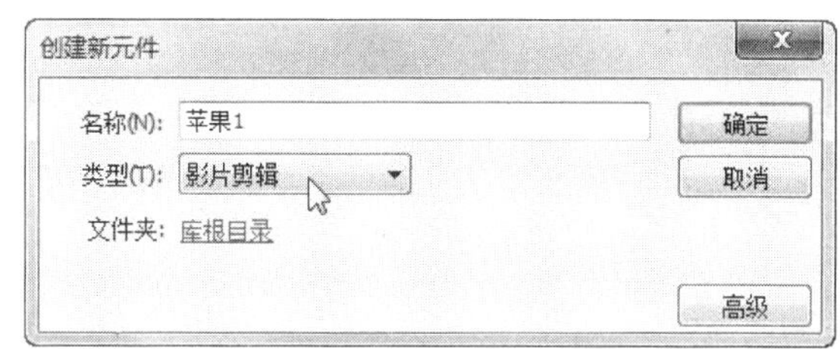

图 6－75　创建新元件对话框

14. 执行“插入/新建元件”命令，在打开的“创建新元件”对话框中进行设置，如图 6－75所示，单击“确定”按钮。

15. 在“苹果 1”影片剪辑窗口中，对“图层 1”的第 1 帧执行“文件/导入/导入到舞台”命令，将图片“苹果 1.jpg”导入到页面中，调整到合适大小。

16. 选中“苹果 1.jpg”，右击，选择“转换为元件”命令，将其转换为“名称：苹果 1 个，类型：图形”的元件。

17. 在“苹果 1”影片剪辑窗口中，在“图层 1”的第 30 帧按 F6 插入一个关键帧。在 1—30帧任意位置右击，选择“创建传统补间”命令。

18. 右击“苹果 1”影片剪辑窗口“图层 1”的第 30 帧，选择“动作”命令，在打开的“动作－帧”窗口中输入“stop()；”或者从左侧函数窗口进行选择，“动作－帧”窗口如图 6－76 所示。

图 6－76　动作－帧面板

19. 此时“苹果 1”影片剪辑窗口中的时间轴如图 6－77 所示。

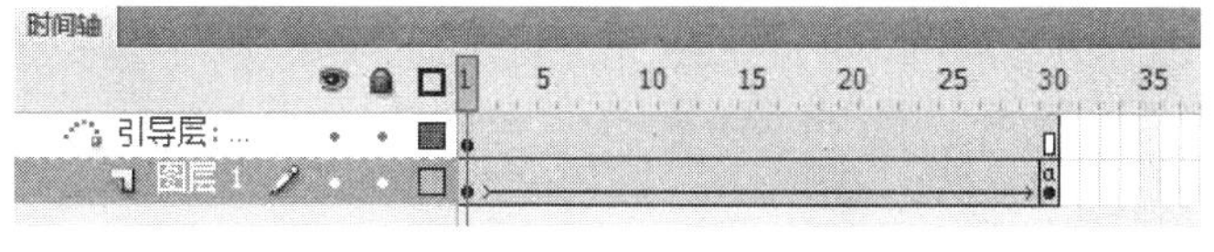

图 6－77　时间轴面板

20. 执行“插入/新建元件”命令，创建一个“1 个苹果文字”的影片剪辑元件。

21. 使用“文本工具”输入文字“1 个苹果”。右击，选择“转换为元件”命令，将其转换为图形元件，名为“1 个苹果图形元件”。

22. 在“1 个苹果文字”的影片剪辑元件窗口图层 1 的第 30 帧，按 F6 创建一个关键帧。在 1—30 帧任意位置右击，选择“创建传统补间”命令。

23. 右击“1 个苹果文字”影片剪辑窗口图层 1 的第 30 帧，选择“动作”命令，在打开的

“动作－帧”窗口中输入“stop();”或者从左侧函数窗口进行选择。

24. 执行“插入/新建元件”命令，创建一个“手1”的影片剪辑元件。

25. 执行“文件/导入/导入到舞台”命令，将图片“手1.jpg”导入到舞台，调整合适大小。

26. 在“手1”影片剪辑窗口中，在“图层1”的第1帧，右击选择“转换为元件”命令，将其转换为“伸1个手指”图形元件。

27. 在“手1”的影片剪辑元件窗口图层1的第30帧，按F6创建一个关键帧。在1—30帧任意位置右击，选择“创建传统补间”命令。

28. 右击“手1”影片剪辑窗口“图层1”的第30帧，选择“动作”命令，在打开的“动作－帧”窗口中输入“stop();”或者从左侧函数窗口进行选择。

29. 回到场景1，在“活动过程”图层的第21帧按F5插入普通帧。

30. 在“活动过程”图层的上方新建三个图层，图层名称都为“游戏”。由下到上分别在这三个“游戏”图层的第13、14、15帧分别按F7插入3个空白帧，依次将“库”面板中的“苹果1”、“1个苹果文字”、“手1”3个影片剪辑元件拖动到这3帧对应的舞台上。

31. 采用相同的方法，分别制作“苹果2”、“2个苹果文字”、“手2”、“苹果3”、“3个苹果文字”、“手3”共6个影片剪辑元件。

32. 在最上方的“游戏”图层上再新建六个图层，由下到上分别在这六个图层的第16、17、18、19、20、21帧分别按F7插入6个空白帧，依次将“库”面板中的“苹果2”、“2个苹果文字”、“手2”、“苹果3”、“3个苹果文字”、“手3”共6个影片剪辑元件拖动到这6帧对应的舞台上，此时时间轴面板如图6－78所示。

33. 在最上方的“游戏”图层上新建一个图层，改名为“AS”，在第1至20帧分别添加帧动作“stop();”，时间轴面板如图6－79所示。

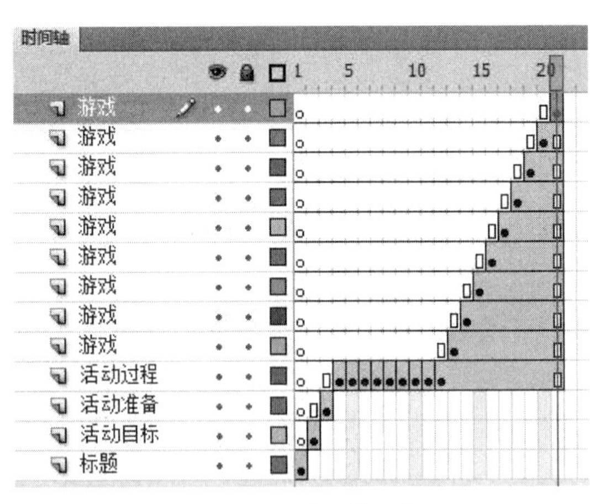

图6－78　时间轴面板

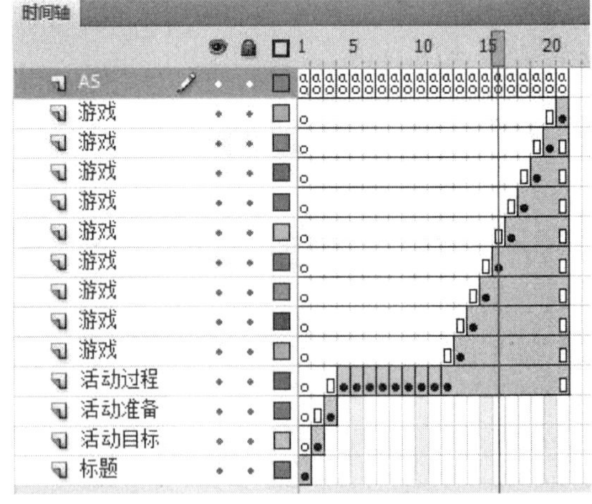

图6－79　时间轴面板

34. 在“标题”图层选择“活动目标”按钮，打开“属性”面板，设置按钮实例名称为“mb_btn”，如图6－80所示。同理分别为“活动准备”按钮和“活动过程”按钮设置实例名称为“zhb_btn”和“gch_btn”。

35. 右击"AS"图层的第 1 帧，选择"动作"命令。继续添加如图 6－81 所示的命令。

图 6－80　实例属性面板　　　　图 6－81　动作－帧面板

36. 接下来我们来制作一个"结束"和"前进"的按钮，用于播放控制课件。选择"活动目标"图层的第 2 帧，执行"窗口/公用库/按钮"命令，打开按钮库面板，选择如图 6－82 所示的按钮，将其拖动到舞台上，并适当调整大小。

37. 在按钮上右击，选择"动作"命令，在打开的"动作－帧"窗口中输入如图 6－83 所示的脚本。

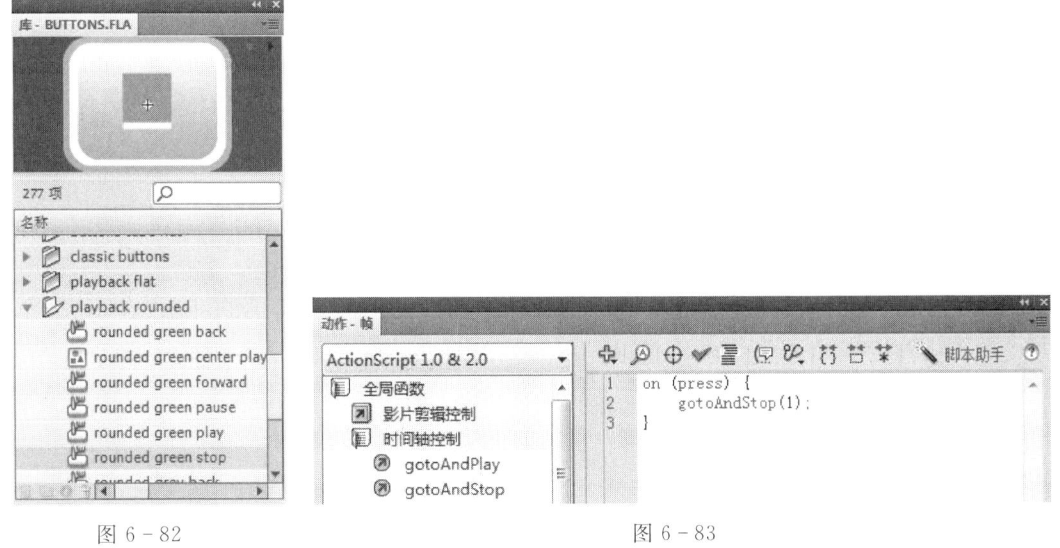

图 6－82　　　　图 6－83

38. 将此按钮，通过执行"编辑/复制"，"编辑/粘贴到当前位置"命令分别将其复制到"活动准备"图层的第 3 帧，"游戏"图层的第 20 帧。

39. 选择"活动过程"图层的第 4 帧，执行"窗口/公用库/按钮"命令，打开按钮库面板，选择如图 6－84 所示的按钮，将其拖动到舞台上，并适当调整大小。

40. 在按钮上右击，选择"动作"命令，在打开的"动作－帧"窗口中输入如图 6－85 所示的脚本。

41. 将此按钮，通过执行"编辑/复制"，"编辑/粘贴到当前位置"命令分别将其复制到"活动过程"图层的第 5 至第 12 帧和所有"游戏"图层的关键帧上，并修改按钮对应跳转的帧位置数。至此，课件制作完毕，最终时间轴面板如图 6－85 所示。

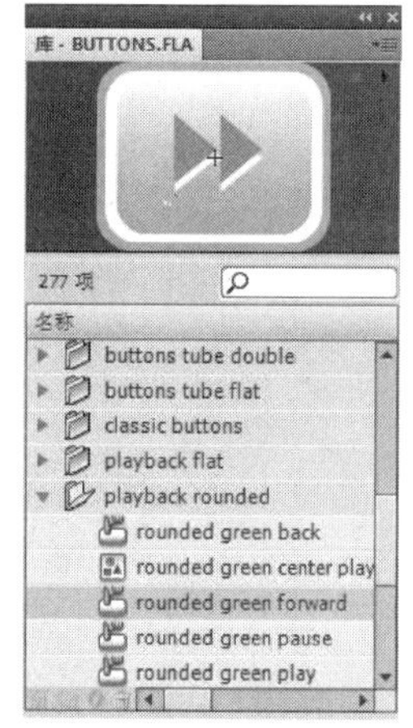

图 6－84　库面板

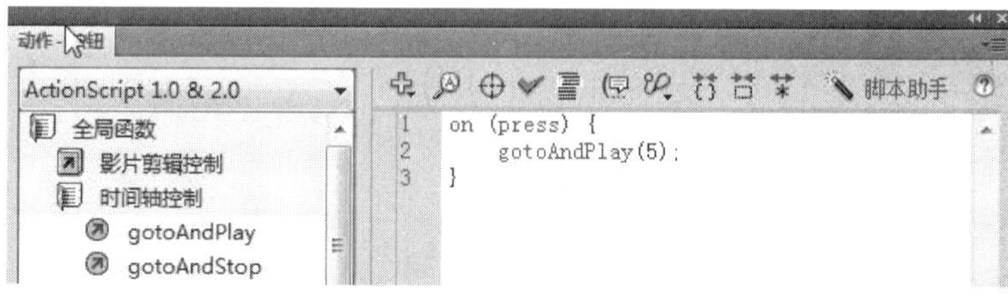

图 6－85　动作－帧窗口

42. 按 Ctrl＋Enter 键，测试影片，效果如图 6－86 所示。

43. 播放影片的过程中，若带有文字的画面文字不够突出，可用滤镜为文字添加投影效果，我们以第 2 帧画面为例进行说明。选择第 2 帧的画面，并选中文字，如图 6－87 所示。

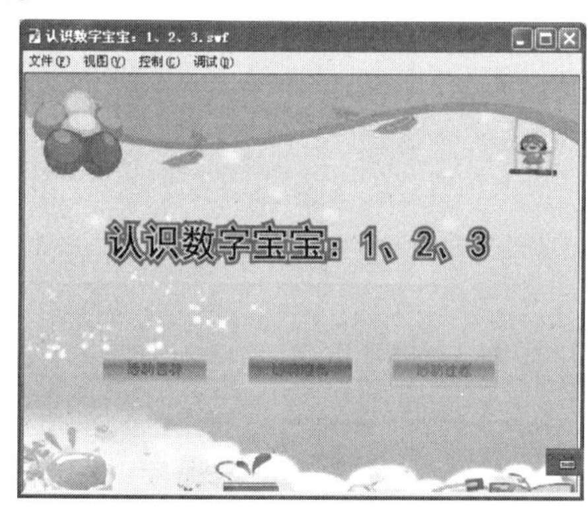

图 6－86　效果图

图 6－87　效果图

44. 选中文字，此时属性面板为文字属性面板，如图 6－88 所示。单击面板下方的“添加滤镜”按钮，在下拉列表中选择“投影”选项，面板如图 6－89 所示。

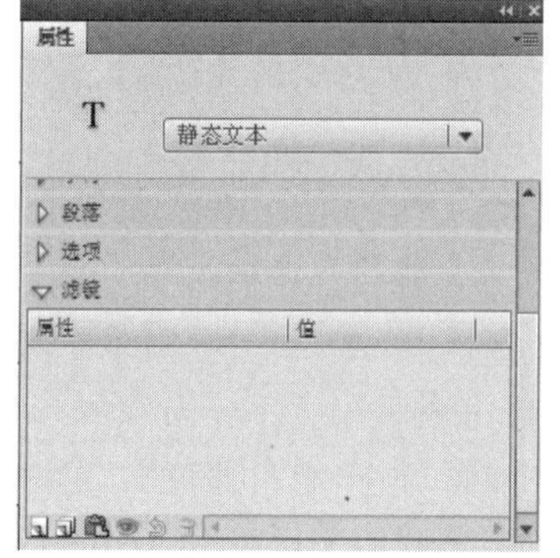

图 6－88　文字属性面板

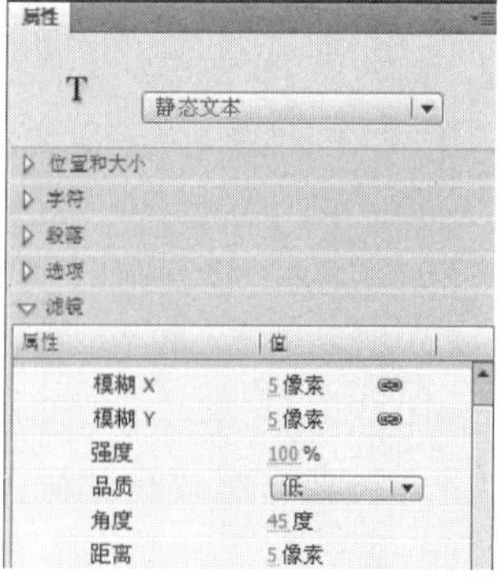

图 6－89　滤镜参数

45. 在“属性”面板中设置“品质”为“高”，距离为“2”像素，模糊 X 和模糊 Y 为“2”像素，效果如图 6－90 所示。

图 6－90　效果图

46. 其他帧画面的文字投影效果可采用剪贴板粘贴效果的方法实现。在“属性”面板中选择添加的“投影”滤镜，单击面板下方的“剪贴板”按钮。

47. 选择第 3 帧后再选择文字，单击“属性”面板下方的“粘贴”按钮，此时投影效果添加到这些文字上。用同样的方法完成第 4、12、13、14 和 15 帧的文字上，第 4 帧效果如图 6－91 所示。

图 6－91　效果图

项目七

课件高级动画设计

Flash CS4 除了可以制作简单的帧动画和补间动画之外，还可以设计引导线动画和遮罩动画，这样可使课件的动画效果更加绚丽多彩。掌握本项目的内容可以大大提高学习者的课件动画制作水平。

本项目包括以下两个任务。

- 任务一　幼儿英语《头部单词学习》课件设计
- 任务二　幼儿社会《四季介绍》课件设计

任务一　幼儿英语《头部单词学习》课件设计

这个任务通过设计制作幼儿英语课件《头部单词学习》，使用户掌握帧操作、元件、传统补间动画和引导线动画的操作方法，同时通过在按钮中设置脚本语言实现课件的控制，效果如图 7－1 所示。

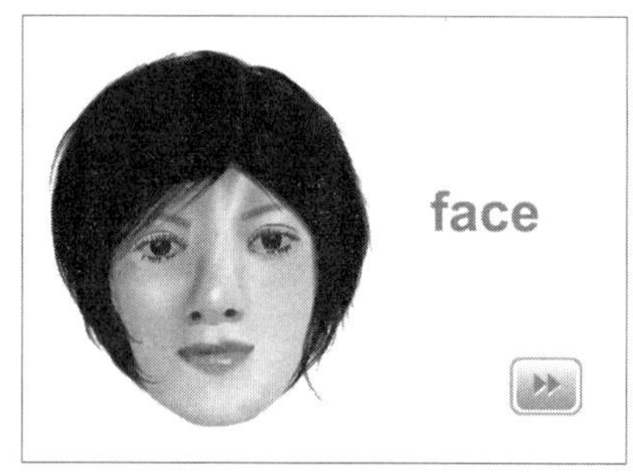

图 7－1　效果图

一、认识引导层

引导层动画一直以来是 Flash 动画中一个不可缺少的动画形式。Flash CS4 在动画模

式方面有了很大的改变，对于一般的曲线运动可通过补间动画实现，但是对于较为复杂的曲线动画，传统的引导层动画不失为一个很好的选择。

引导层是一种特殊的图层类型。它和一般的图层一样也可以添加图形或放置元件，但在影片播放时，该图层里的对象不会显示。引导层的作用主要是为绘制的图形或对象定位以及设置对象的运动轨迹等。

二、引导层的分类

根据引导线的作用不同，可以分为一般引导层和传统运动引导层。

1. 一般引导层

一般引导层主要是用于对静态图形对象原的定位，可以单独使用。例如将一个对象以圆的形式进行排列时，为对象绘制一个圆形定位的引导层，如图 7－2 所示，并且引导层中的引导线在影片播放时不显示，如图 7－3 所示。由此我们可以知道，一般引导层可以很好地对图形对象进行辅助定位，并且不会影响动画的制作及播放。

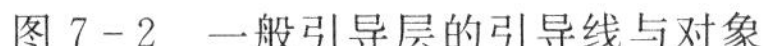

图 7－2　一般引导层的引导线与对象

图 7－3　播放时的引导层不显示

根据引导层为显示的特点，所以通常我们会把要引导的对象放在一个普通图层上，在该图层上新建一个普通图层并在内绘制引导线，并将放入引导线的图层转换为一般引导层时，图层类型显示会发生改变，它与被引导的普通图层的关系如图 7－4 所示。

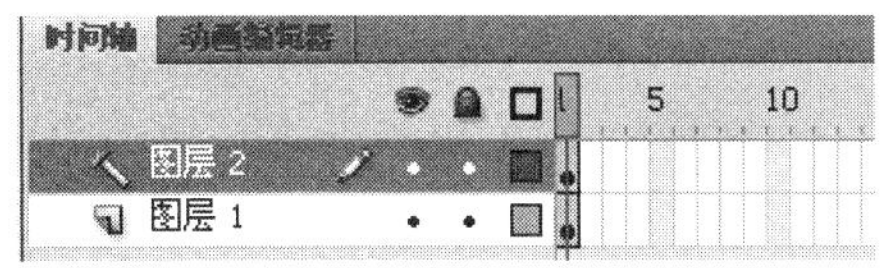

图 7－4　引导层与被引导层

2. 传统运动引导层

传统运动引导图层主要用于设定对象的运动路径，不可以单独使用。它必须由引导层和被引导层来共同完成。引导层是运动路径所在的图层，而被引导图层是要沿引导层中的路径运动的图形对象所在图层。例如，一个心形对象按照一个曲线轨迹运动，绘制心形对象的运动轨迹如图 7－5 所示。当影片播放时，心形对象便会按照引导层中的运动轨迹线运动，并且运动轨迹线不会出现在影片中。如图 7－6 所示。

图 7－5　心形对象与其运动轨迹线

图 7－6　播放时运动轨迹线不会显示

心形对象的运动曲线轨迹所在层为引导层，而心形对象所在层为被引导层。引导层位于被引导层的上方，当普通图层转换为被引导层时其位置关系都会相应发生改变，如图 7－7所示。被引导层向里缩进，引导层的位置不发生改变，但是图层类型显示会改变。

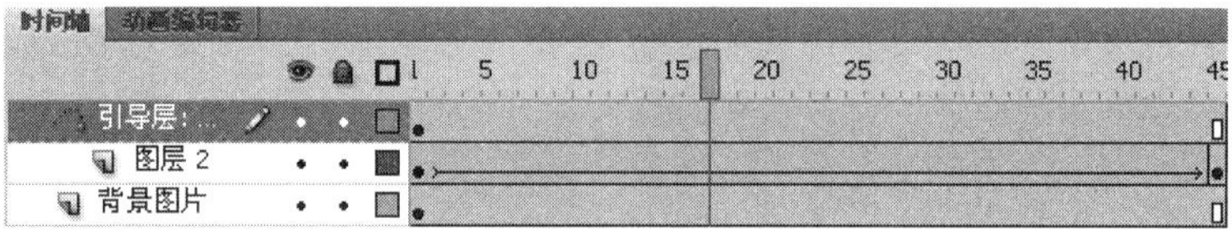

图 7－7　传统运动引导层的图层关系

三、创建传统运动引导层

1. 创建引导层和被引导层

一个最基本"引导路径动画"由两种图层组成，上面一层为"引导层"，图层图标为；下面一层是"被引导层"，图标为，同普通图层性质和特点一样。选中一个图层，右击，在快捷菜单中选择"添加传统运动引导层"命令，该层的上面就会添加一个传统运动引导层，同时该普通层缩进成为"被引导层"。

2. 引导层和被引导层中的对象

引导层是用来指示元件运行路径的，所以"引导层"中的内容可以是用钢笔、铅笔、线条、椭圆工具、矩形工具等绘制出的线段。"被引导层"中的对象是跟着引导线运动的，所以可以使用影片剪辑、图形元件、按钮、文字等，但不能应用形状。

3. 被引导层的对象位置的放置

引导层动画制作的过程中一个最基本的操作就是使一个运动动画"附着"在指定"引导线"上。所以操作时应特别注意被引导的对象起始、终点的两个"中心点"一定要对准"引导

线”的两个端点，“元件”中心的小空心圆正好对着线段的端点，如图7－8所示。这一点非常重要，是引导线动画顺利运行的前提。

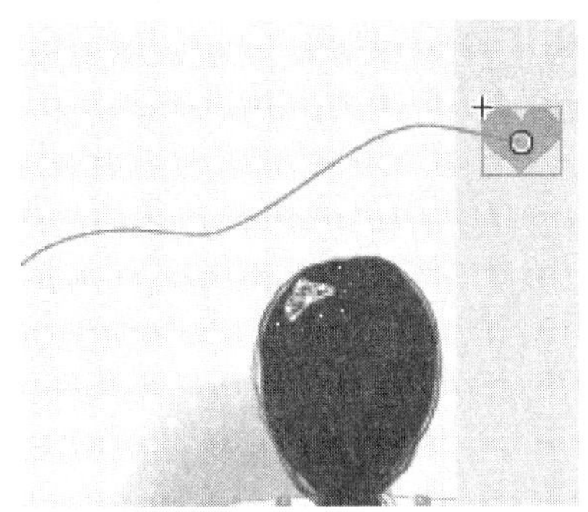

图7－8　元件空心圆与引导线端点的位置关系

四、制作传统运动引导层动画的注意事项

1.“被引导层”中的对象在被引导运动时，还可以对象的运动方向进行调整与设置。在“属性”面板上，选中“调整到路径”复选框，对象的运动就会随着路径方向的改变而改变。

2. 引导层中的内容在播放时是看不见的，利用这一特点，可以单独定义一个不含“被引导层”的“引导层”，该引导层中可以放置一些文字说明、元件位置参考等。

3. 在做引导路径动画时，按下工具箱中的“贴紧至对象”按钮，可以使“对象附着于引导线”的操作更容易成功，拖动对象时，对象的中心会自动吸附到路径端点上。

4. 向被引导层中放入对象时，在动画开始和结束的关键帧上，一定要让元件的注册点(即空心圆)对准线段的开始和结束的端点，否则将无法正常引导对象按指定路径进行运动，如果元件为不规则形状，可以点击工具箱中的“任意变形工具”对对象的注册点位置进行调整。如图7－9所示。

5. 过于陡峭的引导线可能使引导层动画失败，所以在绘制路径时，应避免使用过于陡峭的线段作为引导路径。如图7－10所示。

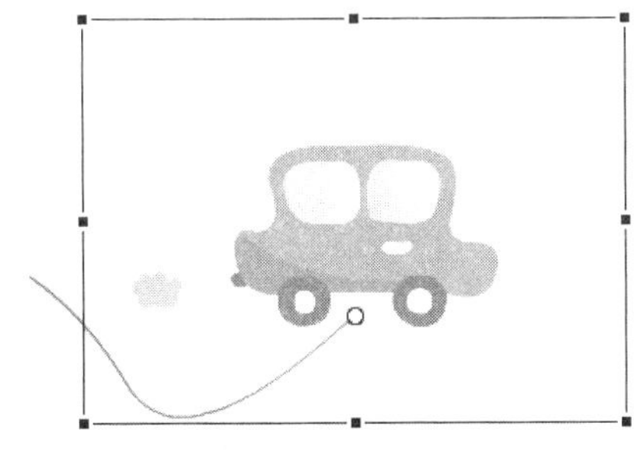

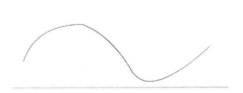

图7－9　任意变形工具调整对象的注册点图

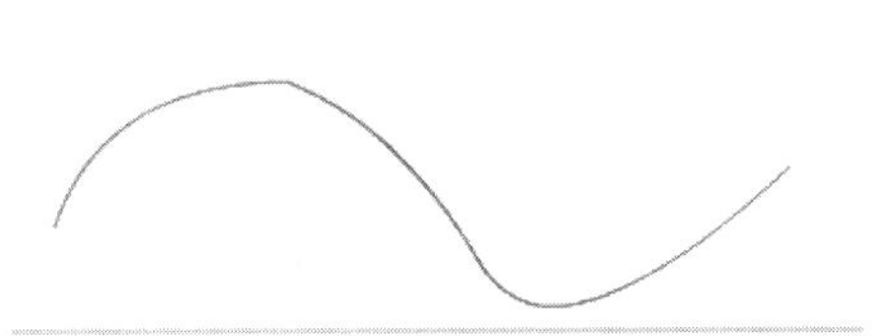

图7－10　平滑的运动轨迹

6. 如果想解除引导，可以把被引导层拖离“引导层”，或在图层区的引导层上单击右键，在弹出的菜单上选择“属性”，在对话框中选择“一般”，作为正常图层类型即可。如图7－11所示。

7. 引导线允许重叠，比如螺旋状引导线，但是要保证重叠处的线段圆润，方便 Flash 能辨认出线段走向，否则会使引导层运动动画的制作失败。如图 7-12 所示。

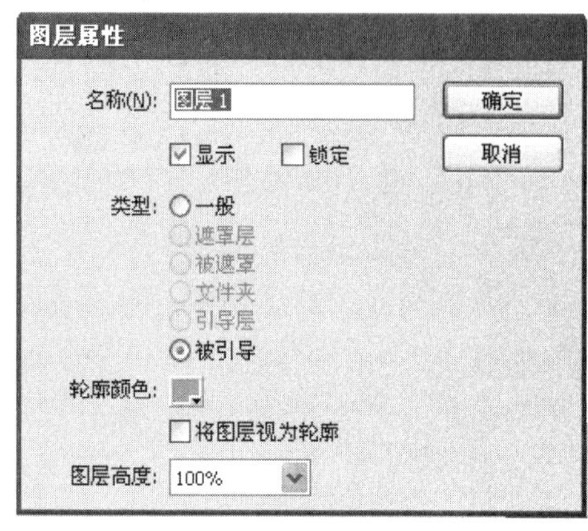

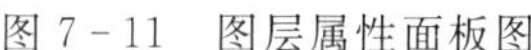
图 7-11 图层属性面板图

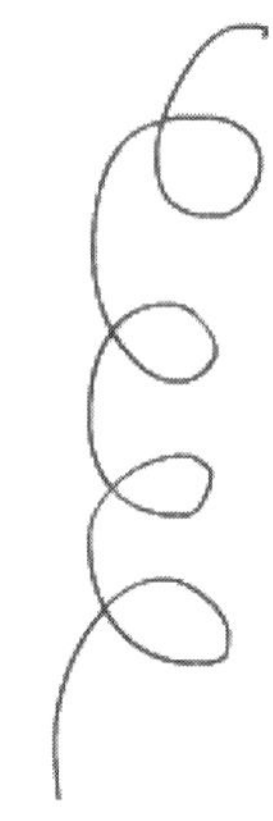
图 7-12 交叠的运动轨迹

8. 如果想让对象作封闭路径的运动，比如圆周运动，可以在"引导层"画一根封闭的线条，再用"橡皮擦工具"擦去一小段，使封闭线段出现 2 个端点，再把对象的起始、终点分别对准端点即可。

任务实施

1. 新建一个"550×400 像素"的 Flash CS4 文档。双击"图层 1"的名字，将"图层 1"改名为"头部单词学习"。

2. 执行"插入/新建元件"命令，打开"创建新元件"对话框，"名称"框输入"标题文字"，"类型"选择"影片剪辑"，设置如图 7-13 所示，单击"确定"按钮。

3. 在"标题文字"影片剪辑窗口中"图层 1"的第 1 帧，使用"文本工具"，输入文字"英语"，按"回车"键，继续输入文字"头部单词学习"，利用空格键适当调整文字的位置，输入完成效果如图 7-14 所示。

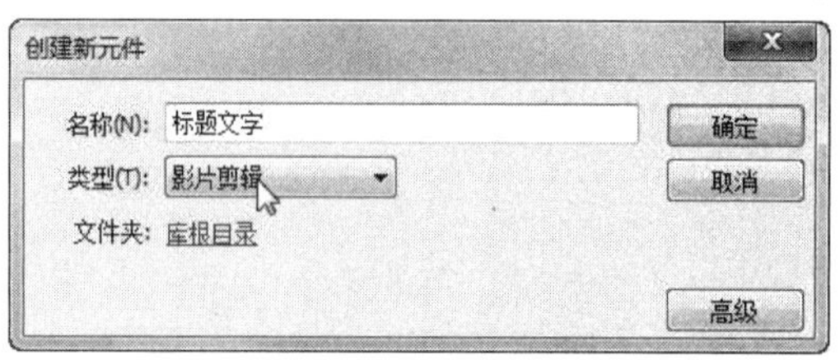

图 7-13 创建"标题文字"影片剪辑

英语

头部单词学习

图 7-14 输入文字效果

4. 选中整个文字部分，右击，选择"转换为元件"命令，打开"创建新元件"对话框，进行如图 7-15 所示设置。

5. 在该层上选择第 45 帧，按 F6，将其转换为关键帧。

6. 将第 45 帧处的"标题"元件向上移动一定的距离。

7. 在"图层 1"第 1 帧至第 45 帧任意位置处右击，选择"创建传统补间"。

8. 在“图层 1”上方新建图层，改名为“AS”，在此图层的第 45 帧按 F6 插入关键帧，并在该帧上右击，选择“动作”命令，在“动作 - 帧”窗口中输入“stop();”或者从左侧函数窗口进行选择。“动作 - 帧”窗口此时效果如图 7 - 16 所示。

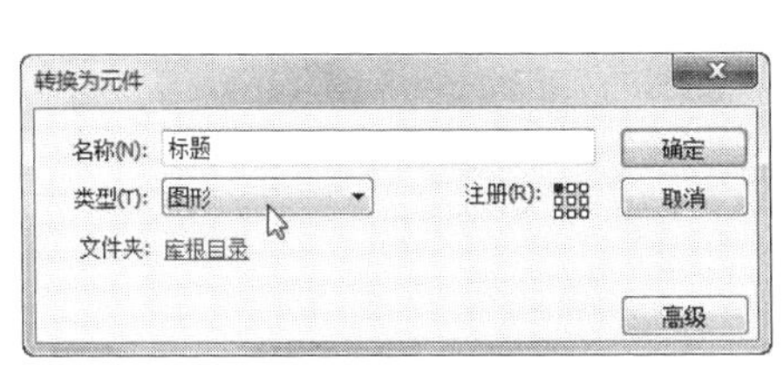

图 7 - 15　创建“标题”图形元件

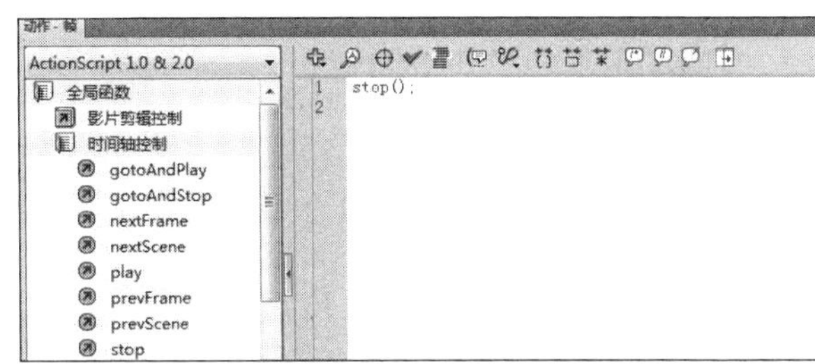

图 7 - 16　“动作 - 帧”窗口

9. “标题文字”影片剪辑窗口时间轴效果如图 7 - 17 所示。

10. 回到场景 1，在“头部单词学习”的第 1 帧，将“标题文字”影片剪辑拖动到舞台的下方，如图 7 - 18 所示。

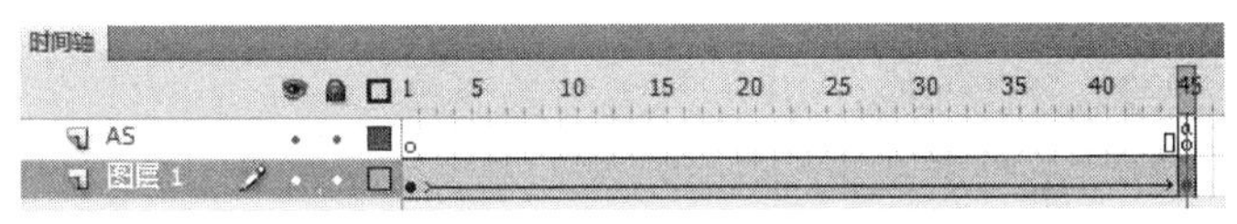

图 7 - 17　“标题文字”影片剪辑窗口时间轴效果

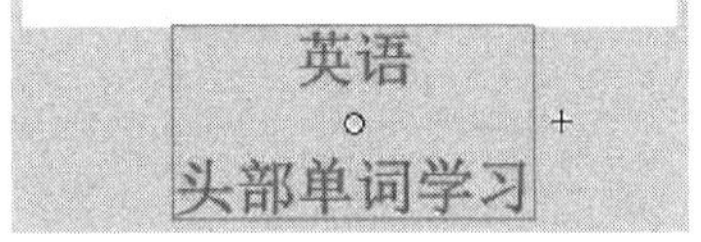

图 7 - 18　“标题文字”影片剪辑

11. 在“头部单词学习”的第 4 帧按 F5 插入普通帧。

12. 执行“文件/导入/导入到库”命令，将图片“眉毛 .png、眼 .png、鼻 .png、嘴 .png、耳 .png、头发 .png、脸 .png”导入到库中。

13. 新建图层 2 至图层 8，由下到上分别将图层名称改为“眉毛”、“眼”、“鼻”、“嘴”、“耳”、“头发”、“脸”。

14. 接下来我们来创建影片剪辑文件。执行“插入/新建元件”命令，打开“创建新元件”对话框，“名称”框输入“eyebrow 单词”，“类型”选择“影片剪辑”，设置如图 7 - 19 所示。

15. 单击“确定”按钮，在“eyebrow 单词”影片剪辑窗口中，双击“图层 1”名称处，将“图层 1”改名为“eyebrow”，在此图层中从库面板中将“眉毛 . png”图片拖到页面中，在“眉毛 . png”图片上右击选择“转换为元件”命令，进行如图 7 - 20 所示设置，将其转换为图形元件。

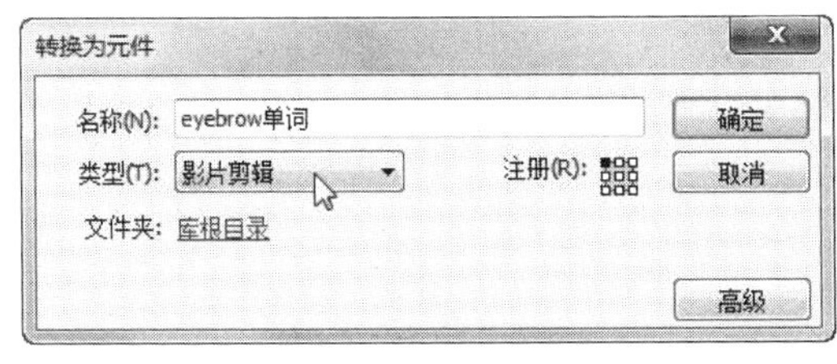

图 7 - 19　创建“eyebrow 单词”影片剪辑

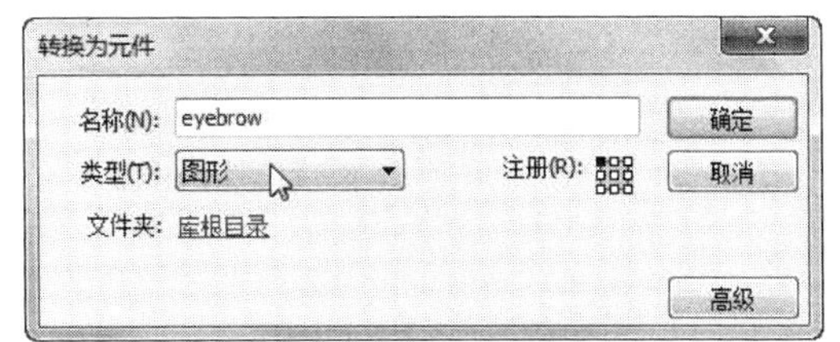

图 7 - 20　创建“eyebrow”图形元件

16. 在“eyebrow”图层的第 45 帧按 F6，插入一个关键帧，将该帧处的“eyebrow 单词”影片剪辑向右移动到舞台上。

17. 在“eyebrow”图层的第1帧至45帧任意位置处，右击选择“创建传统补间”。

18. 在“eyebrow”图层上方新建一个图层，并改名为“AS”，在此图层的第45帧按F6插入关键帧，并在该帧上右击，选择“动作”命令，在打开的“动作－帧”窗口中输入“stop();”或者从左侧函数窗口进行选择。

19. 关闭“动作－帧”窗口，回到“eyebrow单词”影片剪辑窗口中，此时时间轴效果如图7－21所示。

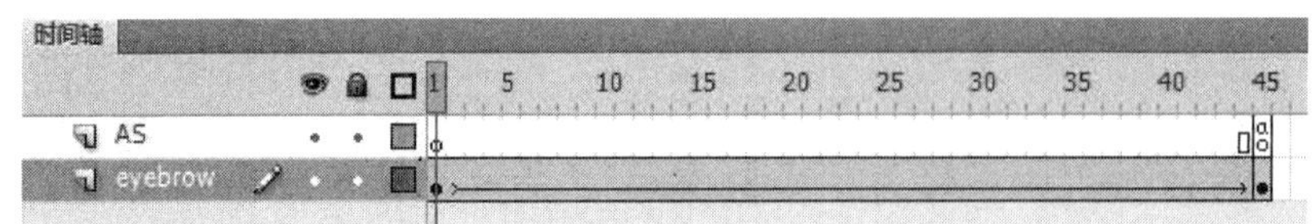

图7－21 “eyebrow单词”影片剪辑窗口时间轴效果

20. 回到场景1，在“眉毛”图层的第5帧按F6插入关键帧，将“眉毛.png”拖动到舞台适当位置，效果如图7－22所示。

21. 在“眉毛”图层的第6帧按F6插入关键帧，将“eyebrow单词”影片剪辑拖动到舞台的下方位置，效果如图7－23所示。

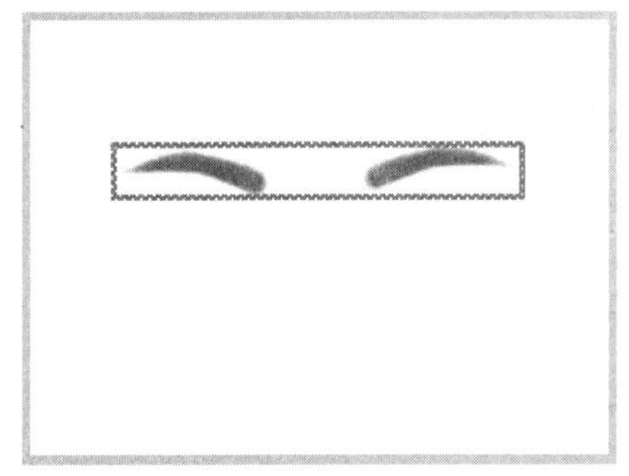

图7－22 将“眉毛.png”拖动到舞台

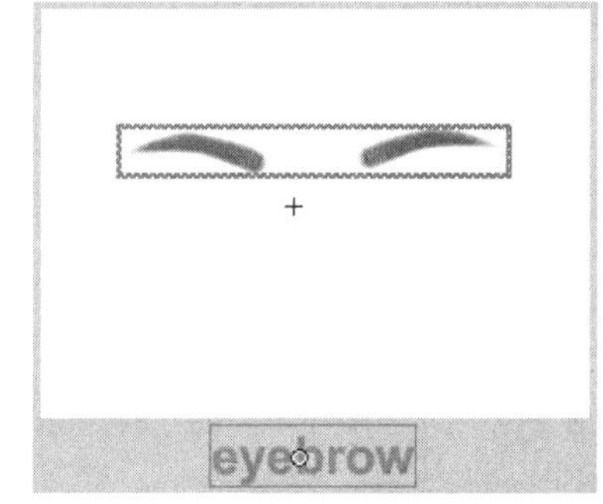

图7－23 “eyebrow单词”影片剪辑拖至舞台

22. 同理，用户可按照步骤15—21采用的方法与思路，分别创建“eye单词”影片剪辑、“nose单词”影片剪辑、“mouth单词”影片剪辑、“ear单词”影片剪辑，使“eye单词”影片剪辑“从左向右”、“nose单词”影片剪辑“从右向左”、“mouth单词”影片剪辑“从上向下”、“ear单词”影片剪辑“从右上角向左下角”进入到舞台上来，完成“眼”图层、“鼻”图层、“嘴”图层、“耳”图层的制作。

23. 以上“eyebrow单词”、“eye单词”、“nose单词”、“mouth单词”、“ear单词”影片剪辑都是以直线的路线方式进入到舞台上来的，接下来我们继续制作“hair单词”影片剪辑、“face单词”影片剪辑，使这两个影片剪辑分别按照弧线、曲线等路线方式进入到舞台上来。

24. 执行“插入/新建元件”命令，打开“创建新元件”对话框，“名称”框输入“hair单词”，“类型”选择“影片剪辑”，如图7－24所示。

25. 单击“确定”按钮，在“hair单词”影片剪辑窗口中，双击“图层1”名称处，将“图层1”改名为“hair”，在此图层中从库面板中将“头发.png”图片拖到页面中，在“头发.png”

图片上右击选择“转换为元件”命令，进行如图 7-25 所示设置，将其转换为图形元件。

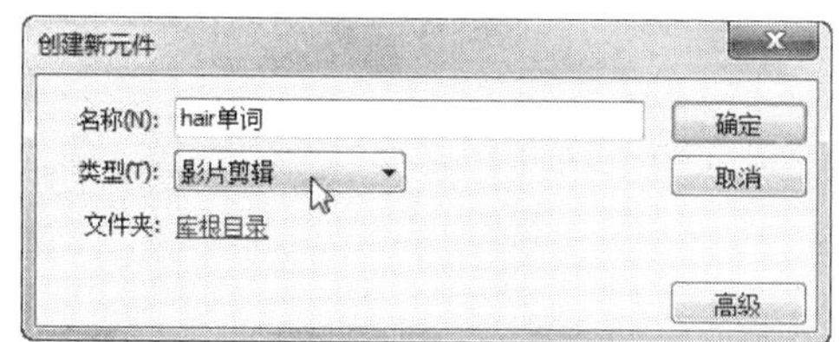

图 7-24　创建“hair 单词”影片剪辑

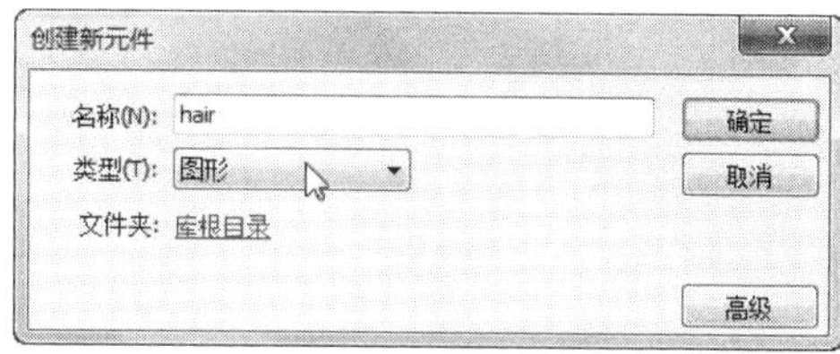

图 7-25　创建“hair”图形元件

26. 在“hair”图层的第 45 帧按 F6，插入一个关键帧。

27. 在“hair”图层的第 1 帧至 45 帧任意位置处，右击选择“创建传统补间”。

28. 右击“hair”图层，选择“添加传统运动引导层”命令，在其上方新建“引导层”。

29. 在“引导层”的第 1 帧绘制一条弧线，将“hair”图层第 1 帧上的“hair”图形元件的注册点(即空心圆)对准弧线段右下方的开始端点处，将“hair”图层第 45 帧上的“hair”图形元件的注册点(即空心圆)对准弧线的左上方的结束端点处，如图 7-26 所示。

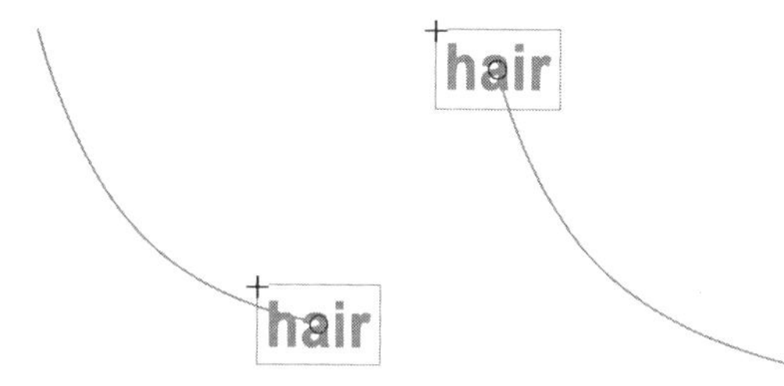

图 7-26　设置“hair”图形元件的注册点对准弧线开始和结束端点处

30. 在“引导层”图层上方新建一个图层，并改名为“AS”，在此图层的第 45 帧按 F6 插入关键帧，并在该帧上右击，选择“动作”命令，在打开的“动作 - 帧”窗口中输入“stop();”或者从左侧函数窗口进行选择。

31. 关闭“动作 - 帧”窗口，回到“hair 单词”影片剪辑窗口中，此时时间轴效果如图 7-27 所示。

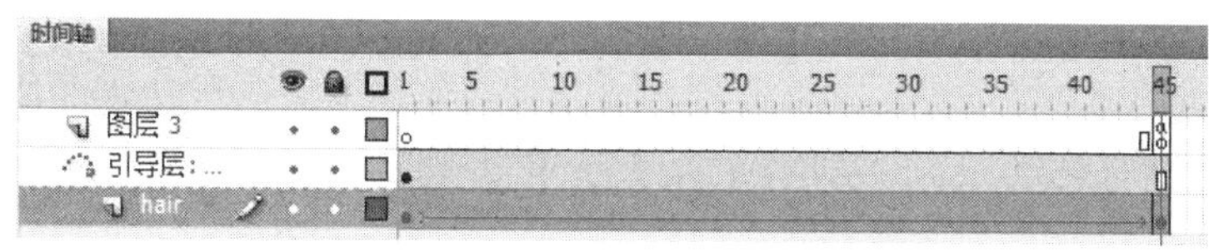

图 7-27　“hair 单词”影片剪辑窗口时间轴

32. 回到场景 1，在“头发”图层的第 15 帧按 F6 插入关键帧，将“头发 .png”拖动到舞台适当位置，效果如图 7-28 所示。

33. 在“头发”图层的第 16 帧按 F6 插入关键帧，将“hair 单词”影片剪辑拖动到舞台的右下方位置，效果如图 7-29 所示。

图 7-28　将“头发 .png”拖动到舞台

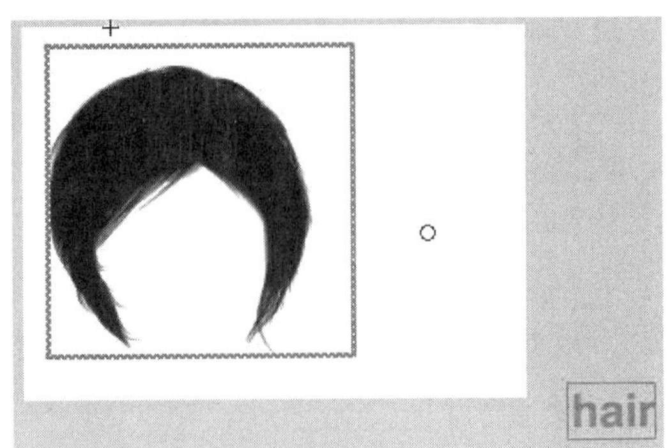

图 7-29　将“hair 单词”影片剪辑拖至舞台

34. 同理，用户可按照步骤 24-33 采用的方法与思路来创建“face 单词”影片剪辑，使“face 单词”影片剪辑“从右向左”以曲线的方式进入到舞台上来，完成“脸”图层的制作。此时时间轴效果如图 7-30 所示。

35. 在“脸”图层上面新建“总结”图层，在该图层的第 19 帧位置，按 F6 插入关键帧，在该帧位置处使用“文本工具”在舞台上输入如图 7-31 所示文字。

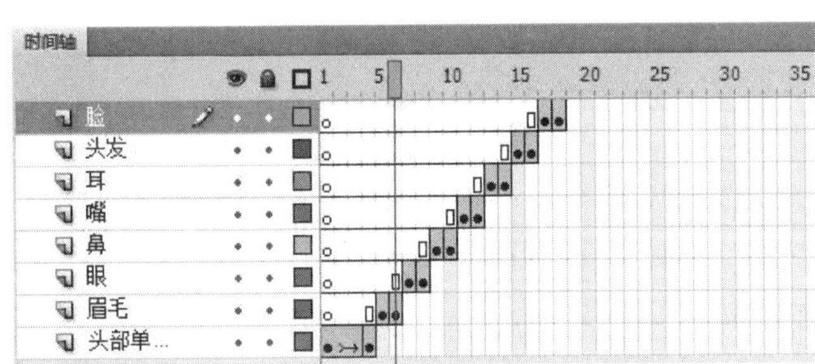

图 7-30　时间轴效果

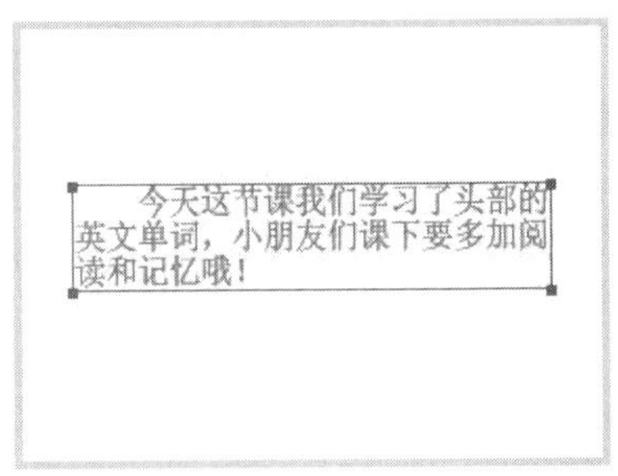

图 7-31　输入文字

36. 在“总结”图层上新建“AS”图层，在该图层的第 4 帧按 F6 插入关键帧，在该帧上右击选择“动作”命令，在“动作-帧”窗口中输入“stop();”或者从左侧函数窗口进行选择。

37. 右击“AS”图层的第 4 帧，选择“复制帧”命令，并依次在该图层的第 5 帧至第 19 帧上，右击选择“粘贴帧”命令。此时时间轴面板最终效果如图 7-32 所示。

38. 接下来我们来制作一个“前进”的按钮，用于播放控制课件。选择“头部单词学习”图层的第 4 帧，按 F6 转换为关键帧。执行“窗口/公用库/按钮”命令，打开按钮库面板，选择如图 7-33 所示的按钮，将其拖动到舞台上，并适当调整大小。

39. 在按钮上右击，选择“动作”命令，在打开的“动作-帧”窗口中输入如图 7-34 所示的脚本。

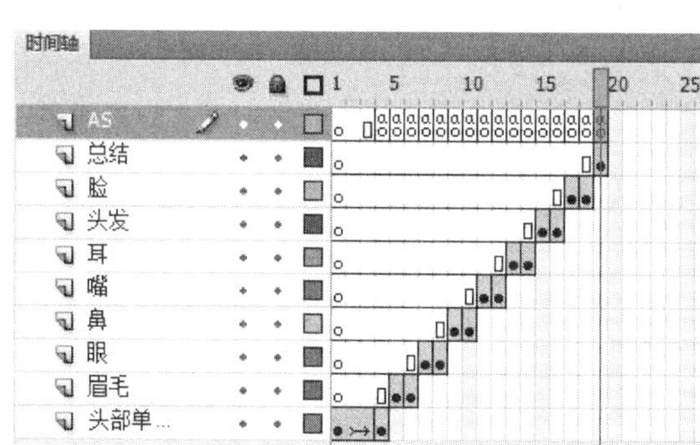

图 7－32　时间轴面板最终效果

图 7－33　按钮库面板

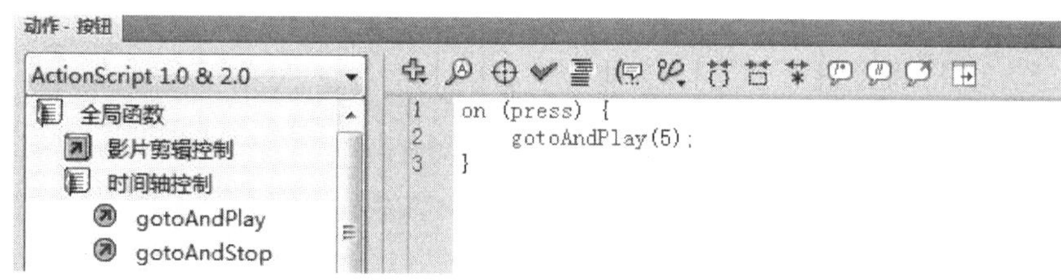

图 7－34　“动作－帧”窗口

40. 选择按钮，执行“编辑/复制”命令，分别在“眉毛”图层的 5、6 帧、“眼”图层的 7、8 帧、“鼻”图层的 9、10 帧、“嘴”图层的 11、12 帧、“耳”图层的 13、14 帧、“头发”图层的 15、16 帧、“脸”图层的 17、18 帧、“总结”图层的第 19 帧执行“编辑/粘贴到当前位置”命令。

41. 分别将“眉毛”图层、“眼”图层、“鼻”图层、“嘴”图层、“耳”图层、“头发”图层、“脸”图层中各关键帧中的按钮动作脚本中“gotoAndPlay()”中的帧位置数改为当前帧位置数的下一帧的帧位置数，作用为跳转当前帧位置的下一帧位置，至此课件制作完毕。

42. 按 Ctrl＋Enter 键，测试影片。

任务二　幼儿社会《四季介绍》课件设计

这个任务通过设计制作幼儿社会《四季介绍》课件，让用户认识遮罩的原理，掌握遮罩的方法、按钮元件的设置及在按钮中设置脚本语言实现课件的控制，效果如图 7－35 所示。

图 7 - 35　效果图

相关知识

一、遮罩层动画的原理

遮罩层动画是一种很重要也很特别的动画类型。很多神奇的动画效果都是通过遮罩动画来完成的，如水波、万花筒、百叶窗、放大镜等动画效果。其原理是，在遮罩层上创建一个任意形状的“视口”，遮罩层下方的对象可以通过该“视口”显示出来，而“视口”之外的对象将不会显示，也就是说遮罩动画的形状由遮罩层决定，内容则是由被遮罩层决定。例如图 7 - 36、7 - 37 所示。

图 7 - 36　遮罩前的图形效果

图 7 - 37　遮罩后的图形效果

二、遮罩层动画的组成

遮罩动画一般包含遮罩层和被遮罩层两种图层类型。

遮罩层中的对像就是视口，在影片播放时，只显示视口形状，而遮罩层中的对象不显示。遮罩层中的对象可以是图形、位图、文字、按钮、影片剪辑等，但不可以使用线条。如果必须使用线条，则需要把线条转化为填充。

被遮罩层中的对象只能通过遮罩层中的视口来显示。在被遮罩层中图形、位图、文字、按钮、影片剪辑、线条等都可以使用。

三、遮罩层动画的创建方法

创建好遮罩层和被遮罩层的对象，并把遮罩层放在被遮罩层的上方。选中要创建遮罩层动画的图层，右击，在快捷菜单中选择遮罩层，此时两图层的图标都发生改变，并且被遮罩层的图标向里缩进，图层自动锁定，遮罩效果显示。如图 7－38 所示。

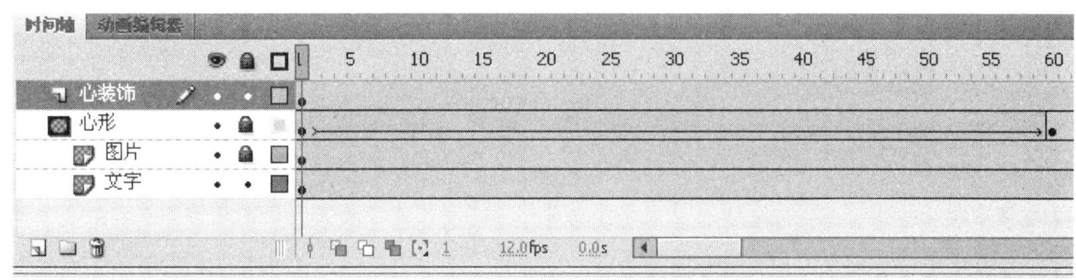

图 7－38　多层遮罩的时间轴

四、遮罩层中的动画形式

遮罩层与被遮罩层中都可以有静态图形、逐帧动画、基本补间动画、引导层动画等多种动画形式。

1. 一个遮罩层是可以对两个或更多的图层进行遮罩的，但是遮罩层只有一个。

2. 遮罩效果的实现最关键在于创作者要区分清楚遮罩层和被遮罩层的关系。

3. 用户能够透过遮罩层中的对象看到被遮罩层中的对象及其属性（包括它们的变形效果），但是遮罩层中的对象中的许多属性如渐变色、透明度、颜色和线条样式等是被忽略的。

4. 如果想解除被遮罩层，可以把图层拖动在遮罩层的上方，或在图层区的被遮罩层上单击右键，在弹出的菜单上选择“属性”，在对话框中选择“一般”，作为正常图层类型即可，如图 7－39 所示。如果添加被遮罩层，也可用同样方法把被遮罩的内容放在遮罩层的下方，改变图层的属性为被遮罩即可。

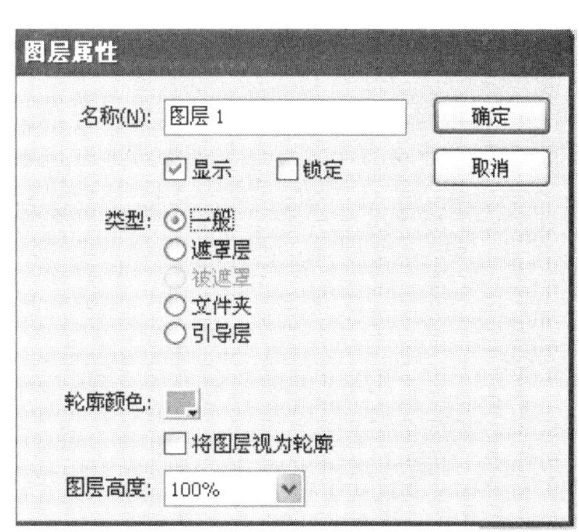

图 7－39　图层属性对话框

任务实施

1. 新建一个"550×400 像素"的 Flash CS4 文档，双击"图层 1"的名称，将其改名为"背景 1"。

2. 选择图层的第 1 帧，在舞台上绘制一个白色和蓝色双色渐变的矩形。选择"文本工具"，在渐变矩形上输入文字"四季介绍"，属性为红色"#FF0000"，大小 80 点。效果如图 7-40 所示。

图 7-40　输入文字"四季介绍"

图 7-41　更改矩形和文字颜色

3. 选择第 29 帧，按 F5 插入普通帧。

4. 在"背景 1"图层上新建"文本"图层，选择"背景 1"图层第 1 帧中的矩形和文字，执行"编辑/复制"命令，选择"文本"图层的第 1 帧，执行"编辑/粘贴到当前位置"命令。

5. 更改"文本"图层第 1 帧中的矩形颜色为白色，文字颜色为绿色"#00FF00"。在该图层的第 29 帧，按 F5 插入普通帧，效果如图 7-41 所示。

6. 右击"文本"图层，在弹出的菜单中选择"遮罩层"命令。将"遮罩层"改名为"圆"。

7. 在"圆"图层的第 1 帧，绘制一个任意颜色的圆形，右击，选择"转换为元件"命令，将其转换成名为"圆"的图形元件。

8. 选择"圆"图层第 1 帧中的圆，执行"编辑/复制"命令，单击该图层的第 29 帧，执行"编辑/粘贴到当前位置"命令，将 29 帧处的圆形水平移到舞台的右侧。在第 1 帧至第 29 帧任意位置处右击选择"创建传统补间"命令。

9. 在"圆"图层的上方新建一个图层，改名为"光"。

10. 在"光"图层的第 1 帧，绘制一个图形，并在其上右击，选择"转换为元件"命令，将其转换成名为"光"的图形元件，并移动到舞台的合适位置，如图 7-42 所示。

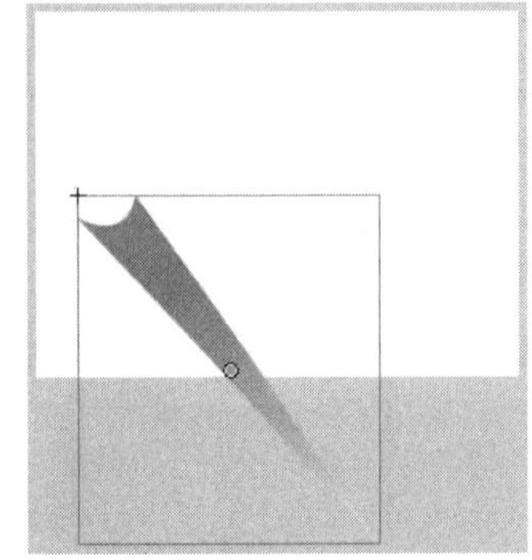

图 7-42　"光"的图形元件

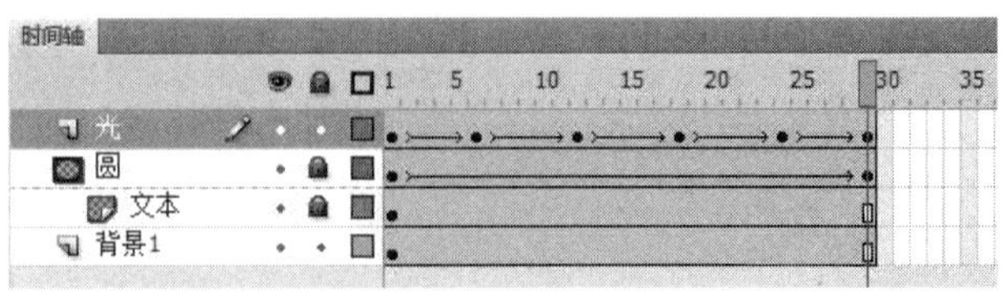

图 7-43　时间轴面板效果

11. 在“光”图层的第 6 帧、第 12 帧、第 18 帧、第 24 帧、第 29 帧，分别按 F6 插入关键帧。并调整各关键帧中“光”图形元件的位置。此时时间轴面板效果如图 7－43 所示。

12. 在“光”图层上新建图层，改名为“背景 2”。在该层的第 30 帧处，按 F6 插入关键帧。执行“文件/导入/导入到舞台”命令，将图片“四季的脚步 . png”导入到舞台。

13. 执行“窗口/对齐”命令，打开“对齐”面板如图 7－44 所示。

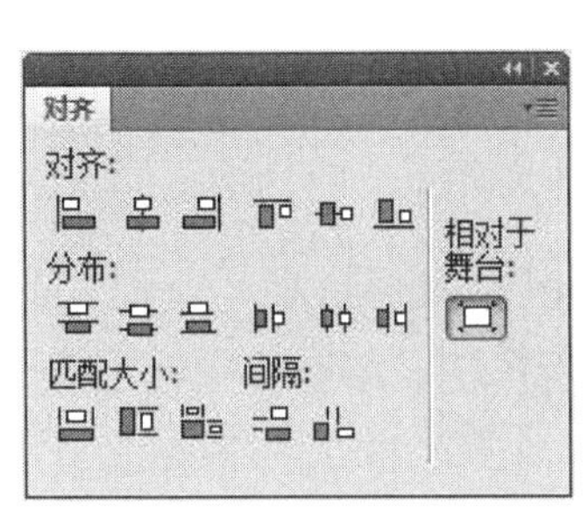

图 7－44　“对齐”面板

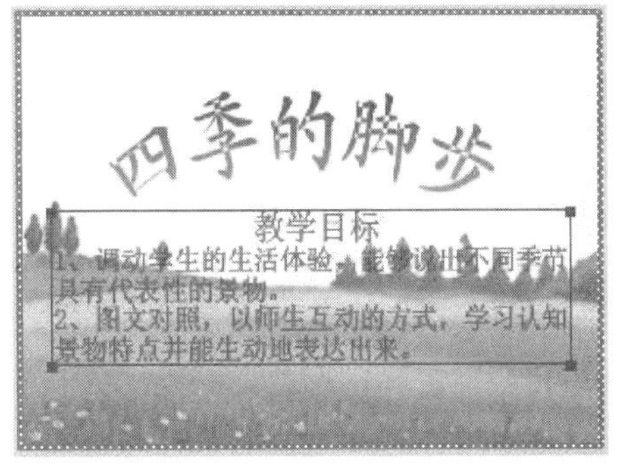

图 7－45　输入“教学目标”等文字内容

14. 选中图片“四季的脚步 . png”，在“对齐”面板上，依次单击按钮“相对于舞台”、“匹配宽度”、“匹配高度”、“水平居中对齐”、“垂直居中对齐”等按钮。

15. 使用“文本工具”在“背景 2”图层的第 30 帧处，输入“教学目标”等文字内容，效果如图 7－45 所示。

16. 执行“插入/新建元件”命令，在打开的“创建新元件”对话框中进行设置，如图 7－46所示，单击“确定”按钮。

17. 在“春季”影片剪辑窗口中，对“图层 1”的第 1 帧执行“文件/导入/导入到舞台”命令，将图片“春 . jpg”导入到舞台中，与舞台大小相同，在第 70 帧处按 F5 插入一个普通帧。

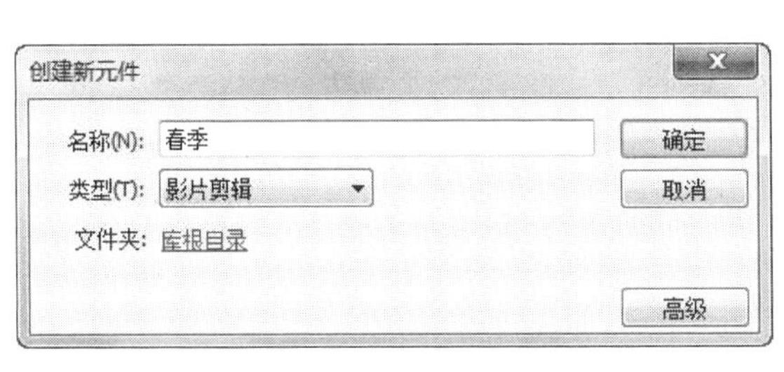

图 7－46　创建“春季”影片剪辑

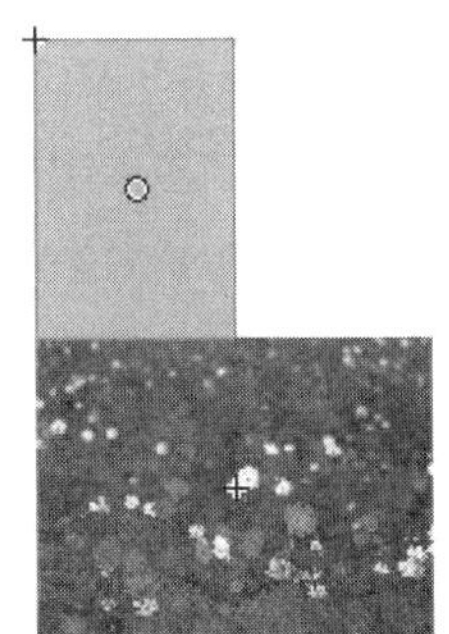

图 7－47　移动矩形效果

18. 在“图层 1”上分别新建“图层 2”、“图层 3”、“图层 4”。

19. 选择“图层 1”的第 1 帧至第 70 帧，右击，选择“复制帧”。在“图层 3”上的第 1 帧，右击，选择“粘贴帧”。

20. 在“图层 2”的第 1 帧，使用矩形工具绘制一个与舞台大小相等的一个矩形。

21. 使用“选择工具”，选择矩形的右半部分，执行“编辑/复制”命令，选择“图层 4”的第 1 帧，执行“编辑/粘贴到当前位置”命令。

22. 分别在“图层 2”和“图层 4”中的矩形上右击，选择“转换为元件”命令，分别将它们转换成名为“矩形左”和“矩形右”的图形元件。

23. 在“图层 2”的第 70 帧处按 F6 插入一个关键帧，将第 1 帧处的矩形移至图片“春.jpg”的上方，如图 7 - 47 所示。

24. 在“图层 2”的第 1 帧至第 70 帧任意位置，右击，选择“创建传统补间”。

25. 同理，采用相同的方法，设置“图层 4”中的矩形上移动画效果。

26. 在“图层 4”上新建“文字”图层，在该层的第 30 帧位置，按 F6 插入关键帧。使用“文本工具”在图片“春.jpg”的下方输入关于春天介绍的文字，并将文字颜色设置为白色，适当调整文字的大小。

27. 将关于春天介绍的文字转换成名为“春天文字”的图形元件。

28. 在“文字”图层的第 70 帧位置处按 F6 插入关键帧。然后将该帧位置处的“春天文字”的图形元件移至图片“春.jpg”的上方，如图 7 - 48 所示。并在第 30 帧和第 70 帧中间右击，选择“创建传统补间”。

图 7 - 48　移动“春天文字”的图形元件

图 7 - 49　“动作 - 帧”窗口

29. 在“文字”图层的上方新建“AS”图层，在该图层的第 70 帧处，按 F6 插入关键帧。在该帧上右击，选择“动作”命令，在打开的“动作 - 帧”窗口中输入“stop();”或者从左侧函数窗口进行选择，“动作 - 帧”窗口此时效果如图 7 - 49 所示。

30. 至此“春季”影片剪辑元件制作完毕，时间轴效果如图 7 - 50 所示。

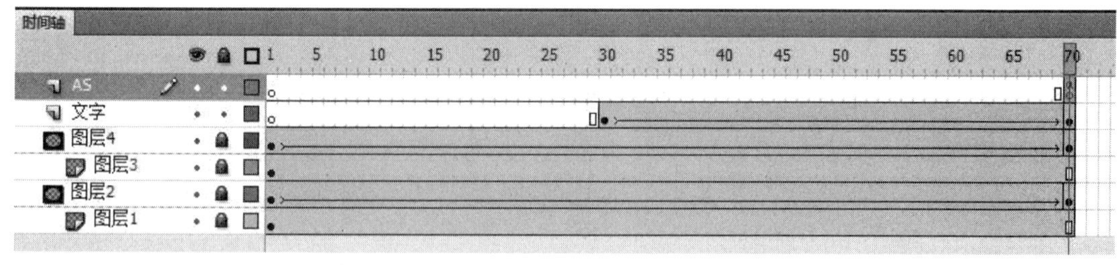

图 7 - 50　“春季”影片剪辑元件窗口时间轴效果

31. 同理，用户可完成“夏季”剪辑元件的制作，注意此时图片切换方式为上下切换。

32. 接下来，我们来制作“秋季”剪辑元件。首先制作百叶窗的窗叶，执行“插入/新建元件”命令，在打开的“创建新元件”对话框中，在类型中选择“影片剪辑”，为元件起名为“百叶”，并按下“确定”按钮。

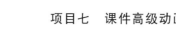

33. 进入影片剪辑“百叶”后，使用“矩形工具”，笔触颜色选择“禁止填充”，填充色选择任意颜色，绘制一个长条矩形并使用“任意变形工具”调整矩形的宽度如图 7－51 所示。

图 7－51　绘制矩形

34. 在第 70 帧的位置按 F6 键插入关键帧，使用“任意变形工具”调整矩形的大小，如图 7－52 所示。

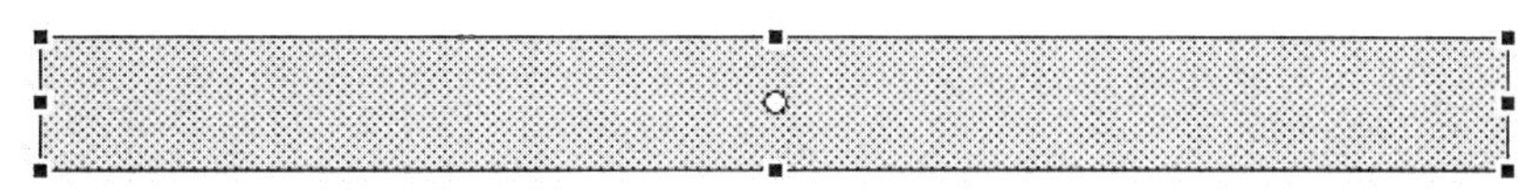

图 7－52　调整矩形

35. 此时选择第 1 帧和第 70 帧中间任意一帧，右击，选择“创建补间形状”命令。

36. 在“百叶”剪辑元件窗口中新建“图层 2”，在第 70 帧处插入关键帧，并右击，选择“动作”命令，在在打开的“动作－帧”窗口中输入“stop();”或者从左侧函数窗口进行选择。

37. 执行“插入/新建元件”命令，在打开的“创建新元件”对话框中，创建一个名为“百叶窗”的“影片剪辑”，并按下“确定”按钮。

38. 进入影片剪辑“百叶窗”中，“Ctrl＋L”打开“库”面板，将影片剪辑“百叶”拖到“百叶窗”中，并按下键盘“Alt”键的同时拖动复制，根据矩形的宽度将“百叶”一个一个摆好位置，并利用“对齐”面板对齐，效果如图 7－53 所示。

图 7－53　复制并排列影片剪辑“百叶”

39. 执行“插入/新建元件”命令，在打开的“创建新元件”对话框中，新建一个名为“秋季”的“影片剪辑”，并按下“确定”按钮。

40. 在“秋季”影片剪辑窗口中，将“图层 1”改名为“秋”，并在第 1 帧执行“文件/导入/导入到舞台”命令，将图片“秋 .jpg”导入到页面中，与文件大小相同，在该层的第 70 帧处按 F5 插入普通帧。

41. 在“秋季”影片剪辑窗口中，新建“图层 2”，改名为“横百叶”。在该层第 1 帧处将影片剪辑“百叶窗”拖到“秋季”影片剪辑窗口中，如果“百叶窗”大小比图片“秋 .jpg”小，可以使用“任意变形工具”调整至同样大小。

42. 在“横百叶”图层上右击，选择“遮罩层”。

43. 在“横百叶”图层上新建图层，改名为“秋天文字”。在该层的第 30 帧位置，按 F6 插入关键帧。使用“文本工具”在图片“秋 .jpg”的下方输入关于秋天介绍的文字，并将文字颜色设置为黑色，适当调整文字的大小。

44. 将关于秋天介绍的文字转换成名为“秋天文字”的图形元件。

45. 在“文字”图层的第 70 帧位置处按 F6 插入关键帧。然后将该帧位置处的文字移至图片“秋 .jpg”的上方。并在第 30 帧和第 70 帧中间右击，选择“创建传统补间”动画。

46. 在“秋天文字”图层的上方新建“AS”图层，在该图层的第 70 帧处，按 F6 插入关键帧。并在该帧上右击，选择“动作”命令，在打开的“动作 - 帧”窗口中输入“stop();”或者从左侧函数窗口进行选择。

47. 至此“秋季”影片剪辑元件制作完毕，时间轴效果如图 7 - 54 所示。

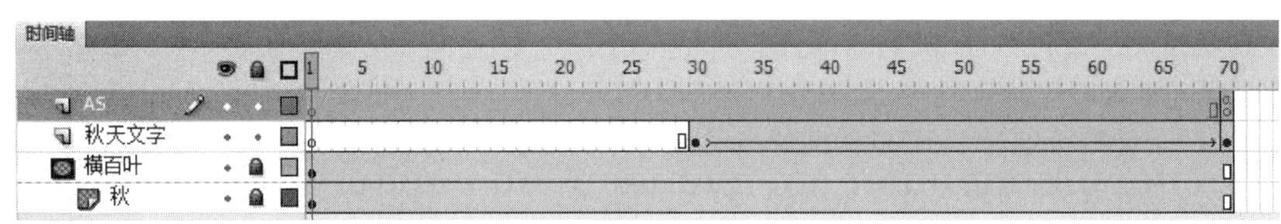

图 7 - 54 “秋季”影片剪辑元件窗口时间轴效果

48. 同理，用户可完成“冬季”剪辑元件的制作，注意此时为竖百叶窗切换效果。

49. 回到场景 1。在“背景 2”图层的上方依次新建图层，自下而上分别改名为“春季”、“夏季”、“秋季”、“冬季”。

50. 在“春季”图层的第 31 帧，按 F6 插入关键帧，将“春季”影片剪辑元件拖到舞台中，利用“对齐”面板，将其在舞台上“水平居中对齐、垂直居中对齐”。

51. 在“春季”图层的第 101 帧处按 F5 插入普通帧。

52. 同理，在“夏季”图层的第 102 帧，按 F6 插入关键帧，将“夏季”影片剪辑元件拖到舞台中，利用“对齐”面板，将其在舞台上“水平居中对齐、垂直居中对齐”。在“夏季”图层的第 172 帧处按 F5 插入普通帧。

在“秋季”图层的第 173 帧，按 F6 插入关键帧，将“秋季”影片剪辑元件拖到舞台中，利用“对齐”面板，将其在舞台上“水平居中对齐、垂直居中对齐”。在“秋季”图层的第 243 帧处按 F5 插入普通帧。

在“冬季”图层的第 244 帧，按 F6 插入关键帧，将“冬季”影片剪辑元件拖到舞台中，利用“对齐”面板，将其在舞台上“水平居中对齐、垂直居中对齐”。在“冬季”图层的第 314 帧处按 F5 插入普通帧。

53. 在“冬季”图层的上方新建图层，改名为“测验”，在该层的第 315 帧处，按 F6 插入关键帧，使用“文本工具”输入关于测验的问题。

54. 在“测验”图层的上方新建图层，改名为“AS”，在该层的第 29 帧处，按 F6 插入关键帧，在该帧上右击选择“动作”命令，在打开的“动作 - 帧”窗口中输入“stop();”或者从左侧函数窗口进行选择。

55. 右击“AS”图层的第 29 帧，选择“复制帧”命令，并依次在该图层的第 30 帧、101 帧、172 帧、243 帧、314 帧、315 帧上，右击选择“粘贴帧”命令。

56. 接下来我们来制作一个“前进”的按钮，用于播放控制课件。选择“背景 1”图层的第 1 帧，执行“窗口/公用库/按钮”命令，打开按钮库面板，选择如图 7 - 55 所示的按钮，将其拖动到舞台上，并适当调整大小。

57. 在按钮上右击，选择“动作”命令，在打开的“动作 - 帧”窗口中输入如图 7 - 56 所示的脚本。

图 7 - 55　按钮库面板

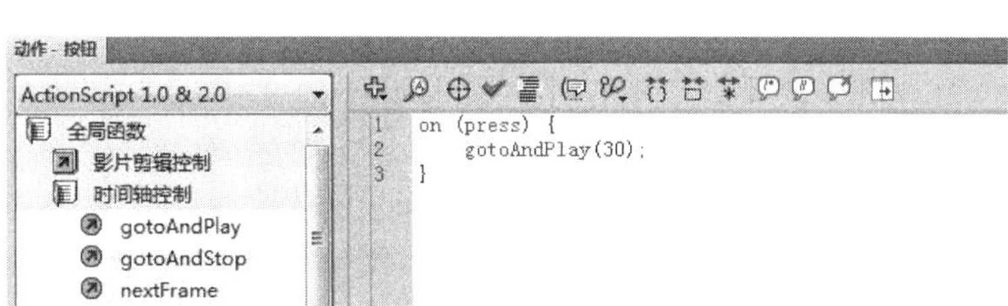

图 7 - 56　“动作 - 帧”窗口

58. 选择按钮，执行“编辑/复制”命令，分别在“背景 2”图层的第 30 帧、“春季”图层的 101 帧、“夏季”图层的 172 帧、“秋季”图层的 243 帧、“冬季”图层的 314 帧、“测验”图层的 315 帧，执行“编辑/粘贴到当前位置”命令。

59. 分别将“背景 2”图层、“春季”图层、“夏季”图层、“秋季”图层、“冬季”图层、“测验”图层中各关键帧中的按钮动作脚本“gotoAndPlay()”的帧位置数改为当前帧位置数的下一帧的帧位置数，作用为跳转当前帧位置的下一帧位置，至此课件制作完毕。

60. 按 Ctrl＋Enter 键，测试影片。

项目八

Flash CS4中音频和视频的使用

本项目主要通过声音与视频来制作 Flash 动画，了解音频与视频的基本原理，认识并能够设置 Flash 的音频与视频的属性，掌握 Flash 中音频与视频动画的制作方法和流程。

本项目包括以下两个任务。

- 任务一　设计《可爱的趴趴猪》音频效果
- 任务二　设计《花的世界》视频效果

任务一　设计《可爱的趴趴猪》音频效果

本任务是通过 Flash CS4 来制作一只可爱的趴趴猪在睡觉的动画，如图 8－1 所示。这里使用的是声音的导入，并将声音添加到时间轴上，利用属性面板对声音进行简单的设置。通过本任务的学习让学习者掌握声音在动画中的应用以及制作方法。

图 8－1　可爱的趴趴猪效果图

相关知识

声音是 Flash 动画的一个重要的组成部分，合理的使用各种声音效果可以使动画更加生动形象，增强动画的表现力。Flash CS4 虽然不能够录制声音，但是可以导入声音素材文件，将声音附加到不同类型的对象，通过简单的编辑后，也可以制作出优美的声音效果。

一、声音的导入

Flash CS4 可以在动画的某个关键帧上添加声音，这样播放动画时声音文件便从该关键帧开始播放；也可以为按钮添加声音，这样单击或释放按钮时便能发出声音。无论是为关键帧还是按钮添加声音，都需要先将声音文件导入动画中。在 Flash CS4 中导入声音的方法与导入图片的方法一样，单击菜单中的“文件/导入/导入到库命令”即可，在弹出的导入对话框中选择音频文件，并打开即可，如图 8－2 所示。此时，已导入的音频文件就会自动存储到库。如图 8－3 所示。

图 8－2　音频导入

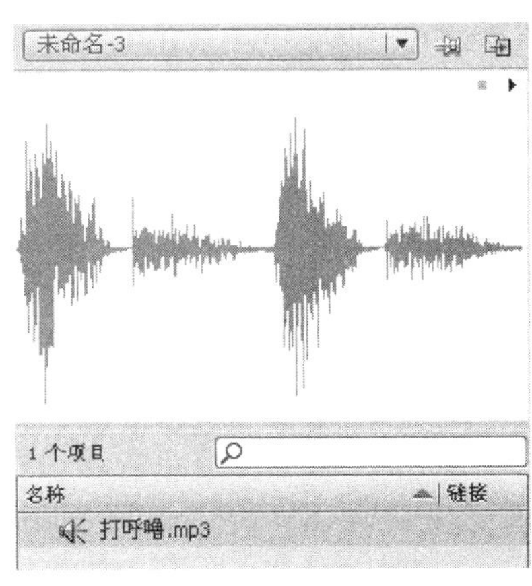

图 8－3　库面板中的音频

在 Flash CS4 中常用的音频格式有 wav、mp3 两种。常见的 wav 文件就是标准的波形声音文件。wav 格式存储信息量是很大的，后来出现了多种压缩方式。mp3 格式把波形声音压缩到几十分之一甚至百分之一，声音失真还不太明显，所以成了网络上最流行的声音文件格式。

二、声音的添加

声音导入库中以后，在动画播放时并不会自动进行播放，还需要将其添加到时间轴中。用户在为文件添加声音时，为了方便对声音的操作，通常会单独创建一个新的图层。用户可以通过以下方法将音频添加到时间轴中。

1. 从库面板中直接拖入。选中要放置音频的关键帧，打开库面板，找到音频文件，将音频直接拖入舞台中，此时音频将自动添加到时间轴中。如图 8-4 所示。

2. 在属性面板中添加。选中要放置音频的关键帧，打开属性面板，在声音选项的名称下拉列表中将出现所有库中的音频文件，选择一段音频文件即可将其添加到时间轴中。如图 8-5 所示。

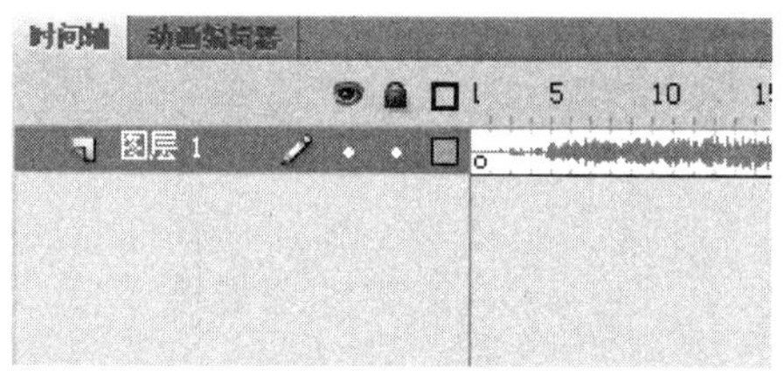

图 8-4　声音在时间轴中的显示

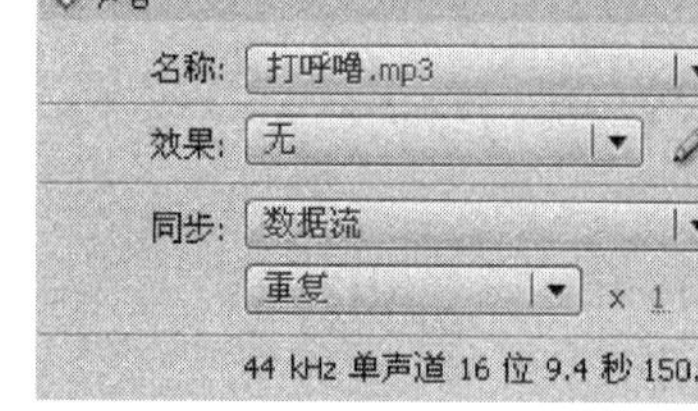

图 8-5　声音的属性面板

将音频文件添加到时间轴上后，声音所在图层就显示该声音文件的波形。一个关键帧只可以添加一个音频，后添加的音频将会替代此关键帧原先存在的音频。如需要多个音频的混合，可以将每个声音单独放在一个图层，这样每一个图层可以作为一个声音的通道，当影片进行播放时，所有图层的声音将按时间轴上的顺序混合在一起播放。

三、音频的编辑

用户可以利用 Flash CS4 中的声音编辑控件编辑声音。虽然 Flash CS4 处理声音的能力有限，无法与专业的声音处理软件相比，但是在 Flash CS4 内部还是可以对声音做一些简单的编辑，实现一些常见的功能，比如控制声音的播放音量、改变声音开始播放和停止播放的位置等。

编辑声音文件的具体操作如下。

1. 在关键帧中添加声音，或选择一个已添加了声音的关键帧，然后打开属性面板，单击右边的“编辑声音封套”按钮，如图 8-6 所示。

2. 弹出“编辑封套”对话框，如图 8-7 所示。

“编辑封套”对话框分为上下两部分，上面是左声道编辑窗口，下面是右声道编辑窗口。在对话框中可以执行以下操作。

• 改变声音的起始和终止位置。可拖动“编辑封套”中左端的“声音起点控制轴”和右端的“声音终点控制轴”，改变控制轴所在位置即可改变声音的起始和终止位置，当声音播放时，音频将只播放位于“声音起点控制轴”和“声音终点控制轴”之间的部分。

图 8-6　在属性面板中编辑声音

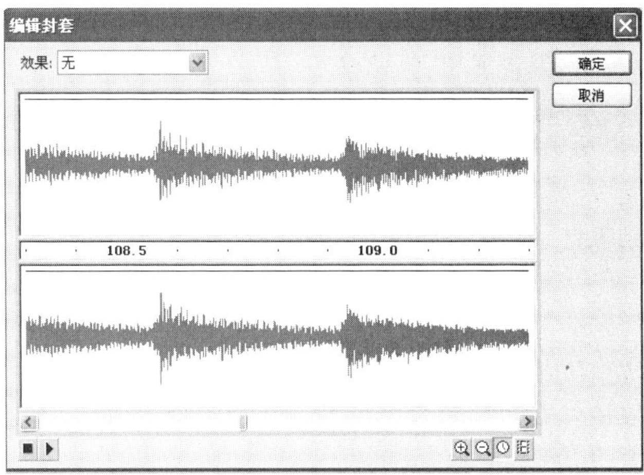

图 8-7　编辑封套对话框

• 调节音量。在“编辑封套”对话框中，白色的小方框为节点，节点之间的连线是声音的封套线。用户通过调整这些节点的垂直位置，可以调整音量的大小。音量指示线位置越高，声音越大；反之，声音越小。当节点数目不能够完成所需的声音效果时，用户可用鼠标单击编辑区，在单击处会增加一个节点；相反，用鼠标拖动节点到编辑区外，可以将该节点删除。

• 添加预置效果。在“编辑封套”对话框的效果下拉菜单中显示了内置的声音效果，如淡入、淡出，当效果被选中后，“编辑封套”对话框中的封套线将会随之改变。

在“编辑封套”对话框中会有一些辅助工具，它们的作用如下：

• 播放按钮。单击此按钮，当前声音将开始播放，试听当前的声音效果。

• 停止按钮。单击此按钮，可停止当前的声音播放。

• 放大按钮。单击此按钮，可放大音频的波形区域，对音频的波形进行细微的调整。

• 缩小按钮。单击此按钮，可缩小音频的波形区域，可在当前的视口中显示较多的音频波形。

• 时间方式显示。当选用该方式时，声音将以秒为单位显示在左右声道之间的标尺上。

• 帧方式显示。当选用该方式时，声音将以帧为单位显示在左右声道之间的标尺上。

任务实施

1. 选择“文件/新建”，新建一个 Flash CS4 文档，打开属性面板，设置舞台大小为 550×400 像素，背景颜色为白色。

2. 选择“文件/导入/导入到库”，在打开的“导入到库”对话框中找到素材“梦中图片”并打开。按 Ctrl+L 打开库面板，选中图片“梦中图片”，拖动“梦中图片”到舞台中。单击图片，选择“窗口/对齐”，打开对齐面板，单击相对于舞台，使处于按下状态，分别单击“水平中齐”和“垂直中齐”按钮使图片位于舞台的中心位置。如图 8－8 所示。

3. 双击图层 1，重命名图层 1 为“背景”图层，并单击图层中的锁定按钮，将“背景”图层锁定。

4. 选择“插入/新建元件”，在打开的创建新元件的对话框中，命名新元件为“趴趴猪”，设置元件类型为图形。选择“文件/导入/导入到舞台”，在打开的导入对话框中找到素材“小猪”并打开。

5. 单击场景 1，回到场景中，选中“背景”图层，单击插入图层，在该图层上方新建一个图层，命名为“趴趴猪”。按 Ctrl＋L 打开库面板，选中图片“小猪”，拖动“小猪”图片到舞台中，打开属性面板，设置趴趴猪的大小为 271×150 像素，调整图片的位置，设置趴趴猪的位置为“X：0，Y：254”。如图 8－9 所示。

图 8－8　背景梦中图片的放置

图 8－9　元件趴趴猪的放置位置和大小

6. 选择“插入/新建元件”，在打开的创建新元件的对话框中，命名新元件为“打呼噜”，设置元件类型为影片剪辑。选择文本工具，打开属性面板，设置字符下拉列表中系列设置字体为 Times New Roman，字体大小为 12 点，颜色为“＃FF3299 桃红色”。在舞台中输入字母“Z”。单击字母“Z”，右击，打开快捷菜单选择转换为元件命令，在打开的转换为元件对话框中，设置元件名称为“呼噜”，类型为“影片剪辑”。

7. 单击图层 1 的第 20 帧，按 F6 键插入关键帧。选中字母“Z”向右上角移动一段距离，打开属性面板，在颜色中选择样式为透明度 Alpha，设置透明度值为 0%。单击第 1 帧，右击，在快捷菜单选择创建传统补间。

8. 选中图层 1，单击插入图层，在该图层上方分别新建图层 2、图层 3。选中图层 1 的第 1 帧到第 20 帧的全部内容，右击，在快捷菜单选择复制帧，单击图层 2 的第 7 帧，右击，在快捷菜单选择粘贴帧，同样的方法，在图层 3 的第 14 帧粘贴帧。如图 8－10 所示。删除图层 2、图层 3 中补间动画后面生成的普通帧。

技巧：选择帧时，常常会出现错误，正确的方法是：单击选择区域的第 1 帧，不要松开鼠标，拖动到选择区域的最后一帧松开鼠标，就可以选中这一区域间的所有帧；在复制帧和粘贴帧的同时常常会在关键帧的后面生成一些普通帧，这时应该及时删除，以免在后面制作动画时出现错误。

9. 分别在图层 2 的第 20 帧、第 21 帧，图层 3 的第 20 帧、第 21 帧处按 F6 键插入关

键帧。选中图层 2 的第 21 帧到第 26 帧的全部内容，拖动到图层 2 的第 1 帧。同样操作，把图层 3 的第 21 帧到第 33 帧拖动到图层 3 的第 1 帧。如图 8－11 所示。

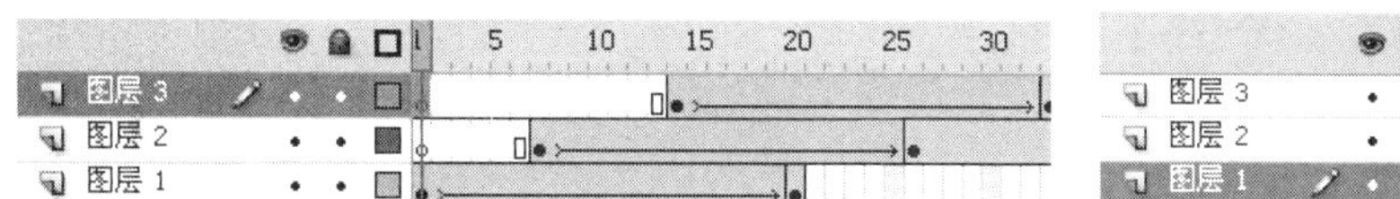

图 8－10　复制后时间轴面板　　　　图 8－11　调整后的时间轴面板

> 技巧：这是一种循环动画的制作方法，利用时间轴之间错位来形成不断循环的效果。但是制作这种动画要注意，它一般是由多个图层所组成，并且时间总长是一致的。

10. 单击场景 1，回到场景中，选中“趴趴猪”图层，按 Ctrl＋L 打开库面板，选中元件“打呼噜”，拖动元件“打呼噜”到舞台中，调整元件到合适的位置及大小，打开属性面板，调整元件的大小，设置趴趴猪的大小为 126×67 像素，调整图片的位置，设置趴趴猪的位置为“X：337，Y：220”。如图 8－12 所示。

图 8－12　元件打呼噜的放置位置和大小

11. 选中“趴趴猪”图层，单击插入图层，在该图层上方新建一个图层，命名为“汉堡包”。选择“插入/新建元件”，在打开的创建新元件的对话框中，命名新元件为“汉堡包”，设置元件类型为影片剪辑。选择“文件/导入/导入到舞台”，在打开的导入对话框中找到素材“汉堡包”并打开。

> 技巧：在创建元件或转换元件时，应注意元件的用途，再确定元件的类型。例如，元件“汉堡包”本是一个图形，但是在下面的制作中要用到滤镜效果，所以该元件就应该设置为影片剪辑。

12. 单击场景 1，回到场景中，选中“汉堡包”图层，按 Ctrl＋L 打开库面板，将元件“汉堡包”拖动至舞台中，调整元件“汉堡包”的位置，移动元件至舞台的右下角，并调整元件大小。

13. 单击元件“汉堡包”，打开滤镜面板，单击添加滤镜按钮，为元件添加滤镜效果。选择发光效果，设置模糊 X 为 2，模糊 Y 为 2，强度为 100，品质为高，颜色为＃FF32650 桃红色。再次从库中拖入一个汉堡包元件，单击该元件，打开滤镜面板，单击添加滤镜按钮，为元件添加滤镜效果。选择发光效果，设置模糊 X 为 2，模糊 Y 为 2，强度为 100，品质为高，颜色为＃FF32650 桃红色。选择调整颜色效果，设置色相为－24，其他设置为 0。如图 8－13 所示。

图 8－13　元件汉堡包的放置位置和大小

14. 选中“汉堡包”图层，单击插入图层，在该图层上方新建一个图层，命名为“文字”。选择文本工具，打开属性面板，设置字符下拉列表中系列设置字体为华文隶书，字体大小为 12 点，颜色为白色。在舞台中输入文字“可爱的趴趴猪”。

15. 单击文字“可爱的趴趴猪”，打开滤镜面板，单击添加滤镜按钮，为元件添加滤镜效果。选择发光效果，设置模糊 X 为 10，模糊 Y 为 10，强度为 100，品质为高，颜色为＃FF6599 桃红色。

16. 选中“文字”图层，单击插入图层，在该图层上方新建一个图层，命名为“声音”。

> 技巧：声音可以放在一个单独的图层，也可以放在包含其他对象的图层上。在实际的操作中一个影片往往包含很多内容，所以为了便于声音和对象的操作，最好把声音放入一个单独的图层上。

17. 选择“文件/导入/导入到库”，在打开的“导入到库”对话框中找到声音素材“打呼噜”并打开。此时，声音素材“打呼噜”便自动保存到库中。在库中单击声音文件，在预览区内，单击播放按钮试听声音文件效果。单击库中声音文件的名称，右击，在快捷菜单中选择属性菜单，打开声音属性对话框，设置压缩类型为 MP3，并选择“使用导入的 MP3 品质”。如图 8－14 所示。

18. 选中“声音”图层，单击第 1 帧，为该帧添加声音效果，设置如图 8－15 所示。

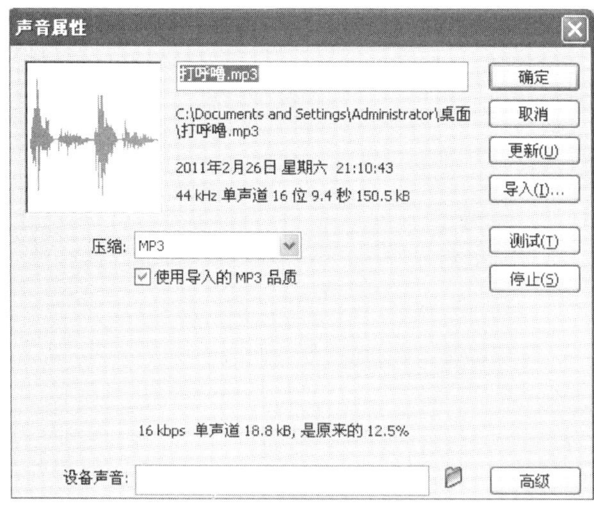

图 8－14　声音属性对话框

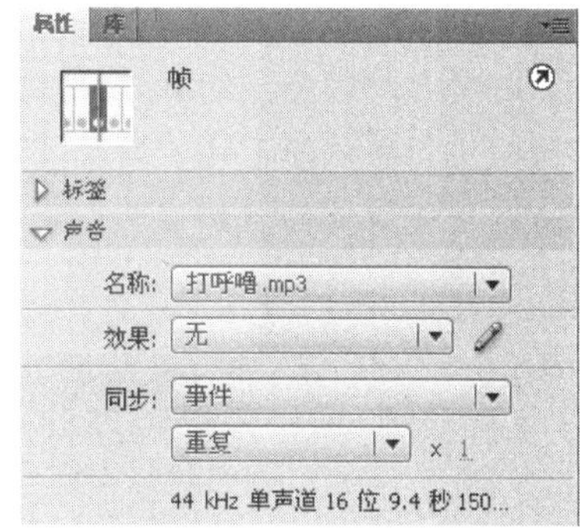

图 8－15　声音属性面板

> 技巧：Flash 文档不能循环播放音频流，所以一般动画通常根据实际的要求设置为重复。如果属性面板中同步设置为循环选项，那么文件的大小会随着声音循环播放次数的增加而增加。

19. 按 Ctrl＋Enter 键，测试动画效果。如图 8－16 所示。

图 8－16　可爱的趴趴猪效果图

任务二　设计《花的世界》视频效果

本任务是学习使用视频与补间动画相结合来制作视频展示动画效果，如图 8 - 17 所示。通过本任务的学习用户可以了解视频在动画制作中的应用原理，学会在动画中使用视频的方法，并掌握简单的视频属性设置。

图 8 - 17　花的世界效果图

相关知识

一、视频的导入

视频的导入与音频、图片导入的操作相似，选择“文件/导入/导入视频”命令，在弹出的“导入视频”对话框中进行操作设置即可将视频导入 Flash 文档中，如图 8 - 18 所示。视频导入向导为所选的导入和回放方法提供了基本级别的配置，用户之后可以进行修改以满足制作动画时的特定要求。

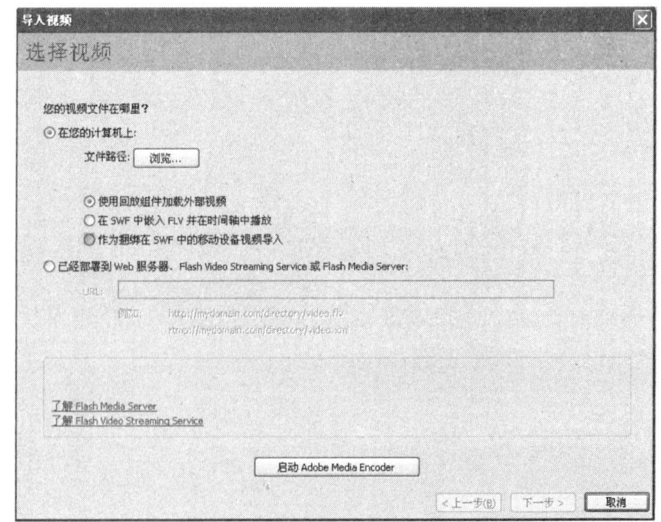

图 8 - 18　导入视频向导

若要将视频导入到 Flash

CS4 中，视频导入向导会检查导入的视频文件。如果视频不是 Flash 可以播放的格式，Flash CS4 会显示一条警告消息，表示无法完成该操作，此时可以利用视频转换软件把视频格式更改为认可的格式，如图 8-19 所示。而在有些情况下，Flash 只能导入文件中的视频，而无法导入音频，此时，也会显示警告消息，表示无法导入该文件的音频部分。Flash CS4 支持外部 FLV（Flash 专用视频格式）的文件，可以直接播放本地硬盘或者 web 服务器上的 FLV 文件，这样用户就可以用有限的内存播放很长的视频文件而不需要从服务器下载完整的文件。

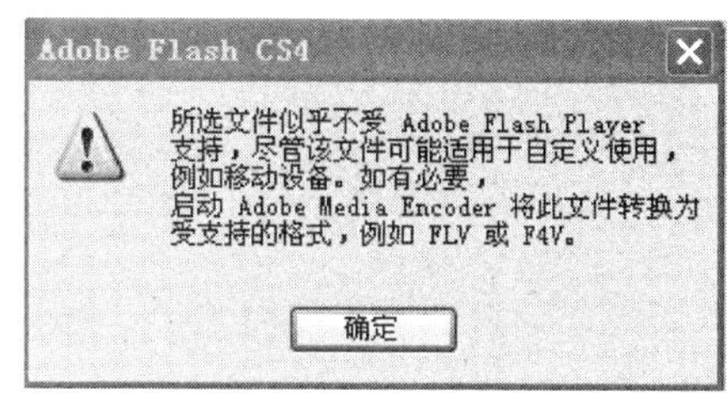

图 8-19　Flash CS4 警告

二、从外部调入视频的方法

在 Flash CS4 中使用视频时，对于时间较长、文件较大的视频文件比较适合使用从外部调入视频的方法，即视频向导中的“使用回放组件加载外部视频”选项。使用这种方法可以减少输出影片文件的大小，提高效率，可以大大减少音频视频不同步的问题，并且为更新视频提供了很大的方便。

下面介绍从外部调入视频的一般方法，操作如下。

1. 选择菜单“文件/导入/导入视频”命令，此时弹出“导入视频”对话框，单击“浏览”按钮，弹出“打开”对话框。

2. 在“打开”对话框中选择本地计算机上要导入的视频文件，单击“打开”按钮，如图 8-20所示。

图 8-20　打开对话框

3. 在对话框中选择“使用回放组件加载外部视频”，如图 8－21 所示。

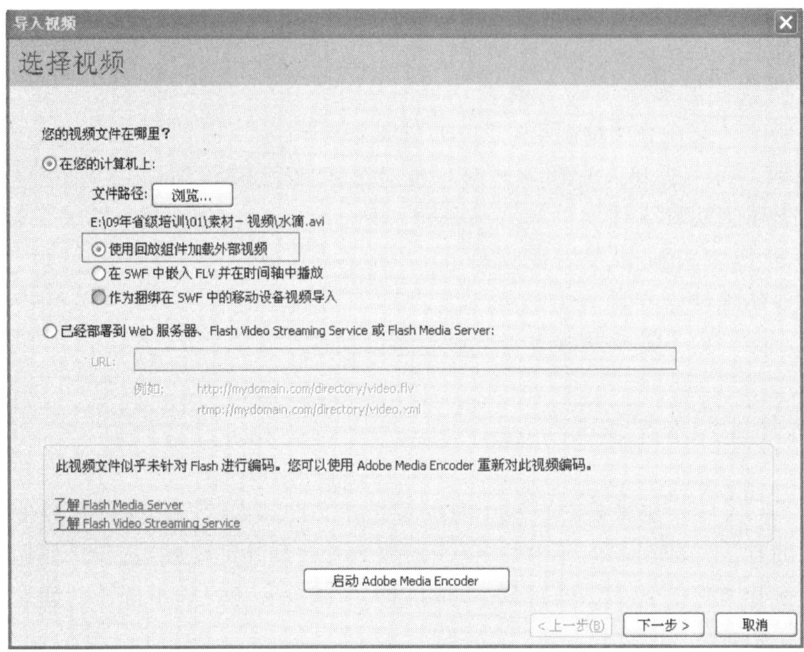

图 8－21　导入视频选择视频项

4. 单击“下一步”按钮，打开“导入视频”对话框的外观项，选择播放控件的外观及颜色，如图 8－22 所示。

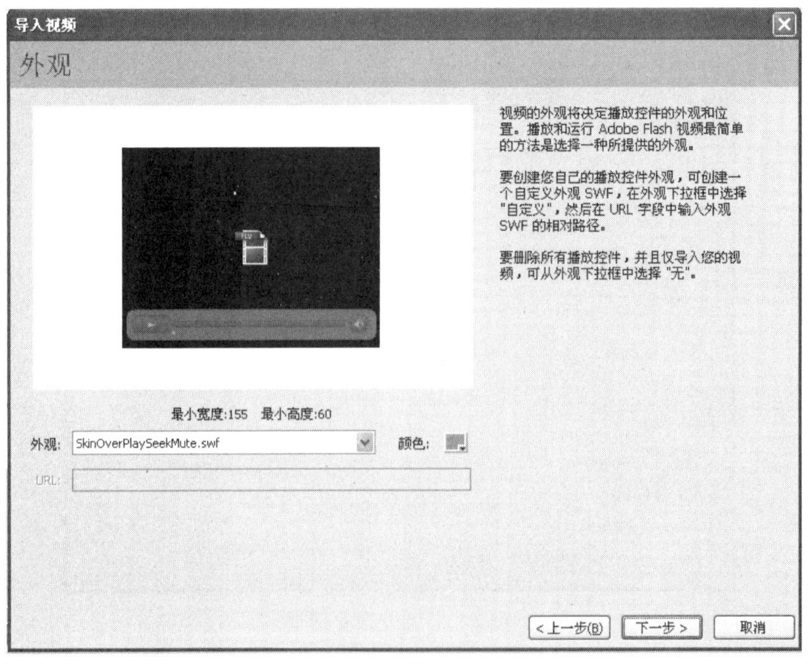

图 8－22　导入视频外观项

5. 再次单击“下一步”按钮，在“导入视频”对话框中显示本次操作的基本信息，单击“完成”按钮，如图 8－23 所示。

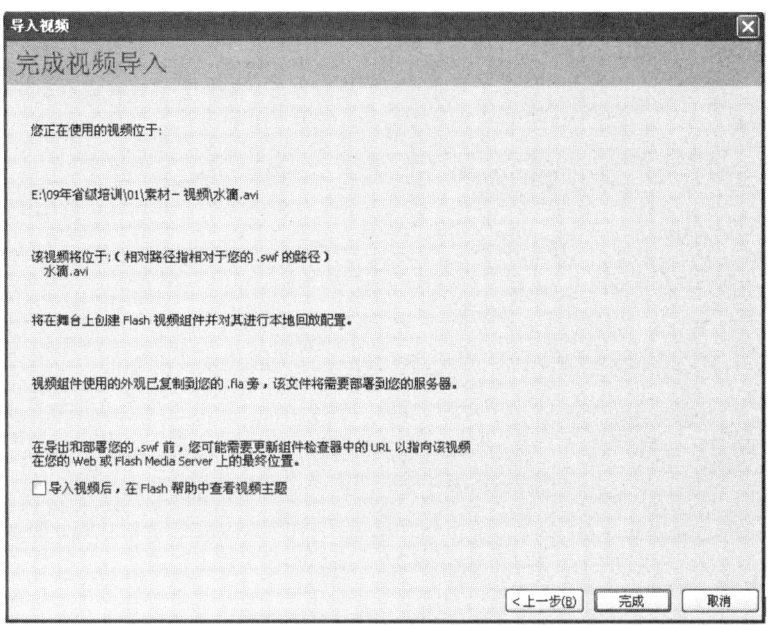

图 8－23 导入视频完成视频导入项

6. 此时，在舞台中出现一个视频播放控件，但是不能够直接观看。按 Ctrl＋Enter 键测试影片效果。

注意：当使用这种方法导入视频时，在保存原文件时会出现四个文件，除了常见的 Flash 源文件和 SWF 文件之外还会有一个 FLV 文件和一个包含界面元素的 SWF 文件。当缺少后两个文件时，影片和视频的播放会出现无法观看视频或无法控制影片播放等问题，所以在文件移动时必须将四个文件同时移动。

三、嵌入视频的方法

在 Flash CS4 中使用视频时，对于时间较短，文件较小的视频文件则比较适合使用嵌入视频的方法，即视频向导中的“在 SWF 中嵌入 FLV 并在时间轴中播放”选项。使用这种方法可以使文件更加紧凑，便于文件的发送与共享，也可以直观的将视频视为一个元件进行移动、旋转、滤镜、动画等多种编辑。

下面介绍嵌入视频的一般方法，操作如下。

1. 选择菜单“文件/导入/导入视频”命令将视频剪辑导入到当前的 Flash CS4 文档中。此时弹出“导入视频”对话框，单击“浏览”按钮，弹出“打开”对话框。

2. 在“打开”对话框中选择本地计算机上要导入的视频剪辑，单击“打开”按钮。

3. 在对话框中选择“在 SWF 中嵌入 FLV 并在时间轴中播放”，如图 8－24 所示。

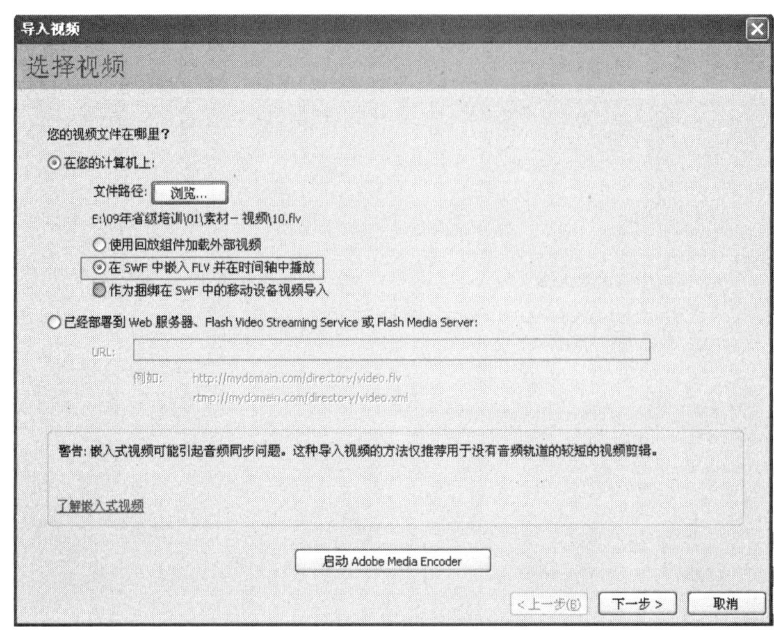

图 8－24　导入视频选择视频项

4. 单击“下一步”按钮，打开“导入视频”对话框的嵌入项，如图 8－25 所示。

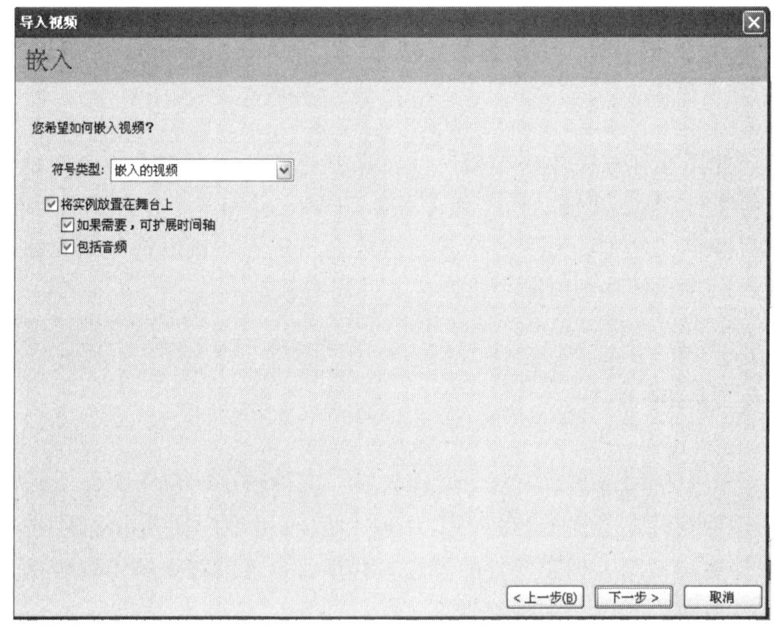

图 8－25　导入视频嵌入项

• 符号类型。设置视频嵌入后在库中的存储类型，有嵌入的视频、影片剪辑、图形三个选项。

• 将实例放置在舞台上。选择此项，视频导入后将自动放置在时间轴上，按照视频长度延长帧区间。

5. 再次单击“下一步”按钮，在“导入视频”对话框中显示本次操作的基本信息，单击“完成”按钮。如图 8-26 所示。

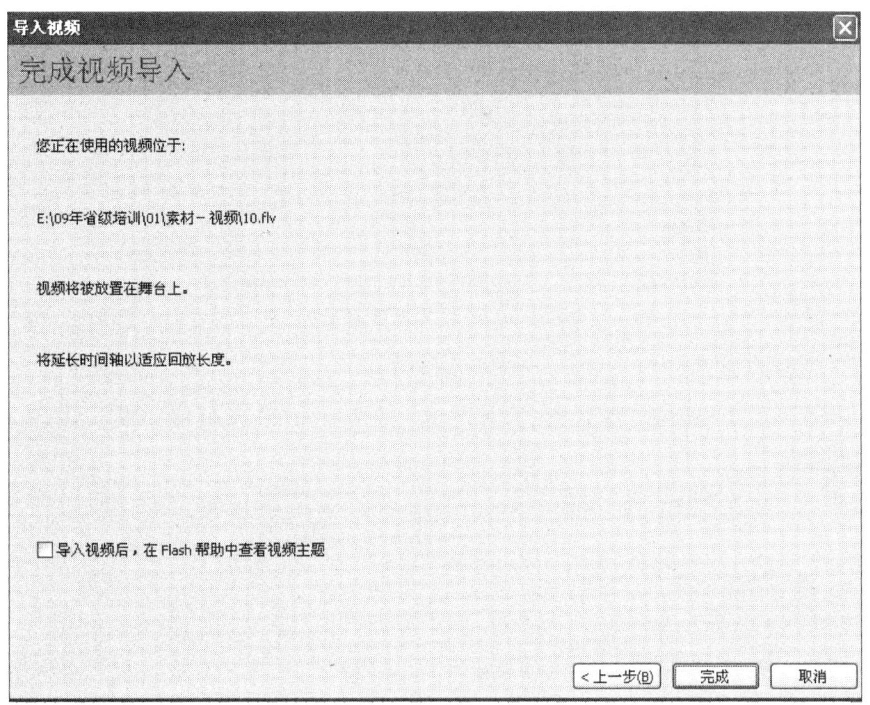

图 8-26 视频完成视频导入项

6. 此时，在库面板中出现嵌入的 FLV 文件，可以直接观看视频效果。

> 注意：当使用这种方法导入视频时，用户将视频放入影片剪辑中，便可对视频应用缩放、旋转、滤镜、动画等多种影片剪辑的编辑操作。

四、导出 FLV 视频文件

FLV 视频文件是 Flash 的专用视频格式。如果想将其他格式的视频文件转换为 FLV 格式，用户可以先将视频导入 Flash 中，然后再将视频导出为 FLV 视频文件。

具体操作步骤如下。

1. 先将视频文件导入到 Flash 库中。

2. 在“库”面板中，右击视频，在弹出的快捷菜单中选择“属性”命令，弹出“视频属性”对话框。如图 8-27 所示。

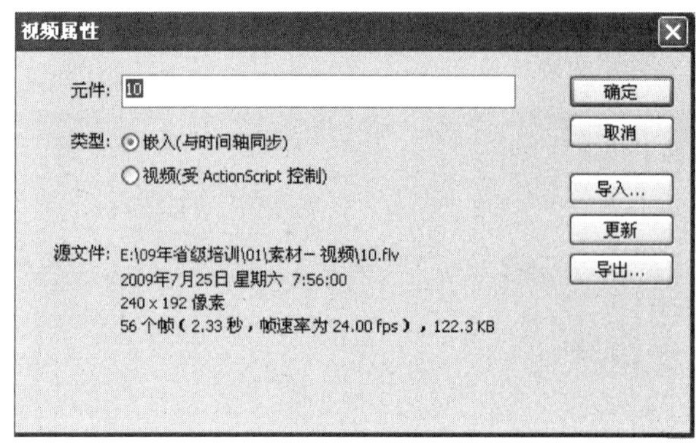

图 8－27　视频属性对话框

3. 单击“导出”按钮，出现“导出 FLV”对话框。输入要导出的视频文件名，然后单击“保存”按钮即可。此时回到“视频属性”对话框，在对话框中选择“在 SWF 中嵌入 FLV 并在时间轴中播放”。

4. 最后，关闭“视频属性”对话框。

任务实施

1. 选择“文件/新建”，新建一个 Flash CS4 文档，打开属性面板，设置舞台大小为 400×320 像素，背景颜色为黑色。

2. 选择“插入/新建元件”，命名为“视频 1”，设置类型为影片剪辑。选择“文件/导入/导入视频”，在打开的导入视频对话框中，单击“浏览”按钮，此时弹出“打开”对话框，在素材中找到“花的视频 1”，单击“打开”按钮。

3. 导入到文档中的视频，除可以对其进行移动，旋转，缩放等多种编辑操作，还可以对视频文件制作动画，例如滤镜，遮罩等。

4. 选择“在 SWF 中嵌入 FLV 并在时间轴中播放”，单击“下一步”按钮，打开“导入视频”对话框的嵌入项。符号的类型为“嵌入的视频”，选择“将实例放置在舞台上”、“如果需要，可扩展时间轴”、“包括音频”几项。

5. 再次单击“下一步”按钮，在“导入视频”对话框中显示本次操作的基本信息，单击“完成”按钮。此时视频导入舞台，并自动放置在时间轴上，按照视频长度延长帧区间。

6. 选择“插入/新建元件”，命名为“视频 2”，设置类型为影片剪辑。用同样的方法将“花的视频 2”导入“视频 2”元件。

7. 选中图层 1，按 Ctrl+L 打开库面板，将元件“视频 1”，拖动至舞台中，调整元件“视频 1”的位置和大小。打开属性面板，设置元件“视频 1”的大小为 400×320 像素。如图 8－28 所示。

图 8-28 视频 1 放置效果

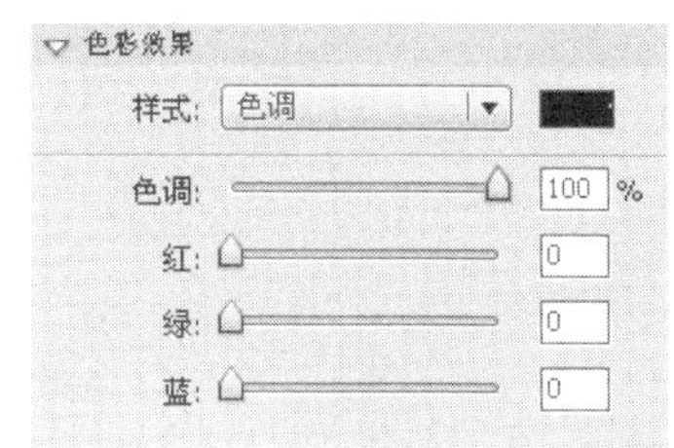

图 8-29 色彩效果设置

8. 分别单击第 10 帧、第 45 帧、第 55 帧，按 F6 插入关键帧。单击第 1 帧，单击元件“视频 1”打开属性面板，打开色彩效果选项，选择样式为色调，颜色设置为黑色，数值设置为 100%。如图 8-29 所示。用同样的方法，单击第 55 帧，设置元件的色彩样式为色调，颜色为黑，数值为 100%。分别单击第 1 帧、第 45 帧，右击，在快捷菜单中选择“创建传统补间”命令。

9. 双击图层 1，重命名图层 1 为“视频 1”图层，并单击图层中的锁定按钮，将“视频 1”图层锁定。单击插入图层，在该图层上方新建一个图层，命名为“视频 2”。

10. 选中“视频 2”图层，单击第 56 帧，按 F6 插入关键帧。按 Ctrl+L 打开库面板，将元件“视频 2”，拖动至舞台中，调整元件“视频 2”的位置和大小。打开属性面板，设置元件“视频 2”的大小为 400×320 像素，设置位置为“X：153，Y226”。

11. 分别单击第 70 帧、第 100 帧、第 111 帧，按 F6 插入关键帧。单击第 56 帧，单击元件“视频 2”打开属性面板，打开色彩效果选项，选择样式为色调，颜色设置为黑色，数值设置为 100%。用同样的方法，单击第 111 帧，设置元件的色彩样式为色调，颜色为黑，数值为 100%。分别单击第 56 帧、第 100 帧，右击，在快捷菜单中选择“创建传统补间”命令。

12. 选择“插入/新建元件”，命名为“图框”，设置类型为影片剪辑。选择“文件/导入/导入到库”，在打开的导入到库对话框中找到素材“图框”并打开。

13. 单击场景 1，回到场景中，选中“视频 2”图层，单击插入图层，在该图层上方新建一个图层，命名为“图框”，按 Ctrl+L 打开库面板，将元件“图框”，拖动至舞台中，调整元件“图框”的位置和大小。单击第 111 帧，按 F5 键插入普通帧。

14. 选中“图框”图层，单击插入图层，在该图层上方新建一个图层，命名为“声音”。选择“文件/导入/导入到库”，在打开的导入到库对话框中找到声音素材“无止境的见识”并打开。此时，声音素材“无止境的见识”便自动保存到库中。在库中单击声音文件，在预览区内，单击播放按钮试听声音文件效果。

15. 选中“声音”图层，单击第1帧，为该帧添加声音效果，设置如下：打开属性面板，在名称栏中选择声音“无止境的见识”，在效果中设置为无，在同步中设置为数据流，重复1次。

16. 将声音进行截取和调整，设置如下：单击编辑声音封套，打开编辑封套对话框，分别将声音的起始和终止方形控制点移动截取111帧的声音，并调整声音的效果。如图8-30所示。

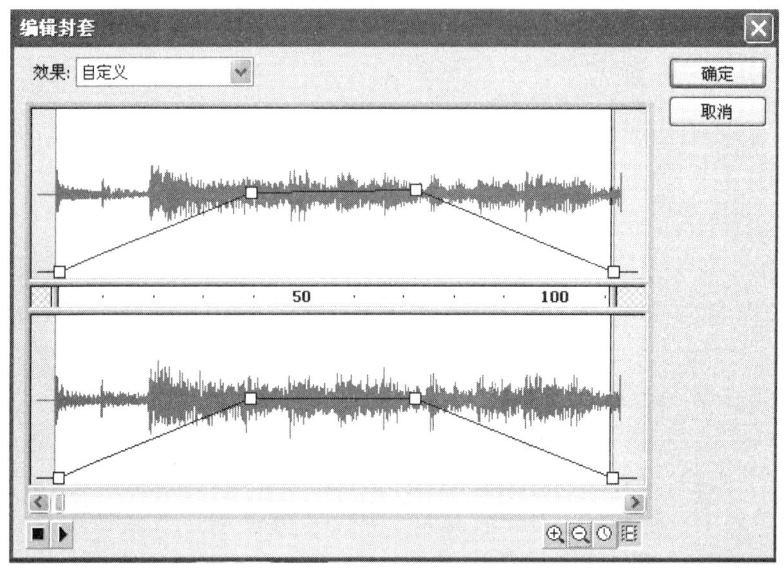

图8-30　声音编辑封套

17. 按Ctrl+Enter键，测试动画效果。如图8-31所示。

图8-31　花的世界效果图

参考文献

1. 刘敬梅，张林，沈达．计算机动画设计(Flash)．北京：北京邮电大学出版社，2013.2

2. 张健，卢素魁．中文版 PowerPoint 2007 实用教程．清华大学出版社，2007.4